Z

中国租赁
蓝皮书

BLUE BOOK
OF
CHINA'S
LEASE

CHINA FINANCIAL

LEASING INDUSTRY DEVELOPMENT

REPORT FOR 2014

中国租赁联盟　天津滨海融资租赁研究院 编

2014年
中国融资租赁业
发展报告

经济管理出版社
ECONOMY & MANAGEMENT PUBLISHING HOUSE

《2014 年中国融资租赁业发展报告》编委会

《2014 年中国融资租赁业发展报告》编委会

前　言

自 2007 年中国租赁联盟组成中国租赁蓝皮书编委会，开始编纂中国租赁蓝皮书——《中国融资租赁业发展报告》，到《2014 年中国融资租赁业发展报告》的发布，已经经历了八年的时间，共完成年度蓝皮书八部。根据行业发展的实际需要和有关管理部门及许多企业的建议，从 2013 年起，中国租赁蓝皮书编委会每季度发布一次发展报告。2014 年，为进一步加强行业发展的研究，在中国租赁联盟的积极倡导下，天津滨海融资租赁研究院正式成立，与该联盟一起投入到《2014 年中国融资租赁业发展报告》的调研、编写和出版工作中。

《2014 年中国融资租赁业发展报告》是对 2014 年中国融资租赁业总体发展情况的综合分析，仅供有关管理部门和国内外关心、研究、推动中国租赁业发展的各方面人士参考。

《2014 年中国融资租赁业发展报告》的编写，得到商务部流通业发展司等业务监管部门的指导和帮助。

我们衷心期望通过对本报告的发布，能使更多的人了解和关心这个行业，也期望本书的编写工作能得到广大读者更多的指导和帮助。

编委会

2015 年 1 月

目　　录

content

《2014 年中国融资租赁业发展报告》综述

2014 年是中国融资租赁业发展中具有里程碑意义的一年。在这一年，融资租赁行业摆脱了 2013 年下半年政策波动带来的负面影响，在国务院以及商务部、银监会等监管部门及地方政府相继出台一系列利好政策的鼓励下，一路高歌猛进，呈现出快速发展的良好势头，企业数量、行业实力和业务总量都比上年大幅增加，在经济发展下行压力较大的情况下，为整个经济社会的持续稳定发展做出了贡献。

一、企业数量

2014 年 7 月 7 日，商务部和国家税务总局发布《关于确认世欣合汇租赁有限公司等企业为第十二批内资融资租赁试点企业的通知》，29 家内资企业获得开展融资租赁业务试点的资质，使全国内资试点企业总数（不含子公司、单一项目公司和收购境外的公司，下同）达到 152 家，较上年底增加 29 家，增幅为 23.6%。

3 月 17 日，中国银监会发布修订完善后的《金融租赁公司管理办法》，允许符合条件的金融租赁公司发行金融债，实现资产证券化以及在境内保税地区设立单一项目公司，同时，将金融租赁公司的准入门槛降低到 1 亿元人民币，有力地促进了金融租赁企业的增长，全年获准筹建并正式开业的企业共 7 家，使金融租赁企业总数达到 30 家，增幅为 30.4%。

与内资和金融租赁企业相比，外资租赁企业增加速度更快。由于省市商务主管部门和国家级开发区继续施行直接审批外资租赁企业的政策，再加上中国（上海）自贸区的正式运营，到年底外资租赁企业总数约为 2020 家，比上年底的 880 家新增约 1140 家，增幅达到 129.5%。

根据以上统计，截至 2014 年底，全国三个板块融资租赁企业总数约为 2202 家，比 2013 年底的 1026 家增加 1176 家，总增幅达 114.6%。

2014 年底全国融资租赁企业发展概况

	2014 年底企业数（家）	2013 年底企业数（家）	2014 年比上年增加（家）	企业数量增长（%）
金融租赁	30	23	7	30.4
内资租赁	152	123	29	23.6
外资租赁	2020	880	1140	129.5
总计	2202	1026	1176	114.6

资料来源：中国租赁联盟、天津滨海融资租赁研究院。

2014 年，全国融资租赁企业地区分布不平衡状况有所改变。截至年底，全国 31 个省市区都设立了融资租赁公司。但总体来看，绝大部分企业分布在东南沿海一线。仅上海、广东、天津、北京、江苏、浙江、山东、福建 8 省市的企业总数就占到了全国的 82% 以上。

2014 年全国融资租赁企业地区分布（截至 2014 年 12 月 31 日）

地区	金融租赁企业（家）	内资租赁企业（家）	外资租赁企业（家）	总数（家）	占全国比重（%）
上海市	6	15	519	540	24.52
广东省	2	4	375	381	17.30
天津市	5	15	315	335	15.21
北京市	3	27	142	172	7.81
江苏省	1	11	128	140	6.36
浙江省	1	14	83	98	4.45
山东省	0	11	80	91	4.13
福建省	0	7	59	66	3.00
重庆市	2	2	27	31	1.41
安徽省	1	9	21	31	1.41
四川省	0	7	19	26	1.18
辽宁省	0	7	19	26	1.18
湖北省	1	3	17	21	0.95
河北省	1	4	11	16	0.73

续表

地区	金融租赁企业（家）	内资租赁企业（家）	外资租赁企业（家）	总数（家）	占全国比重（%）
云南省	1	0	9	10	0.45
河南省	1	3	6	10	0.45
陕西省	0	1	7	8	0.36
湖南省	0	0	8	8	0.36
江西省	0	3	5	8	0.36
新疆维吾尔自治区	1	4	1	6	0.27
广西壮族自治区	1	0	5	6	0.27
黑龙江省	1	1	4	6	0.27
贵州省	0	1	5	6	0.27
西藏自治区	0	0	5	5	0.23
山西省	1	1	2	4	0.18
青海省	0	1	3	4	0.18
海南省	0	1	2	3	0.14
内蒙古自治区	0	0	3	3	0.14
宁夏回族自治区	0	0	2	2	0.09
吉林省	0	0	1	1	0.05
甘肃省	1	0	0	1	0.05
总计	30	152	1883	2065	93.78

注：此表共计 2065 家企业，因资料不全，约有 137 家外资租赁企业未能列入表内。

资料来源：中国租赁联盟、天津滨海融资租赁研究院。

二、行业实力

2014 年底，行业注册资金统一按人民币计算，约合 6611 亿元，比上年底的 3060 亿元增长 3551 亿元，增幅为 116.0%。其中，内资租赁为 839 亿元，增加 288 亿元；金融租赁为 972 亿元，增加 203 亿元；外资租赁约为 4800 亿元，增加约 3060 亿元，增加最多。

2014 年全国融资租赁企业注册资金

	2014 年底注册资金（亿元）	2013 年底注册资金（亿元）	2014 年比上年增加（亿元）	2014 年底注册资金增长率（%）
金融租赁	972	769	203	26.4
内资租赁	839	551	288	52.3
外资租赁	4800	1740	3060	175.9
总计	6611	3060	3551	116.0

注：外资租赁企业注册资金按 1：6.3 的平均汇率折算为人民币。

资料来源：中国租赁联盟、天津滨海融资租赁研究院。

2014 年，在以注册资金为序的中国融资租赁企业十强排行榜中，13 家企业榜上有名，工银金融租赁有限公司以 110 亿元人民币位仍居榜首。

2014 年中国融资租赁企业十强排行榜（截至 2014 年 12 月 31 日）
（以注册资金排序）

排名	企业名称	注册时间（年）	注册地	注册资金（亿元）
1	工银金融租赁有限公司	2007	天津	110.00
2	远东国际租赁有限公司	1991	上海	84.60
3	国银金融租赁有限公司	1984	深圳	80.00
4	浦航租赁有限公司（原大新华船舶）	2009	上海	76.60
5	平安国际融资租赁有限公司	2012	上海	75.00
6	天津渤海租赁有限公司	2008	天津	62.60
7	交银金融租赁有限责任公司	2007	上海	60.00
7	招银金融租赁有限公司	2007	上海	60.00
7	昆仑金融租赁有限责任公司	2010	重庆	60.00
8	长江租赁有限公司	2004	天津	58.00
9	民生金融租赁股份有限公司	2007	天津	50.95
10	兴业金融租赁有限责任公司	2010	天津	50.00
10	太平石化金融租赁有限责任公司	2014	上海	50.00

注：外资租赁企业注册资金按 1：6.3 的汇率折算为人民币。

资料来源：中国租赁联盟、天津滨海融资租赁研究院。

三、业务总量

截至 2014 年 12 月底，全国融资租赁合同余额约 32000 亿元人民币，比 2013 年底的 21000 亿元增加约 11000 亿元，增长幅度为 52.4%。其中，金融租赁合同余额约 13000 亿元，增长 51.2%；内资租赁合同余额约 10000 亿元，增长 44.9%；外资租赁合同余额约 9000 亿元，增长 63.6%。

2014 年底全国融资租赁业务发展概况

	2014 年底业务总量（亿元）	2013 年底业务总量（亿元）	2014 年比上年增加（亿元）	2014 年比上年增长（%）
金融租赁	13000	8600	4400	51.2
内资租赁	10000	6900	3100	44.9
外资租赁	9000	5500	3500	63.6
总计	32000	21000	11000	52.4

资料来源：中国租赁联盟、天津滨海融资租赁研究院。

《2014 年中国融资租赁业发展报告》分述

一、金融租赁

2014 年初，北银金融租赁有限公司获准开业，注册资金为 20 亿元人民币，随后哈银金融租赁有限责任公司、交银航空航运金融租赁有限责任公司、太平石化金融租赁有限责任公司、珠江金融租赁有限公司、渝农商金融租赁有限公司以及洛银金融租赁股份有限公司相继开业。截至 2014 年底，由银监会审批和监管的境内金融租赁公司达到 30 家，企业总数占全国融资租赁企业总数 2202 家的 1.4%。

截至 12 月底，30 家金融租赁企业注册资金为 972 亿元人民币，比 2013 年底 769 亿元增加 203 亿元，增长 26.4%，注册资金约占全国 6611 亿元的 14.7%。

截至 12 月底，金融租赁 30 家企业融资租赁合同余额约为 13000 亿元，比 2013 年底的 8600 亿元约增加 4400 亿元，增幅为 51.2%，约占全国融资租赁企业总量 32000 亿元的 40.6%。虽然企业数量居三个板块的第三位，注册资金居三个板块的第二位，但业务总量继续居全行业首位。

2014 年底金融租赁发展概况

	2014 年底	2013 年底	比上年增加	比上年增长（%）	占全国比重（%）
企业数（家）	30	23	7	30.4	1.4
注册资金（亿元）	972	769	203	26.4	14.7
合同余额（亿元）	13000	8600	4400	51.2	40.6

资料来源：中国租赁联盟、天津滨海融资租赁研究院。

2014 年，在以注册资金为序的金融租赁企业十强排行榜中，工银金融租赁以 110 亿元的注册资金仍位居榜首。

金融租赁十强企业排行榜（截至 2014 年 12 月 31 日）
（以注册资金为序）

排名	企业	注册时间（年）	注册地	注册资金（亿元）
1	工银金融租赁有限公司	2007	天津	110.00
2	国银金融租赁有限公司	1984	深圳	80.00
3	交银金融租赁有限责任公司	2007	上海	60.00
3	招银金融租赁有限公司	2007	上海	60.00
3	昆仑金融租赁有限责任公司	2010	重庆	60.00
4	民生金融租赁股份有限公司	2007	天津	50.95
5	兴业金融租赁有限责任公司	2010	天津	50.00
5	太平石化金融租赁有限责任公司	2014	上海	50.00
6	建信金融租赁股份有限公司	2007	北京	45.00
7	中国外贸金融租赁有限公司	1986	北京	35.07
8	信达金融租赁有限公司	2010	兰州	35.00
9	皖江金融租赁有限公司	2011	芜湖	30.00
9	华夏金融租赁有限公司	2013	昆明	30.00
10	浦银金融租赁股份有限公司	2011	上海	29.50

注：①名录上的企业系指截至 2014 年 12 月底登记在册并运营中的企业；

②注册时间指企业获得批准设立或正式开业的时间；

③注册地指企业本部注册地址。

资料来源：中国租赁联盟。

二、内资租赁

年内，商务部、国家税务总局批准一批 29 家企业作为内资融资租赁业务试点企业，使全国内资租赁企业达到 152 家，企业总数占全国 2202 家的 6.9%。

截至 2014 年底，内资租赁企业注册资金达到 839 亿元，比上年底的 551 亿元增加 288 亿元，增幅为 52.3%。注册资金约占全国 6611 亿元的 12.7%。

截至 12 月底，内资租赁 152 家企业融资租赁合同余额约为 10000 亿元，比上年底的 6900 亿元约增加 3100 亿元，增幅为 44.9%，业务总量约占全国融资租赁企业总量 32000 亿元的 31.3%，仍居三个板块的第二位。

截至 2014 年底，浦航租赁有限公司（原大新华船舶）连续两次增资，在以注册资金为序的外资租赁十强企业排行榜中，以注册资金 76.6 亿元的优势跃居首位。

2014 年底内资融资租赁发展概况

	2014 年底	2013 年底	比上年增加	比上年增长（%）	占全国比重（%）
企业数（家）	152	123	29	23.6	6.9
注册资金（亿元）	839	551	288	52.3	12.7
合同余额（亿元）	10000	6900	3100	44.9	31.3

资料来源：中国租赁联盟、天津滨海融资租赁研究院。

内资租赁十强企业排行榜（截至 2014 年 12 月 31 日）
（以注册资金为序）

排名	企业	注册时间（年）	注册地	注册资金（亿元）
1	浦航租赁有限公司（原大新华船舶）	2009	上海	76.60
2	天津渤海租赁有限公司	2008	天津	62.60
3	长江租赁有限公司	2004	天津	58.00
4	中航国际租赁有限公司	2004	上海	37.90
5	国泰租赁有限公司	2007	济南	30.00
6	庞大乐业租赁有限公司	2009	唐山	25.00
7	南车投资租赁有限公司	2008	北京	23.00
8	汇通信诚租赁有限公司	2012	乌鲁木齐	21.60
9	中建投租赁有限责任公司	2011	北京	20.00
10	中联重科融资租赁（北京）有限公司	2006	北京	15.02

注：①名录上的企业系指截至 2014 年 12 月底登记在册并运营中的企业；

②注册时间指企业获得批准设立或正式开业的时间；

③注册地指企业本部注册地址。

资料来源：中国租赁联盟、天津滨海融资租赁研究院。

三、外资租赁

2014 年，外资租赁企业继续大幅增加。截至 12 月底，全国外资租赁公司共约 2020 家，比上年底 880 家增加约 1140 家，增幅为 129.5%，企业总数约占全国 2202 家的 91.7%。

上半年，安徽钰诚等一些外资租赁企业，受商务部外资租赁企业注册资金低于 1.7 亿元人民币不得从事不动产租赁业务的政策影响，开始不同程度地增资，加上新注册的企业，注册资金达到 4800 亿元人民币，比上年底的 1740 亿元增加

3060 亿元人民币, 增幅为 175.9%, 注册资金占全国 6611 亿元的 72.6%。

截至 12 月底, 外资租赁企业融资租赁合同余额约为 9000 亿元, 比上年底的 5500 亿元约增加 3500 亿元, 增幅为 63.6%; 业务总量约占全国融资租赁企业总量 32000 亿元的 28.1%, 虽然增幅高于金融企业和内资企业, 但总量仍居三个板块的第三位。

2014 年底外资租赁发展概况

	2014 年底	2013 年底	比上年增加	比上年增长（%）	占全国比重（%）
企业数（家）	2020	880	1140	129.5	91.7
注册资金（亿元）	4800	1740	3060	175.9	72.6
合同余额（亿元）	9000	5500	3500	63.6	28.1

资料来源：中国租赁联盟。

在以注册资金为序的外资租赁十强企业排行榜中, 远东国际租赁以 13.4 亿美元的注册资金居第一位。

外资租赁十强企业排行榜（截至 2014 年 12 月 31 日）
（以注册资金为序）

排名	企业	注册时间（年）	注册地	注册资金（万美元）
1	远东国际租赁有限公司	1991	上海	134271
2	平安国际融资租赁有限公司	2012	上海	119048
3	海通恒信国际租赁有限公司	2004	上海	52300
4	檀实融资租赁（上海）有限公司	2014	上海	50000
5	宏泰国际融资租赁（天津）有限公司	2013	天津	47619
6	广州越秀融资租赁有限公司	2012	广州	42000
7	利星行融资租赁（中国）有限公司	2008	苏州	37000
8	扬子江国际租赁有限公司	1992	上海	34220
9	大唐融资租赁有限公司	2012	天津	31746
10	北京市文化科技融资租赁股份有限公司	2014	北京	31111

注：①名录上的企业系指截至 2014 年 12 月底登记在册并运营中的企业；

②注册时间指企业获得批准设立或正式开业的时间；

③注册地指企业本部注册地址。

资料来源：中国租赁联盟。

2014 年国家主要文件

（以发布时间为序）

商务部流通发展司关于请推荐第十二批
内资融资租赁试点企业的通知

商流通司函〔2014〕3 号

各省、自治区、直辖市、计划单列市及新疆生产建设兵团商务主管部门：

为贯彻落实《商务部关于"十二五"期间促进融资租赁业发展的指导意见》（商流通发〔2011〕487 号），加快融资租赁业发展，充分发挥融资租赁在促进经济增长、调整产业结构、加快企业技术升级改造、支持中小微企业发展等方面作用，商务部拟开展第十二批内资租赁企业从事融资租赁业务试点工作。现将有关事项通知如下：

一、推荐企业条件

试点企业应具备《商务部 国家税务总局关于从事融资租赁业务有关问题的通知》（商建发〔2004〕560 号）第四条规定的基本条件，并且核心主业突出、资金来源稳定、股权关系简单透明、公司治理结构健全、发展战略和盈利模式清晰、诚信和纳税记录良好。重点推荐以下领域租赁企业：

（一）主要股东具有设备制造与销售、大型工程施工及基础设施建设等领域背景。

（二）为中小微企业及农村农业现代化发展服务。

（三）为节能环保、新一代信息技术、高端装备制造、新能源新材料等战略性新兴产业服务。

（四）为环保、市政、医疗、教育、文化、养老等领域或产业服务。

（五）为制造业产品出口及企业"走出去"发展服务。

（六）为各类国家重点开发新区、国家经济改革发展试验区、国家级经济技术开发区等的经济建设服务。

二、试点企业需提交的材料

（一）试点申请书。主要内容应包括企业名称、注册地、实收资本金、股权结构、股东信息、经营范围、上一年简要经营情况（含纳税情况）、拟开展融资租赁业务的主要考虑（主要业务领域、业务模式、资金来源等）、未来 3 年业务发展总体规划等。股东信息需包括所有股东名称、法定代表人、注册地址、营业执照复印件、主营业务范围以及上一年营业收入、利润、净资产总额、负债率等简要情况。个人股东需提供本人实际控制的其他主要企业的简要情况。

（二）营业执照副本（复印件）。

（三）验资报告及资本金来源说明。

（四）公司章程及风险控制等主要内部管理制度。

（五）如关联企业中有从事典当、小额贷款、信托、融资性担保、融资租赁等业务的，需提供相关业务上一年简要经营情况，主要包括业务收入、利润、净资产总额、负债率等。

（六）拟任（或现任）总经理、财务负责人、风控负责人等主要高管人员名单、从业履历、资格证书等。

（七）被推荐企业经审计的近三年财务会计报告（含附注）。

（八）主要股东上一年经审计的财务会计报告。

（九）由具备从业资格的融资租赁公司发起成立的企业或拟成立的子公司，还需提供股东（母公司）上一年度融资租赁业务的详细经营情况，具体为全国融资租赁企业管理信息系统的年度经营情况表所载内容及对有关数据的详细分析说明。

以上材料（含复印件）均需加盖公司印章，一式两份，装订成册。

三、工作程序

（一）省级或计划单列市商务主管部门负责组织推荐试点企业，指导企业认真准备试点材料，对有关材料进行严格审核，向税务机关核实企业（或股东）依法纳税情况，并出具正式推荐函。中央直属企业拟申报试点的，向试点企业注册地省级或计划单列市商务主管部门提出申请。

（二）省级或计划单列市商务主管部门于 1 月 25 日前向商务部报送试点材料。推荐函应对每家企业分别出具，一式两份。请同时报送一份本地区内外资融资租赁企业上线使用全国融资租赁企业管理信息系统的情况报告。

（三）被推荐企业登陆全国融资租赁企业管理信息系统填写有关信息。

（四）商务部会同国家税务总局对申报材料进行审核后，对符合条件的企业予以确认。

各地商务主管部门要结合贯彻落实《商务部关于"十二五"期间促进融资租赁业发展的指导意见》工作，组织推荐试点企业，按时报送有关材料，工作中的有关问题请及时与我司沟通。

联系人：王自强　林健

电　话：010 – 85093746　85093792

传　真：010 – 85093762

流通发展司

2014 年 1 月 3 日

国家外汇管理局关于进一步改进和调整
资本项目外汇管理政策的通知

汇发〔2014〕2 号

国家外汇管理局各省、自治区、直辖市分局、外汇管理部，深圳、大连、青岛、厦门、宁波市分局，各中资银行：

为进一步深化资本项目外汇管理改革，简化行政审批程序，促进贸易投资便利化，根据《中华人民共和国外汇管理条例》及相关规定，国家外汇管理局决定进一步改进资本项目外汇管理方式，并调整部分资本项目外汇管理措施。现就有关问题通知如下：

一、简化融资租赁类公司对外债权外汇管理

（一）融资租赁类公司包括银行业监管部门批准设立的金融租赁公司、商务主管部门审批设立的外商投资租赁公司，以及商务部和国家税务总局联合确认的内资融资租赁公司等三类主体（以下统称为融资租赁类公司）。

（二）融资租赁类公司或其项目公司开展对外融资租赁业务时，应在融资租赁对外债权发生后 15 个工作日内，持以下材料到所在地外汇局办理融资租赁对外债权登记，所在地外汇局应当审核交易的合规性和真实性。

1. 申请书，包括但不限于公司基本情况及租赁项目的基本情况；

2. 主管部门同意设立融资租赁公司或项目公司的批复和工商营业执照；

3. 上年度经审计的财务报告及最近一期财务报表；

4. 租赁合同及租赁物转移的证明材料（如报关单、备案清单、发票等）。

（三）融资租赁类公司开展对外融资租赁业务时，不受现行境内企业境外放款额度限制。

（四）融资租赁类公司可直接到所在地银行开立境外放款专用账户，用于保留对外融资租赁租金收入。

上述外汇资金入账时，银行应审核该收入的资金来源。该账户内的外汇收入需结汇时，融资租赁类公司可直接向银行申请办理。

（五）所在地外汇局应在资本项目信息系统中使用"境外放款"功能登记融资租赁类公司融资租赁对外债权签约信息，采取纸质报表统计提款信息。

融资租赁类公司收到对外融资租赁租金收入时，应按照国际收支的有关申报要求进行申报，在"外汇局批件号/备案表号/业务编号"栏中填写该笔对外债权的业务编号，并应按月向所在地外汇局报送融资租赁对外债权的发生和租金收入等情况。银行应通过资本项目信息系统反馈对外融资租赁租金收入等信息。资本项目信息系统有关模块功能完善后，按新的要求采集相关信息。

二、简化境外投资者受让境内不良资产外汇管理

（一）取消国家外汇管理局对金融资产管理公司对外处置不良资产涉及的外汇收支和汇兑核准的前置管理。

（二）简化境外投资者受让境内不良资产登记手续。有关主管部门批准境内机构向境外投资者转让不良资产后 30 日内，受让境内不良资产的境外投资者或其境内代理人应持以下材料到主要资产所在地外汇局或其境内代理人所在地外汇局办理境外投资者受让境内不良资产登记手续。

1. 申请书，并填写"境外投资者受让境内不良资产登记表"（见附件）；

2. 有关主管部门批准境内机构对外转让不良资产的核准或备案文件；

3. 境内机构和境外投资者签署的转让合同主要条款复印件（无须提供不良资产及担保事项逐笔数据）；

4. 若由境内代理人办理，还需提供代理协议；

5. 针对前述材料需提供的补充材料。

（三）取消外汇局对金融资产管理公司处置不良资产收入结汇核准，改由银行直接办理入账或结汇手续。

出让不良资产的境内机构收到境外投资者的对价款后，可持以下材料直接到银行申请开立外汇账户保留外汇收入，或者申请不良资产外汇收入结汇。

1. 申请书；

2. 境外投资者受让不良资产办理登记时取得的资本项目信息系统"协议办理凭证"（复印件）；

3. 债权转让合同主要条款复印件；

4. 针对前述材料需提供的补充材料。

境内机构开立外汇账户保留外汇收入，或者办理不良资产外汇收入结汇手续时，应按照国际收支、外汇账户和结汇的有关申报要求进行申报，并在"外汇

局批件号/备案表号/业务编号"栏中填写所对应的境外投资者受让境内不良资产登记的业务编号。

（四）因回购、出售（让）、清收、转股或其他原因导致境外投资者对登记资产的所有权变更或灭失时，境外投资者或其代理人应在所有权变更或灭失后 30 个工作日内到登记地外汇局办理境外投资者受让境内不良资产登记变更或注销手续。

（五）取消外汇局对境外投资者处置不良资产所得收益购付汇核准，改由银行审核办理。

受让境内不良资产的境外投资者通过清收、再转让等方式取得的收益，可持以下材料直接向银行申请办理对外购付汇手续。

1. 申请书；

2. 资本项目信息系统"协议办理凭证"；

3. "境外投资者受让境内不良资产登记表"复印件；

4. 关于不良资产处置收益来源的证明文件；

5. 若由境内代理人办理，还需提供代理协议；

6. 针对前述材料需提供的补充材料。

境外投资者办理对外购付汇手续时，应按照国际收支的有关申报要求进行申报，并在"外汇局批件号/备案表号/业务编号"栏中填写境外投资者受让境内不良资产登记的业务编号。

（六）银行应认真审核境内机构开立外汇账户保留外汇收入、办理不良资产外汇收入结汇和境外投资者办理对外购付汇手续时填写的境外投资者受让境内不良资产登记的业务编号。

（七）因境外投资者受让境内不良资产导致原有担保的受益人改变为境外投资者的，该担保不纳入对外担保管理。

境外投资者受让境内不良资产后新发生的对外担保，按照现行对外担保外汇管理规定进行管理。

三、进一步放宽境内机构境外直接投资前期费用管理

（一）境外直接投资前期费用（以下简称前期费用）累计汇出额不超过 300 万美元，且不超过中方投资总额 15% 的，境内机构可凭营业执照和组织机构代码证向所在地外汇局办理前期费用登记。

（二）前期费用累计汇出额超过 300 万美元，或超过中方投资总额 15% 的，境内机构除提交营业执照和组织机构代码证外，还应向所在地外汇局提供其已向

境外直接投资主管部门报送的书面申请及境内机构参与投标、并购或合资合作项目的相关真实性证明材料办理前期费用登记。

（三）境内机构自汇出前期费用之日起 6 个月内仍未取得境外直接投资主管部门核准或备案的，应向所在地外汇局报告前期费用使用情况并将剩余资金退回。如确有客观原因，境内机构可向所在地外汇局申请延期，但最长不超过 12 个月。

四、进一步放宽境内企业境外放款管理

（一）放宽境内企业境外放款主体限制。允许境内企业向境外与其具有股权关联关系的企业放款。境内企业凭境外放款协议、最近一期财务审计报告到所在地外汇局办理境外放款额度登记，境内企业累计境外放款额度不得超过其所有者权益的 30%。如确有需要，超过上述比例的，由境内企业所在地外汇分局（外汇管理部）按个案集体审议方式处理。

（二）取消境外放款额度 2 年有效使用期限制。境内企业可根据实际业务需求向所在地外汇局申请境外放款额度期限。

（三）如确有客观原因无法收回境外放款本息，境内企业可向所在地外汇分局（外汇管理部）申请注销该笔境外放款，由境内企业所在地外汇分局（外汇管理部）按个案集体审议方式处理。境外放款还本付息完毕（含债转股、债务豁免、担保履约）或注销境外放款后，不再进行境外放款的，境内企业可向所在地外汇局申请办理境外放款额度注销。

五、简化境内机构利润汇出管理

（一）银行为境内机构办理等值 5 万美元（含）以下利润汇出，原则上可不再审核交易单证；办理等值 5 万美元以上利润汇出，原则上可不再审核其财务审计报告和验资报告，应按真实交易原则审核与本次利润汇出相关的董事会利润分配决议（或合伙人利润分配决议）及其税务备案表原件。每笔利润汇出后，银行应在相关税务备案表原件上加章签注该笔利润实际汇出金额及汇出日期。

（二）取消企业本年度处置利润金额原则上不得超过最近一期财务审计报告中属于外方股东"应付股利"和"未分配利润"合计金额的限制。

六、简化个人财产转移售付汇管理

（一）移民财产转移购付汇核准，由移民原户籍所在地外汇局负责审批。继

承财产转移购付汇核准，由被继承人生前户籍所在地外汇局负责审批。取消财产转移总金额超过等值人民币 50 万元报国家外汇管理局备案的要求。

（二）取消移民财产转移分次汇出的要求。申请人向原户籍所在地外汇局办理移民财产转移核准手续后，银行可在核准件审批额度内一次或分次汇出相关资金。

（三）取消继承人从不同被继承人处继承的财产应分别申请、分别汇出的要求。继承人从不同被继承人处继承财产，可选择其中一个被继承人生前户籍所在地外汇局合并提交申请材料，经核准后可在银行一次或分次汇出相关资金。

（四）取消对有关财产权利文件（如房屋产权证、房地产买卖契约或拆迁补偿安置协议、承包或租赁协议或合同、财产转让协议或合同、特许权使用协议或合同等）进行公证的要求；取消对委托代理协议、代理人身份证明进行公证的要求。

七、改进证券公司《证券业务外汇经营许可证》管理

证券公司经营外汇业务应按有关规定向国家外汇管理局领取《证券业务外汇经营许可证》（以下简称《许可证》）。除因公司更名、外汇业务范围调整等情况需按有关规定及时申请换领《许可证》外，自本通知实施之日起，证券公司无须定期更换《许可证》。

已领取《许可证》经营外汇业务的证券公司应当在每年的 1 月 31 日之前，向所在地外汇局报送上一年度外汇业务经营情况的书面报告（内容包括：公司经营外汇业务具体情况、外汇业务种类、购结汇及资金汇出入情况、外汇业务合规情况及相关外汇业务资产负债表等）。

本通知自 2014 年 2 月 10 日起实施，以前规定与本通知不符的，以本通知为准。请各分局、外汇管理部尽快将本通知转发至辖内中心支局、支局和辖内银行；各中资银行尽快将本通知转发至分支机构。执行中如遇问题，请及时向国家外汇管理局资本项目管理司反馈。

附件：境外投资者受让境内不良资产登记表

国家外汇管理局

2014 年 1 月 10 日

附件

境外投资者受让境内不良资产登记表

申请日期：　　　年　　月　　日

受让人（中英文）及代码：	代理人：
注册地址：	地址：
联系人及电话：	联系人及电话：
转让人及代码或标识码：	注册地址：

转让标的：

1. 资产账面价值：＿＿＿＿＿＿＿人民币元。

2. 资产转让价格：＿＿＿＿＿＿＿人民币元，占账面价值的＿＿＿＿＿＿％。

关于转让价格的说明：

3. 资产回收方式（直接买断、合作经营或其他）：

4. 资产特征：债权笔数＿＿＿＿＿＿；债务人户数＿＿＿＿＿＿。关于原债权人、集中地域、资产类别等方面的说明：

5. 担保情况：担保项下债权本金余额＿＿＿＿＿＿；担保项下债权笔数：＿＿＿＿＿＿。

6. 外方收益汇出方式（定期、汇出频率或其他）：

国务院关于印发《注册资本登记制度改革方案》的通知

国发〔2014〕7号

各省、自治区、直辖市人民政府，国务院各部委、各直属机构：

国务院批准《注册资本登记制度改革方案》（以下简称《方案》），现予印发。

一、改革工商登记制度，推进工商注册制度便利化，是党中央、国务院作出的重大决策。改革注册资本登记制度，是深入贯彻党的十八大和十八届二中、三中全会精神，在新形势下全面深化改革的重大举措，对加快政府职能转变、创新政府监管方式、建立公平开放透明的市场规则、保障创业创新，具有重要意义。

二、改革注册资本登记制度涉及面广、政策性强，各级人民政府要加强组织领导，统筹协调解决改革中的具体问题。各地区、各部门要密切配合，加快制定完善配套措施。工商行政管理机关要优化流程、完善制度，确保改革前后管理工作平稳过渡。要强化企业自我管理、行业协会自律和社会组织监督的作用，提高市场监管水平，切实让这项改革举措"落地生根"，进一步释放改革红利，激发创业活力，催生发展新动力。

三、根据全国人民代表大会常务委员会关于修改《公司法》的决定和《方案》，相应修改有关行政法规和国务院决定。具体由国务院另行公布。

《方案》实施中的重大问题，工商总局要及时向国务院请示报告。

国务院

2014年2月7日

注册资本登记制度改革方案

根据《国务院机构改革和职能转变方案》，为积极稳妥推进注册资本登记制度改革，制定本方案。

一、指导思想、总体目标和基本原则

（一）指导思想。

高举中国特色社会主义伟大旗帜，以邓小平理论、"三个代表"重要思想、科学发展观为指导，坚持社会主义市场经济改革方向，按照加快政府职能转变、建设服务型政府的要求，推进公司注册资本及其他登记事项改革，推进配套监管制度改革，健全完善现代企业制度，服务经济社会持续健康发展。

（二）总体目标。

通过改革公司注册资本及其他登记事项，进一步放松对市场主体准入的管制，降低准入门槛，优化营商环境，促进市场主体加快发展；通过改革监管制度，进一步转变监管方式，强化信用监管，促进协同监管，提高监管效能；通过加强市场主体信息公示，进一步扩大社会监督，促进社会共治，激发各类市场主体创造活力，增强经济发展内生动力。

（三）基本原则。

1. 便捷高效。按照条件适当、程序简便、成本低廉的要求，方便申请人办理市场主体登记注册。鼓励投资创业，创新服务方式，提高登记效率。

2. 规范统一。对各类市场主体实行统一的登记程序、登记要求和基本等同的登记事项，规范登记条件、登记材料，减少对市场主体自治事项的干预。

3. 宽进严管。在放宽注册资本等准入条件的同时，进一步强化市场主体责任，健全完善配套监管制度，加强对市场主体的监督管理，促进社会诚信体系建设，维护宽松准入、公平竞争的市场秩序。

二、放松市场主体准入管制，切实优化营商环境

（一）实行注册资本认缴登记制。公司股东认缴的出资总额或者发起人认购的股本总额（即公司注册资本）应当在工商行政管理机关登记。公司股东（发起人）应当对其认缴出资额、出资方式、出资期限等自主约定，并记载于公司章程。有限责任公司的股东以其认缴的出资额为限对公司承担责任，股份有限公司的股东以其认购的股份为限对公司承担责任。公司应当将股东认缴出资额或者发起人认购股份、出资方式、出资期限、缴纳情况通过市场主体信用信息公示系统向社会公示。公司股东（发起人）对缴纳出资情况的真实性、合法性负责。

放宽注册资本登记条件。除法律、行政法规以及国务院决定对特定行业注册

资本最低限额另有规定的外，取消有限责任公司最低注册资本 3 万元、一人有限责任公司最低注册资本 10 万元、股份有限公司最低注册资本 500 万元的限制。不再限制公司设立时全体股东（发起人）的首次出资比例，不再限制公司全体股东（发起人）的货币出资金额占注册资本的比例，不再规定公司股东（发起人）缴足出资的期限。

公司实收资本不再作为工商登记事项。公司登记时，无须提交验资报告。

现行法律、行政法规以及国务院决定明确规定实行注册资本实缴登记制的银行业金融机构、证券公司、期货公司、基金管理公司、保险公司、保险专业代理机构和保险经纪人、直销企业、对外劳务合作企业、融资性担保公司、募集设立的股份有限公司，以及劳务派遣企业、典当行、保险资产管理公司、小额贷款公司实行注册资本认缴登记制问题，另行研究决定。在法律、行政法规以及国务院决定未修改前，暂按现行规定执行。

已经实行申报（认缴）出资登记的个人独资企业、合伙企业、农民专业合作社仍按现行规定执行。

鼓励、引导、支持国有企业、集体企业等非公司制企业法人实施规范的公司制改革，实行注册资本认缴登记制。

积极研究探索新型市场主体的工商登记。

（二）改革年度检验验照制度。将企业年度检验制度改为企业年度报告公示制度。企业应当按年度在规定的期限内，通过市场主体信用信息公示系统向工商行政管理机关报送年度报告，并向社会公示，任何单位和个人均可查询。企业年度报告的主要内容应包括公司股东（发起人）缴纳出资情况、资产状况等，企业对年度报告的真实性、合法性负责，工商行政管理机关可以对企业年度报告公示内容进行抽查。经检查发现企业年度报告隐瞒真实情况、弄虚作假的，工商行政管理机关依法予以处罚，并将企业法定代表人、负责人等信息通报公安、财政、海关、税务等有关部门。对未按规定期限公示年度报告的企业，工商行政管理机关在市场主体信用信息公示系统上将其载入经营异常名录，提醒其履行年度报告公示义务。企业在三年内履行年度报告公示义务的，可以向工商行政管理机关申请恢复正常记载状态；超过三年未履行的，工商行政管理机关将其永久载入经营异常名录，不得恢复正常记载状态，并列入严重违法企业名单（"黑名单"）。

改革个体工商户验照制度，建立符合个体工商户特点的年度报告制度。

探索实施农民专业合作社年度报告制度。

（三）简化住所（经营场所）登记手续。申请人提交场所合法使用证明即可予以登记。对市场主体住所（经营场所）的条件，各省、自治区、直辖市人民政府根据法律法规的规定和本地区管理的实际需要，按照既方便市场主体准入，又有效保障经济社会秩序的原则，可以自行或者授权下级人民政府作出具体规定。

（四）推行电子营业执照和全程电子化登记管理。建立适应互联网环境下的工商登记数字证书管理系统，积极推行全国统一标准规范的电子营业执照，为电子政务和电子商务提供身份认证和电子签名服务保障。电子营业执照载有工商登记信息，与纸质营业执照具有同等法律效力。大力推进以电子营业执照为支撑的网上申请、网上受理、网上审核、网上公示、网上发照等全程电子化登记管理方式，提高市场主体登记管理的信息化、便利化、规范化水平。

三、严格市场主体监督管理，依法维护市场秩序

（一）构建市场主体信用信息公示体系。完善市场主体信用信息公示制度。以企业法人国家信息资源库为基础构建市场主体信用信息公示系统，支撑社会信用体系建设。在市场主体信用信息公示系统上，工商行政管理机关公示市场主体登记、备案、监管等信息；企业按照规定报送、公示年度报告和获得资质资格的许可信息；个体工商户、农民专业合作社的年度报告和获得资质资格的许可信息可以按照规定在系统上公示。公示内容作为相关部门实施行政许可、监督管理的重要依据。加强公示系统管理，建立服务保障机制，为相关单位和社会公众提供方便快捷服务。

（二）完善信用约束机制。建立经营异常名录制度，将未按规定期限公示年度报告、通过登记的住所（经营场所）无法取得联系等的市场主体载入经营异常名录，并在市场主体信用信息公示系统上向社会公示。进一步推进"黑名单"管理应用，完善以企业法人法定代表人、负责人任职限制为主要内容的失信惩戒机制。建立联动响应机制，对被载入经营异常名录或"黑名单"、有其他违法记录的市场主体及其相关责任人，各有关部门要采取有针对性的信用约束措施，形成"一处违法，处处受限"的局面。建立健全境外追偿保障机制，将违反认缴义务、有欺诈和违规行为的境外投资者及其实际控制人列入"重点监控名单"，并严格审查或限制其未来可能采取的各种方式的对华投资。

（三）强化司法救济和刑事惩治。明确政府对市场主体和市场活动监督管理的行政职责，区分民事争议与行政争议的界限。尊重市场主体民事权利，工商行政管理机关对工商登记环节中的申请材料实行形式审查。股东与公司、股东与股东之间因工商登记争议引发民事纠纷时，当事人依法向人民法院提起民事诉讼，寻求司法救济。支持配合人民法院履行民事审判职能，依法审理股权纠纷、合同

纠纷等经济纠纷案件，保护当事人合法权益。当事人或者利害关系人依照人民法院生效裁判文书或者协助执行通知书要求办理工商登记的，工商行政管理机关应当依法办理。充分发挥刑事司法对犯罪行为的惩治、威慑作用，相关部门要主动配合公安机关、检察机关、人民法院履行职责，依法惩处破坏社会主义市场经济秩序的犯罪行为。

（四）发挥社会组织的监督自律作用。扩大行业协会参与度，发挥行业协会的行业管理、监督、约束和职业道德建设等作用，引导市场主体履行出资义务和社会责任。积极发挥会计师事务所、公证机构等专业服务机构的作用，强化对市场主体及其行为的监督。支持行业协会、仲裁机构等组织通过调解、仲裁、裁决等方式解决市场主体之间的争议。积极培育、鼓励发展社会信用评价机构，支持开展信用评级，提供客观、公正的企业资信信息。

（五）强化企业自我管理。实行注册资本认缴登记制，涉及公司基础制度的调整，公司应健全自我管理办法和机制，完善内部治理结构，发挥独立董事、监事的监督作用，强化主体责任。公司股东（发起人）应正确认识注册资本认缴的责任，理性作出认缴承诺，严格按照章程、协议约定的时间、数额等履行实际出资责任。

（六）加强市场主体经营行为监管。要加强对市场主体准入和退出行为的监管，大力推进反不正当竞争与反垄断执法，加强对各类商品交易市场的规范管理，维护公平竞争的市场秩序。要强化商品质量监管，严厉打击侵犯商标专用权和销售假冒伪劣商品的违法行为，严肃查处虚假违法广告，严厉打击传销，严格规范直销，维护经营者和消费者合法权益。各部门要依法履行职能范围内的监管职责，强化部门间协调配合，形成分工明确、沟通顺畅、齐抓共管的工作格局，提升监管效能。

（七）加强市场主体住所（经营场所）管理。工商行政管理机关根据投诉举报，依法处理市场主体登记住所（经营场所）与实际情况不符的问题。对于应当具备特定条件的住所（经营场所），或者利用非法建筑、擅自改变房屋用途等从事经营活动的，由规划、建设、国土、房屋管理、公安、环保、安全监管等部门依法管理；涉及许可审批事项的，由负责许可审批的行政管理部门依法监管。

四、保障措施

（一）加强组织领导。注册资本登记制度改革，涉及部门多、牵涉面广、政策性强。按照国务院的统一部署，地方各级人民政府要健全政府统一领导，部门各司其职、相互配合，集中各方力量协调推进改革的工作机制。调剂充实一线登记窗口人员力量，保障便捷高效登记。有关部门要加快制定和完善配套监管制度，统筹推进，同步实施，强化后续监管。建立健全部门间信息沟通共享机制、信用信息披露机制和案件协查移送机制，强化协同监管。上级部门要加强指导、监督，及时研究解决改革中遇到的问题，协调联动推进改革。

（二）加快信息化建设。充分利用信息化手段提升市场主体基础信息和信用信息的采集、整合、服务能力。要按照"物理分散、逻辑集中、差异屏蔽"的原则，加快建设统一规范的市场主体信用信息公示系统。各省、自治区、直辖市要将建成本地区集中统一的市场主体信用信息公示系统，作为本地区实施改革的前提条件。工商行政管理机关要优化完善工商登记管理信息化系统，确保改革前后工商登记管理业务的平稳过渡。有关部门要积极推进政务服务创新，建立面向市场主体的部门协同办理政务事项的工作机制和技术环境，提高政务服务综合效能。各级人民政府要加大投入，为构建市场主体信用信息公示系统、推行电子营业执照等信息化建设提供必要的人员、设施、资金保障。

（三）完善法制保障。积极推进统一的商事登记立法，加快完善市场主体准入与监管的法律法规，建立市场主体信用信息公示和管理制度，防范市场风险，保障交易安全。各地区、各部门要根据法律法规修订情况，按照国务院部署开展相关规章和规范性文件的"立、改、废"工作。

（四）注重宣传引导。坚持正确的舆论导向，充分利用各种媒介，做好注册资本登记制度改革政策的宣传解读，及时解答和回应社会关注的热点问题，引导社会正确认识注册资本认缴登记制的意义和股东出资责任、全面了解市场主体信用信息公示制度的作用，广泛参与诚信体系建设，在全社会形成理解改革、关心改革、支持改革的良好氛围，确保改革顺利推进。

附件：暂不实行注册资本认缴登记制的行业

附件

暂不实行注册资本认缴登记制的行业

序号	名　称	依　据
1	采取募集方式设立的股份有限公司	《中华人民共和国公司法》
2	商业银行	《中华人民共和国商业银行法》
3	外资银行	《中华人民共和国外资银行管理条例》
4	金融资产管理公司	《金融资产管理公司条例》
5	信托公司	《中华人民共和国银行业监督管理法》
6	财务公司	《中华人民共和国银行业监督管理法》

序号	名　称	依　据
7	金融租赁公司	《中华人民共和国银行业监督管理法》
8	汽车金融公司	《中华人民共和国银行业监督管理法》
9	消费金融公司	《中华人民共和国银行业监督管理法》
10	货币经纪公司	《中华人民共和国银行业监督管理法》
11	村镇银行	《中华人民共和国银行业监督管理法》
12	贷款公司	《中华人民共和国银行业监督管理法》
13	农村信用合作联社	《中华人民共和国银行业监督管理法》
14	农村资金互助社	《中华人民共和国银行业监督管理法》
15	证券公司	《中华人民共和国证券法》
16	期货公司	《期货交易管理条例》
17	基金管理公司	《中华人民共和国证券投资基金法》
18	保险公司	《中华人民共和国保险法》
19	保险专业代理机构、保险经纪人	《中华人民共和国保险法》
20	外资保险公司	《中华人民共和国外资保险公司管理条例》
21	直销企业	《直销管理条例》
22	对外劳务合作企业	《对外劳务合作管理条例》
23	融资性担保公司	《融资性担保公司管理暂行办法》
24	劳务派遣企业	2013 年 10 月 25 日国务院第 28 次常务会议决定
25	典当行	2013 年 10 月 25 日国务院第 28 次常务会议决定
26	保险资产管理公司	2013 年 10 月 25 日国务院第 28 次常务会议决定
27	小额贷款公司	2013 年 10 月 25 日国务院第 28 次常务会议决定

最高人民法院关于审理融资租赁合同纠纷案件适用法律问题的解释

（2013 年 11 月 25 日最高人民法院审判委员会第 1597 次会议通过）

法释〔2014〕3 号

中华人民共和国最高人民法院公告

《最高人民法院关于审理融资租赁合同纠纷案件适用法律问题的解释》已于 2013 年 11 月 25 日由最高人民法院审判委员会第 1597 次会议通过，现予公布，自 2014 年 3 月 1 日起施行。

最高人民法院
2014 年 2 月 24 日

为正确审理融资租赁合同纠纷案件，根据《中华人民共和国合同法》、《中华人民共和国物权法》、《中华人民共和国民事诉讼法》等法律的规定，结合审判实践，制定本解释。

一、融资租赁合同的认定及效力

第一条 人民法院应当根据《合同法》第二百三十七条的规定，结合标的物的性质、价值、租金的构成以及当事人的合同权利和义务，对是否构成融资租赁法律关系作出认定。

对名为融资租赁合同，但实际不构成融资租赁法律关系的，人民法院应按照其实际构成的法律关系处理。

第二条 承租人将其自有物出卖给出租人，再通过融资租赁合同将租赁物从出租人处租回的，人民法院不应仅以承租人和出卖人系同一人为由认定不构成融资租赁法律关系。

第三条 根据法律、行政法规规定，承租人对于租赁物的经营使用应当取得行政许可的，人民法院不应仅以出租人未取得行政许可为由认定融资租赁合同无效。

第四条 融资租赁合同被认定无效，当事人就合同无效情形下租赁物归属有约定的，从其约定；未约定或者约定不明，且当事人协商不成的，租赁物应当返还出租人。但因承租人原因导致合同无效，出租人不要求返还租赁物，或者租赁物正在使用，返还出租人后会显著降低租赁物价值和效用的，人民法院可以判决租赁物所有权归承租人，并根据合同履行情况和租金支付情况，由承租人就租赁物进行折价补偿。

二、合同的履行和租赁物的公示

第五条 出卖人违反合同约定的向承租人交付标的物的义务，承租人因下列情形之一拒绝受领租赁物的，人民法院应予支持：

（一）租赁物严重不符合约定的；

（二）出卖人未在约定的交付期间或者合理期间内交付租赁物，经承租人或者出租人催告，在催告期满后仍未交付的。

承租人拒绝受领租赁物，未及时通知出租人，或者无正当理由拒绝受领租赁物，造成出租人损失，出租人向承租人主张损害赔偿的，人民法院应予支持。

第六条 承租人对出卖人行使索赔权，不影响其履行融资租赁合同项下支付租金的义务，但承租人以依赖出租人的技能确定租赁物或者出租人干预选择租赁物为由，主张减轻或者免除相应租金支付义务的除外。

第七条 承租人占有租赁物期间，租赁物毁损、灭失的风险由承租人承担，出租人要求承租人继续支付租金的，人民法院应予支持。但当事人另有约定或者法律另有规定的除外。

第八条 出租人转让其在融资租赁合同项下的部分或者全部权利，受让方以此为由请求解除或者变更融资租赁合同的，人民法院不予支持。

第九条 承租人或者租赁物的实际使用人，未经出租人同意转让租赁物或者在租赁物上设立其他物权，第三人依据《物权法》第一百零六条的规定取得租赁物的所有权或者其他物权，出租人主张第三人物权权利不成立的，人民法院不予支持，但有下列情形之一的除外：

（一）出租人已在租赁物的显著位置作出标识，第三人在与承租人交易时知

道或者应当知道该物为租赁物的;

（二）出租人授权承租人将租赁物抵押给出租人并在登记机关依法办理抵押权登记的;

（三）第三人与承租人交易时，未按照法律、行政法规、行业或者地区主管部门的规定在相应机构进行融资租赁交易查询的;

（四）出租人有证据证明第三人知道或者应当知道交易标的物为租赁物的其他情形。

第十条　当事人约定租赁期间届满后租赁物归出租人的，因租赁物毁损、灭失或者附合、混同于他物导致承租人不能返还，出租人要求其给予合理补偿的，人民法院应予支持。

三、合同的解除

第十一条　有下列情形之一，出租人或者承租人请求解除融资租赁合同的，人民法院应予支持:

（一）出租人与出卖人订立的买卖合同解除、被确认无效或者被撤销，且双方未能重新订立买卖合同的;

（二）租赁物因不可归责于双方的原因意外毁损、灭失，且不能修复或者确定替代物的;

（三）因出卖人的原因致使融资租赁合同的目的不能实现的。

第十二条　有下列情形之一，出租人请求解除融资租赁合同的，人民法院应予支持:

（一）承租人未经出租人同意，将租赁物转让、转租、抵押、质押、投资入股或者以其他方式处分租赁物的;

（二）承租人未按照合同约定的期限和数额支付租金，符合合同约定的解除条件，经出租人催告后在合理期限内仍不支付的;

（三）合同对于欠付租金解除合同的情形没有明确约定，但承租人欠付租金达到两期以上，或者数额达到全部租金百分之十五以上，经出租人催告后在合理期限内仍不支付的;

（四）承租人违反合同约定，致使合同目的不能实现的其他情形。

第十三条　因出租人的原因致使承租人无法占有、使用租赁物，承租人请求解除融资租赁合同的，人民法院应予支持。

第十四条　当事人在一审诉讼中仅请求解除融资租赁合同，未对租赁物的归属及损失赔偿提出主张的，人民法院可以向当事人进行释明。

第十五条　融资租赁合同因租赁物交付承租人后意外毁损、灭失等不可归责于当事人的原因而解除，出租人要求承租人按照租赁物折旧情况给予补偿的，人民法院应予支持。

第十六条　融资租赁合同因买卖合同被解除、被确认无效或者被撤销而解除，出租人根据融资租赁合同约定，或者以融资租赁合同虽未约定或约定不明，但出卖人及租赁物系由承租人选择为由，主张承租人赔偿相应损失的，人民法院应予支持。

出租人的损失已经在买卖合同被解除、被确认无效或者被撤销时获得赔偿的，应当免除承租人相应的赔偿责任。

四、违约责任

第十七条　出租人有下列情形之一，影响承租人对租赁物的占有和使用，承租人依照《合同法》第二百四十五条的规定，要求出租人赔偿相应损失的，人民法院应予支持：

（一）无正当理由收回租赁物；

（二）无正当理由妨碍、干扰承租人对租赁物的占有和使用；

（三）因出租人的原因导致第三人对租赁物主张权利；

（四）不当影响承租人对租赁物占有、使用的其他情形。

第十八条　出租人有下列情形之一，导致承租人对出卖人索赔逾期或者索赔失败，承租人要求出租人承担相应责任的，人民法院应予支持：

（一）明知租赁物有质量瑕疵而不告知承租人的；

（二）承租人行使索赔权时，未及时提供必要协助的；

（三）怠于行使融资租赁合同中约定的只能由出租人行使对出卖人的索赔权的；

（四）怠于行使买卖合同中约定的只能由出租人行使对出卖人的索赔权的。

第十九条　租赁物不符合融资租赁合同的约定且出租人实施了下列行为之一，承租人依照《合同法》第二百四十一条、第二百四十四条的规定，要求出租人承担相应责任的，人民法院应予支持：

（一）出租人在承租人选择出卖人、租赁物时，对租赁物的选定起决定作用的；

（二）出租人干预或者要求承租人按照出租人意愿选择出卖人或者租赁物的；

（三）出租人擅自变更承租人已经选定的出卖人或者租赁物的。

承租人主张其系依赖出租人的技能确定租赁物或者出租人干预选择租赁物的，对上述事实承担举证责任。

第二十条 承租人逾期履行支付租金义务或者迟延履行其他付款义务，出租人按照融资租赁合同的约定要求承租人支付逾期利息、相应违约金的，人民法院应予支持。

第二十一条 出租人既请求承租人支付合同约定的全部未付租金又请求解除融资租赁合同的，人民法院应告知其依照《合同法》第二百四十八条的规定作出选择。

出租人请求承租人支付合同约定的全部未付租金，人民法院判决后承租人未予履行，出租人再行起诉请求解除融资租赁合同、收回租赁物的，人民法院应予受理。

第二十二条 出租人依照本解释第十二条的规定请求解除融资租赁合同，同时请求收回租赁物并赔偿损失的，人民法院应予支持。

前款规定的损失赔偿范围为承租人全部未付租金及其他费用与收回租赁物价值的差额。合同约定租赁期间届满后租赁物归出租人所有的，损失赔偿范围还应包括融资租赁合同到期后租赁物的残值。

第二十三条 诉讼期间承租人与出租人对租赁物的价值有争议的，人民法院可以按照融资租赁合同的约定确定租赁物价值；融资租赁合同未约定或者约定不明的，可以参照融资租赁合同约定的租赁物折旧以及合同到期后租赁物的残值确定租赁物价值。

承租人或者出租人认为依前款确定的价值严重偏离租赁物实际价值的，可以请求人民法院委托有资质的机构评估或者拍卖确定。

五、其他规定

第二十四条 出卖人与买受人因买卖合同发生纠纷，或者出租人与承租人因融资租赁合同发生纠纷，当事人仅对其中一个合同关系提起诉讼，人民法院经审查后认为另一合同关系的当事人与案件处理结果有法律上的利害关系的，可以通知其作为第三人参加诉讼。

承租人与租赁物的实际使用人不一致，融资租赁合同当事人未对租赁物的实际使用人提起诉讼，人民法院经审查后认为租赁物的实际使用人与案件处理结果有法律上的利害关系的，可以通知其作为第三人参加诉讼。

承租人基于买卖合同和融资租赁合同直接向出卖人主张受领租赁物、索赔等买卖合同权利的，人民法院应通知出租人作为第三人参加诉讼。

第二十五条 当事人因融资租赁合同租金欠付争议向人民法院请求保护其权利的诉讼时效期间为两年，自租赁期限届满之日起计算。

第二十六条 本解释自 2014 年 3 月 1 日起施行。《最高人民法院关于审理融资租赁合同纠纷案件若干问题的规定》（法发〔1996〕19 号）同时废止。

本解释施行后尚未终审的融资租赁合同纠纷案件，适用本解释；本解释施行前已经终审，当事人申请再审或者按照审判监督程序决定再审的，不适用本解释。

关于飞机租赁企业有关印花税政策的通知

财税〔2014〕18号

各省、自治区、直辖市、计划单列市财政厅（局）、地方税务局，西藏、宁夏、青海省（自治区）国家税务局，新疆生产建设兵团财务局：

为落实《国务院办公厅关于加快飞机租赁业发展的意见》（国办发〔2013〕108号）的有关精神，促进飞机租赁业健康发展，现将有关印花税政策通知如下：

自2014年1月1日起至2018年12月31日止，暂免征收飞机租赁企业购机环节购销合同印花税。

财政部　国家税务总局

2014年3月3日

金融租赁公司管理办法

中国银监会令 2014 年第 3 号

《金融租赁公司管理办法》已经中国银监会 2013 年第 24 次主席会议通过。现予公布，自公布之日起施行。

主席　尚福林

2014 年 3 月 13 日

金融租赁公司管理办法

第一章　总则

第一条　为促进融资租赁业务发展，规范金融租赁公司的经营行为，根据《中华人民共和国银行业监督管理法》、《中华人民共和国公司法》等法律法规，制定本办法。

第二条　本办法所称金融租赁公司，是指经银监会批准，以经营融资租赁业务为主的非银行金融机构。

金融租赁公司名称中应当标明"金融租赁"字样。未经银监会批准，任何单位不得在其名称中使用"金融租赁"字样。

第三条　本办法所称融资租赁，是指出租人根据承租人对租赁物和供货人的选择或认可，将其从供货人处取得的租赁物按合同约定出租给承租人占有、使用，向承租人收取租金的交易活动。

第四条　适用于融资租赁交易的租赁物为固定资产，银监会另有规定的除外。

第五条　本办法所称售后回租业务，是指承租人将自有物件出卖给出租人，同时与出租人签订融资租赁合同，再将该物件从出租人处租回的融资租赁形式。

售后回租业务是承租人和供货人为同一人的融资租赁方式。

第六条 银监会及其派出机构依法对金融租赁公司实施监督管理。

第二章 机构设立、变更与终止

第七条 申请设立金融租赁公司，应当具备以下条件：

（一）有符合《中华人民共和国公司法》和银监会规定的公司章程；

（二）有符合规定条件的发起人；

（三）注册资本为一次性实缴货币资本，最低限额为 1 亿元人民币或等值的可自由兑换货币；

（四）有符合任职资格条件的董事、高级管理人员，并且从业人员中具有金融或融资租赁工作经历 3 年以上的人员应当不低于总人数的 50%；

（五）建立了有效的公司治理、内部控制和风险管理体系；

（六）建立了与业务经营和监管要求相适应的信息科技架构，具有支撑业务经营的必要、安全且合规的信息系统，具备保障业务持续运营的技术与措施；

（七）有与业务经营相适应的营业场所、安全防范措施和其他设施；

（八）银监会规定的其他审慎性条件。

第八条 金融租赁公司的发起人包括在中国境内外注册的具有独立法人资格的商业银行，在中国境内注册的、主营业务为制造适合融资租赁交易产品的大型企业，在中国境外注册的融资租赁公司以及银监会认可的其他发起人。

银监会认可的其他发起人是指除符合本办法第九条至第十一条规定的发起人以外的其他境内法人机构和境外金融机构。

第九条 在中国境内外注册的具有独立法人资格的商业银行作为金融租赁公司发起人，应当具备以下条件：

（一）满足所在国家或地区监管当局的审慎监管要求；

（二）具有良好的公司治理结构、内部控制机制和健全的风险管理体系；

（三）最近 1 年年末总资产不低于 800 亿元人民币或等值的可自由兑换货币；

（四）财务状况良好，最近 2 个会计年度连续盈利；

（五）为拟设金融租赁公司确定了明确的发展战略和清晰的盈利模式；

（六）遵守注册地法律法规，最近 2 年内未发生重大案件或重大违法违规行为；

（七）境外商业银行作为发起人的，其所在国家或地区金融监管当局已经与银监会建立良好的监督管理合作机制；

（八）入股资金为自有资金，不得以委托资金、债务资金等非自有资金入股；

（九）承诺 5 年内不转让所持有的金融租赁公司股权、不将所持有的金融租赁公司股权进行质押或设立信托，并在拟设公司章程中载明；

（十）银监会规定的其他审慎性条件。

第十条 在中国境内注册的、主营业务为制造适合融资租赁交易产品的大型企业作为金融租赁公司发起人，应当具备以下条件：

（一）有良好的公司治理结构或有效的组织管理方式；

（二）最近 1 年的营业收入不低于 50 亿元人民币或等值的可自由兑换货币；

（三）财务状况良好，最近 2 个会计年度连续盈利；

（四）最近 1 年年末净资产不低于总资产的 30%；

（五）最近 1 年主营业务销售收入占全部营业收入的 80% 以上；

（六）为拟设金融租赁公司确定了明确的发展战略和清晰的盈利模式；

（七）有良好的社会声誉、诚信记录和纳税记录；

（八）遵守国家法律法规，最近 2 年内未发生重大案件或重大违法违规行为；

（九）入股资金为自有资金，不得以委托资金、债务资金等非自有资金入股；

（十）承诺 5 年内不转让所持有的金融租赁公司股权、不将所持有的金融租赁公司股权进行质押或设立信托，并在拟设公司章程中载明；

（十一）银监会规定的其他审慎性条件。

第十一条 在中国境外注册的具有独立法人资格的融资租赁公司作为金融租赁公司发起人，应当具备以下条件：

（一）具有良好的公司治理结构、内部控制机制和健全的风险管理体系；

（二）最近 1 年年末总资产不低于 100 亿元人民币或等值的可自由兑换货币；

（三）财务状况良好，最近 2 个会计年度连续盈利；

（四）遵守注册地法律法规，最近 2 年内未发生重大案件或重大违法违规行为；

（五）所在国家或地区经济状况良好；

（六）入股资金为自有资金，不得以委托资金、债务资金等非自有资金入股；

（七）承诺 5 年内不转让所持有的金融租赁公司股权、不将所持有的金融租赁公司股权进行质押或设立信托，并在拟设公司章程中载明；

（八）银监会规定的其他审慎性条件。

第十二条　金融租赁公司至少应当有一名符合第九条至第十一条规定的发起人，且其出资比例不低于拟设金融租赁公司全部股本的 30%。

第十三条　其他境内法人机构作为金融租赁公司发起人，应当具备以下条件：

（一）有良好的公司治理结构或有效的组织管理方式；

（二）有良好的社会声誉、诚信记录和纳税记录；

（三）经营管理良好，最近 2 年内无重大违法违规经营记录；

（四）财务状况良好，且最近 2 个会计年度连续盈利；

（五）入股资金为自有资金，不得以委托资金、债务资金等非自有资金入股；

（六）承诺 5 年内不转让所持有的金融租赁公司股权，不将所持有的金融租赁公司股权进行质押或设立信托，并在公司章程中载明；

（七）银监会规定的其他审慎性条件。

其他境内法人机构为非金融机构的，最近 1 年年末净资产不得低于总资产的 30%；

其他境内法人机构为金融机构的，应当符合与该类金融机构有关的法律、法规、相关监管规定要求。

第十四条　其他境外金融机构作为金融租赁公司发起人，应当具备以下条件：

（一）满足所在国家或地区监管当局的审慎监管要求；

（二）具有良好的公司治理结构、内部控制机制和健全的风险管理体系；

（三）最近 1 年年末总资产原则上不低于 10 亿美元或等值的可自由兑换货币；

（四）财务状况良好，最近 2 个会计年度连续盈利；

（五）入股资金为自有资金，不得以委托资金、债务资金等非自有资金入股；

（六）承诺 5 年内不转让所持有的金融租赁公司股权、不将所持有的金融租赁公司股权进行质押或设立信托，并在公司章程中载明；

（七）所在国家或地区金融监管当局已经与银监会建立良好的监督管理合作机制；

（八）具有有效的反洗钱措施；

（九）所在国家或地区经济状况良好；

（十）银监会规定的其他审慎性条件。

第十五条　有以下情形之一的企业不得作为金融租赁公司的发起人：

（一）公司治理结构与机制存在明显缺陷；

（二）关联企业众多、股权关系复杂且不透明、关联交易频繁且异常；

（三）核心主业不突出且其经营范围涉及行业过多；

（四）现金流量波动受经济景气影响较大；

（五）资产负债率、财务杠杆率高于行业平均水平；

（六）其他对金融租赁公司产生重大不利影响的情况。

第十六条 金融租赁公司发起人应当在金融租赁公司章程中约定，在金融租赁公司出现支付困难时，给予流动性支持；当经营损失侵蚀资本时，及时补足资本金。

第十七条 金融租赁公司根据业务发展的需要，经银监会批准，可以设立分公司、子公司。设立分公司、子公司的具体条件由银监会另行制定。

第十八条 金融租赁公司董事和高级管理人员实行任职资格核准制度。

第十九条 金融租赁公司有下列变更事项之一的，须报经银监会或其派出机构批准。

（一）变更公司名称；

（二）变更组织形式；

（三）调整业务范围；

（四）变更注册资本；

（五）变更股权或调整股权结构；

（六）修改公司章程；

（七）变更公司住所或营业场所；

（八）变更董事和高级管理人员；

（九）合并或分立；

（十）银监会规定的其他变更事项。

第二十条 金融租赁公司变更股权及调整股权结构，拟投资入股的出资人需符合本办法第八条至第十六条规定的新设金融租赁公司发起人条件。

第二十一条 金融租赁公司有以下情况之一的，经银监会批准可以解散：

（一）公司章程规定的营业期限届满或者公司章程规定的其他解散事由出现；

（二）股东决定或股东（大）会决议解散；

（三）因公司合并或者分立需要解散；

（四）依法被吊销营业执照、责令关闭或者被撤销；

（五）其他法定事由。

第二十二条 金融租赁公司有以下情形之一的，经银监会批准，可以向法院申请破产：

（一）不能支付到期债务，自愿或债权人要求申请破产的；

（二）因解散或被撤销而清算，清算组发现财产不足以清偿债务，应当申请破产的。

第二十三条 金融租赁公司不能清偿到期债务，并且资产不足以清偿全部债务或者明显缺乏清偿能力的，银监会可以向人民法院提出对该金融租赁公司进行重整或者破产清算的申请。

第二十四条 金融租赁公司因解散、依法被撤销或被宣告破产而终止的，其清算事宜，按照国家有关法律法规办理。

第二十五条 金融租赁公司设立、变更、终止和董事及高管人员任职资格核准的行政许可程序，按照银监会相关规定执行。

第三章 业务范围

第二十六条 经银监会批准，金融租赁公司可以经营下列部分或全部本外币业务：

（一）融资租赁业务；

（二）转让和受让融资租赁资产；

（三）固定收益类证券投资业务；

（四）接受承租人的租赁保证金；

（五）吸收非银行股东 3 个月（含）以上定期存款；

（六）同业拆借；

（七）向金融机构借款；

（八）境外借款；

（九）租赁物变卖及处理业务；

（十）经济咨询。

第二十七条 经银监会批准，经营状况良好、符合条件的金融租赁公司可以开办下列部分或全部本外币业务：

（一）发行债券；

（二）在境内保税地区设立项目公司开展融资租赁业务；

（三）资产证券化；

（四）为控股子公司、项目公司对外融资提供担保；

（五）银监会批准的其他业务。

金融租赁公司开办前款所列业务的具体条件和程序，按照有关规定执行。

第二十八条 金融租赁公司业务经营中涉及外汇管理事项的，需遵守国家外汇管理有关规定。

第四章 经营规则

第二十九条 金融租赁公司应当建立以股东或股东（大）会、董事会、监事（会）、高级管理层等为主体的组织架构，明确职责划分，保证相互之间独立运行、有效制衡，形成科学高效的决策、激励和约束机制。

第三十条 金融租赁公司应当按照全面、审慎、有效、独立原则，建立健全内部控制制度，防范、控制和化解风险，保障公司安全稳健运行。

第三十一条 金融租赁公司应当根据其组织架构、业务规模和复杂程度建立全面的风险管理体系，对信用风险、流动性风险、市场风险、操作风险等各类风险进行有效的识别、计量、监测和控制，同时还应当及时识别和管理与融资租赁业务相关的特定风险。

第三十二条 金融租赁公司应当合法取得租赁物的所有权。

第三十三条 租赁物属于国家法律法规规定所有权转移必须到登记部门进行登记的财产类别，金融租赁公司应当进行相关登记。租赁物不属于需要登记的财产类别，金融租赁公司应当采取有效措施保障对租赁物的合法权益。

第三十四条 售后回租业务的租赁物必须由承租人真实拥有并有权处分。金融租赁公司不得接受已设置任何抵押、权属存在争议或已被司法机关查封、扣押的财产或所有权存在瑕疵的财产作为售后回租业务的租赁物。

第三十五条 金融租赁公司应当在签订融资租赁合同或明确融资租赁业务意向的前提下，按照承租人要求购置租赁物。特殊情况下需提前购置租赁物的，应当与自身现有业务领域或业务规划保持一致，且与自身风险管理能力和专业化经营水平相符。

第三十六条 金融租赁公司应当建立健全租赁物价值评估和定价体系，根据租赁物的价值、其他成本和合理利润等确定租金水平。

售后回租业务中，金融租赁公司对租赁物的买入价格应当有合理的、不违反会计准则的定价依据作为参考，不得低值高买。

第三十七条 金融租赁公司应当重视租赁物的风险缓释作用，密切监测租赁物价值对融资租赁债权的风险覆盖水平，制定有效的风险应对措施。

第三十八条 金融租赁公司应当加强租赁物未担保余值的估值管理，定期评估未担保余值，并开展减值测试。当租赁物未担保余值出现减值迹象时，应当按照会计准则要求计提减值准备。

第三十九条 金融租赁公司应当加强未担保余值风险的限额管理，根据业务规模、业务性质、复杂程度和市场状况，对未担保余值比例较高的融资租赁资产设定风险限额。

第四十条 金融租赁公司应当加强对租赁期限届满返还或因承租人违约而取回的租赁物的风险管理，建立完善的租赁物处置制度和程序，降低租赁物持有期风险。

第四十一条 金融租赁公司应当严格按照会计准则等相关规定，真实反映融资租赁资产转让和受让业务的实质和风险状况。

第四十二条 金融租赁公司应当建立健全集中度风险管理体系，有效防范和分散经营风险。

第四十三条 金融租赁公司应当建立严格的关联交易管理制度，其关联交易应当按照商业原则，以不优于非关联方同类交易的条件进行。

第四十四条 金融租赁公司与其设立的控股子公司、项目公司之间的交易，不适用本办法对关联交易的监管要求。

第四十五条 金融租赁公司的重大关联交易应当经董事会批准。

重大关联交易是指金融租赁公司与一个关联方之间单笔交易金额占金融租赁公司资本净额5%以上，或金融租赁公司与一个关联方发生交易后金融租赁公司与该关联方的交易余额占金融租赁公司资本净额10%以上的交易。

第四十六条 金融租赁公司所开展的固定收益类证券投资业务，不得超过资本净额的20%。

第四十七条 金融租赁公司开办资产证券化业务，可以参照信贷资产证券化相关规定。

第五章 监督管理

第四十八条 金融租赁公司应当遵守以下监管指标的规定：

（一）资本充足率。金融租赁公司资本净额与风险加权资产的比例不得低于银监会的最低监管要求。

（二）单一客户融资集中度。金融租赁公司对单一承租人的全部融资租赁业务余额不得超过资本净额的30%。

（三）单一集团客户融资集中度。金融租赁公司对单一集团的全部融资租赁业务余额不得超过资本净额的50%。

（四）单一客户关联度。金融租赁公司对一个关联方的全部融资租赁业务余额不得超过资本净额的30%。

（五）全部关联度。金融租赁公司对全部关联方的全部融资租赁业务余额不得超过资本净额的50%。

（六）单一股东关联度。对单一股东及其全部关联方的融资余额不得超过该股东在金融租赁公司的出资额，且应同时满足本办法对单一客户关联度的规定。

（七）同业拆借比例。金融租赁公司同业拆入资金余额不得超过资本净额的100%。

经银监会认可，特定行业的单一客户融资集中度和单一集团客户融资集中度要求可以适当调整。

银监会根据监管需要可以对上述指标做出适当调整。

第四十九条 金融租赁公司应当按照银监会的相关规定构建资本管理体系，合理评估资本充足状况，建立审慎、规范的资本补充、约束机制。

第五十条 金融租赁公司应当按照监管规定建立资产质量分类制度。

第五十一条 金融租赁公司应当按照相关规定建立准备金制度，在准确分类的基础上及时足额计提资产减值损失准备，增强风险抵御能力。未提足准备的，不得进行利润分配。

第五十二条 金融租赁公司应当建立健全内部审计制度，审查评价并改善经营活动、风险状况、内部控制和公司治理效果，促进合法经营和稳健发展。

第五十三条 金融租赁公司应当执行国家统一的会计准则和制度，真实记录并全面反映财务状况和经营成果等信息。

第五十四条 金融租赁公司应当按规定报送会计报表及银监会及其派出机构要求的其他报表，并对所报报表、资料的真实性、准确性和完整性负责。

第五十五条 金融租赁公司应当建立定期外部审计制度，并在每个会计年度结束后的4个月内，将经法定代表人签名确认的年度审计报告报送银监会或其派出机构。

第五十六条 金融租赁公司违反本办法有关规定的，银监会及其派出机构应当依法责令限期整改；逾期未整改的，或者其行为严重危及该金融租赁公司的稳健运行、损害客户合法权益的，可以区别情形，依照《中华人民共和国银行业监督管理法》等法律法规，采取暂停业务、限制股东权利等监管措施。

第五十七条 金融租赁公司已经或者可能发生信用危机，严重影响客户合法权益的，银监会依法对其实行托管或者督促其重组，问题严重的，有权予以撤销。

第五十八条 凡违反本办法有关规定的，银监会及其派出机构依照《中华人民共和国银行业监督管理法》等有关法律法规进行处罚。金融租赁公司对处罚决定不服的，可以依法申请行政复议或者向人民法院提起行政诉讼。

第六章 附则

第五十九条 除特别说明外，本办法中各项财务指标要求均为合并会计报表口径。

第六十条　本办法由银监会负责解释。

第六十一条　本办法自公布之日起施行，原《金融租赁公司管理办法》（中国银行业监督管理委员会令 2007 年第 1 号）同时废止。

关于印发《企业会计准则第 41 号——在其他主体中权益的披露》的通知

财会〔2014〕16 号

国务院有关部委、有关直属机构，各省、自治区、直辖市、计划单列市财政厅（局），新疆生产建设兵团财务局，财政部驻各省、自治区、直辖市、计划单列市财政监察专员办事处，有关中央管理企业：

为了适应社会主义市场经济发展需要，规范企业在其他主体中权益的披露，提高会计信息质量，根据《企业会计准则——基本准则》，我部制定了《企业会计准则第 41 号——在其他主体中权益的披露》，现予印发，自 2014 年 7 月 1 日起在所有执行企业会计准则的企业范围内施行，鼓励在境外上市的企业提前执行。

执行中有何问题，请及时反馈我部。

附件：企业会计准则第 41 号——在其他主体中权益的披露

财政部

2014 年 3 月 14 日

附件

企业会计准则第 41 号——在其他主体中权益的披露

第一章　总则

第一条　为了规范在其他主体中权益的披露，根据《企业会计准则——基本准则》，制定本准则。

第二条　企业披露的在其他主体中权益的信息，应当有助于财务报表使用者评估企业在其他主体中权益的性质和相关风险，以及该权益对企业财务状况、经营成果和现金流量的影响。

第三条　本准则所指的在其他主体中的权益，是指通过合同或其他形式能够使企业参与其他主体的相关活动并因此享有可变回报的权益。参与方式包括持有其他主体的股权、债权，或向其他主体提供资金、流动性支持、信用增级和担保等。企业通过这些参与方式实现对其他主体的控制、共同控制或重大影响。其他主体包括企业的子公司、合营安排（包括共同经营和合营企业）、联营企业以及未纳入合并财务报表范围的结构化主体等。

结构化主体，是指在确定其控制方时没有将表决权或类似权利作为决定因素而设计的主体。

第四条 本准则适用于企业在子公司、合营安排、联营企业和未纳入合并财务报表范围的结构化主体中权益的披露。

企业同时提供合并财务报表和母公司个别财务报表的，应当在合并财务报表附注中披露本准则要求的信息，不需要在母公司个别财务报表附注中重复披露相关信息。

第五条 下列各项的披露适用其他相关会计准则：

（一）离职后福利计划或其他长期职工福利计划，适用《企业会计准则第 9 号——职工薪酬》。

（二）企业在其参与的但不享有共同控制的合营安排中的权益，适用《企业会计准则第 37 号——金融工具列报》。但是，企业对该合营安排具有重大影响或该合营安排是结构化主体的，适用本准则。

（三）企业持有的由《企业会计准则第 22 号——金融工具确认和计量》规范的在其他主体中的权益，适用《企业会计准则第 37 号——金融工具列报》。但是，企业在未纳入合并财务报表范围的结构化主体中的权益，以及根据其他相关会计准则以公允价值计量且其变动计入当期损益的在联营企业或合营企业中的权益，适用本准则。

第二章 重大判断和假设的披露

第六条 企业应当披露对其他主体实施控制、共同控制或重大影响的重大判断和假设，以及这些判断和假设变更的情况，包括但不限于下列各项：

（一）企业持有其他主体半数或以下的表决权但仍控制该主体的判断和假设，或者持有其他主体半数以上的表决权但并不控制该主体的判断和假设。

（二）企业持有其他主体 20% 以下的表决权但对该主体具有重大影响的判断和假设，或者持有其他主体 20% 或以上的表决权但对该主体不具有重大影响的判断和假设。

（三）企业通过单独主体达成合营安排的，确定该合营安排是共同经营还是合营企业的判断和假设。

（四）确定企业是代理人还是委托人的判断和假设。

第七条 企业应当披露按照《企业会计准则第 33 号——合并财务报表》被确定为投资性主体的重大判断和假设，以及虽然不符合《企业会计准则第 33 号——合并财务报表》有关投资性主体的一项或多项特征但仍被确定为投资性主体的原因。企业（母公司）由非投资性主体转变为投资性主体的，应当披露该变化及其原因，并披露该变化对财务报表的影响，包括对变化当日不再纳入合并财务报表范围子公司的投资的公允价值、按照公允价值重新计量产生的利得或损失以及相应的列报项目。企业（母公司）由投资性主体转变为非投资性主体的，应当披露该变化及其原因。

第三章　在子公司中权益的披露

第八条 企业应当在合并财务报表附注中披露企业集团的构成，包括子公司的名称、主要经营地及注册地、业务性质、企业的持股比例（或类似权益比例，下同）等。

子公司少数股东持有的权益对企业集团重要的，企业还应当在合并财务报表附注中披露下列信息：

（一）子公司少数股东的持股比例。子公司少数股东的持股比例不同于其持有的表决权比例的，企业还应当披露该表决权比例。

（二）当期归属于子公司少数股东的损益以及向少数股东支付的股利。

（三）子公司在当期期末累计的少数股东权益余额。

（四）子公司的主要财务信息。

第九条 使用企业集团资产和清偿企业集团债务存在重大限制的，企业应当在合并财务报表附注中披露下列信息：

（一）该限制的内容，包括对母公司或其子公司与企业集团内其他主体相互转移现金或其他资产的限制，以及对企业集团内主体之间发放股利或进行利润分配、发放或收回贷款或垫款等的限制。

（二）子公司少数股东享有保护性权利，并且该保护性权利对企业使用企业集团资产或清偿企业集团负债的能力存在重大限制的，该限制的性质和程度。

（三）该限制涉及的资产和负债在合并财务报表中的金额。

第十条 企业存在纳入合并财务报表范围的结构化主体的，应当在合并财务报表附注中披露下列信息：

（一）合同约定企业或其子公司向该结构化主体提供财务支持的，应当披露提供财务支持的合同条款，包括可能导致企业承担损失的事项或情况。

（二）在没有合同约定的情况下，企业或其子公司当期向该结构化主体提供了财务支持或其他支持，应当披露所提供支持的类型、金额及原因，包括帮助该结构化主体获得财务支持的情况。其中，企业或其子公司当期对以前未纳入合并财务报表范围的结构化主体提供了财务支持或其他支持并且该支持导致企业控制了该结构化主体的，还应当披露决定提供支持的相关因素。

（三）企业存在向该结构化主体提供财务支持或其他支持的意图的，应当披露该意图，包括帮助该结构化主体获得财务支持的意图。

第十一条 企业在其子公司所有者权益份额发生变化且该变化未导致企业丧失对子公司控制权的，应当在合并财务报表附注中披露该变化对本企业所有者权益的影响。

企业丧失对子公司控制权的，应当在合并财务报表附注中披露按照《企业会计准则第 33 号——合并财务报表》计算的下列信息：

（一）由于丧失控制权而产生的利得或损失以及相应的列报项目。

（二）剩余股权在丧失控制权日按照公允价值重新计量而产生的利得或损失。

第十二条 企业是投资性主体且存在未纳入合并财务报表范围的子公司，并对该子公司权益按照公允价值计量且其变动计入当期损益的，应当在财务报表附注中对该情况予以说明。同时，对于未纳入合并财务报表范围的子公司，企业应当披露下列信息：

（一）子公司的名称、主要经营地及注册地。

（二）企业对子公司的持股比例。持股比例不同于企业持有的表决权比例的，企业还应当披露该表决权比例。企业的子公司也是投资性主体且该子公司存在未纳入合并财务报表范围的下属子公司的，企业应当按照上述要求披露该下属子公司的相关信息。

第十三条 企业是投资性主体的，对其在未纳入合并财务报表范围的子公司中的权益，应当披露与该权益相关的风险信息：

（一）该未纳入合并财务报表范围的子公司以发放现金股利、归还贷款或垫款等形式向企业转移资金的能力存在重大限制的，企业应当披露该限制的性质和程度。

（二）企业存在向未纳入合并财务报表范围的子公司提供财务支持或其他支持的承诺或意图的，企业应当披露该承诺或意图，包括帮助该子公司获得财务支持的承诺或意图。

在没有合同约定的情况下，企业或其子公司当期向未纳入合并财务报表范围的子公司提供财务支持或其他支持的，企业应当披露提供支持的类型、金额及原因。

（三）合同约定企业或其未纳入合并财务报表范围的子公司向未纳入合并财务报表范围，但受企业控制的结构化主体提供财务支持的，企业应当披露相关合同条款，以及可能导致企业承担损失的事项或情况。在没有合同约定的情况下，企业或其未纳入合并财务报表范围的子公司当期向原先不受企业控制且未纳入合并财务报表范围的结构化主体提供财务支持或其他支持，并且所提供的支持导致企业控制该结构化主体的，企业应当披露决定提供上述支持的相关因素。

第四章　在合营安排或联营企业中权益的披露

第十四条　存在重要的合营安排或联营企业的，企业应当披露下列信息：

（一）合营安排或联营企业的名称、主要经营地及注册地。

（二）企业与合营安排或联营企业的关系的性质，包括合营安排或联营企业活动的性质，以及合营安排或联营企业对企业活动是否具有战略性等。

（三）企业的持股比例。持股比例不同于企业持有的表决权比例的，企业还应当披露该表决权比例。

第十五条　对于重要的合营企业或联营企业，企业除了应当按照本准则第十四条披露相关信息外，还应当披露对合营企业或联营企业投资的会计处理方法，从合营企业或联营企业收到的股利，以及合营企业或联营企业在其自身财务报表中的主要财务信息。

企业对上述合营企业或联营企业投资采用权益法进行会计处理的，上述主要财务信息应当是按照权益法对合营企业或联营企业相关财务信息调整后的金额；同时，企业应当披露将上述主要财务信息按照权益法调整至企业对合营企业或联营企业投资账面价值的调节过程。企业对上述合营企业或联营企业投资采用权益法进行会计处理但该投资存在公开报价的，还应当披露其公允价值。

第十六条　企业在单个合营企业或联营企业中的权益不重要的，应当分别就合营企业和联营企业两类披露下列信息：

（一）按照权益法进行会计处理的对合营企业或联营企业投资的账面价值合计数。

（二）对合营企业或联营企业的净利润、终止经营的净利润、其他综合收益、综合收益等项目，企业按照其持股比例计算的金额的合计数。

第十七条　合营企业或联营企业以发放现金股利、归还贷款或垫款等形式向企业转移资金的能力存在重大限制的，企业应当披露该限制的性质和程度。

第十八条　企业对合营企业或联营企业投资采用权益法进行会计处理，被投资方发生超额亏损且投资方不再确认其应分担合营企业或联营企业损失份额的，应当披露未确认的合营企业或联营企业损失份额，包括当期份额和累积份额。

第十九条　企业应当单独披露与其对合营企业投资相关的未确认承诺，以及与其对合营企业或联营企业投资相关的或有负债。

第二十条 企业是投资性主体的，不需要披露本准则第十五条和第十六条规定的信息。

第五章 在未纳入合并财务报表范围的结构化主体中权益的披露

第二十一条 对于未纳入合并财务报表范围的结构化主体，企业应当披露下列信息：

（一）未纳入合并财务报表范围的结构化主体的性质、目的、规模、活动及融资方式。

（二）在财务报表中确认的与企业在未纳入合并财务报表范围的结构化主体中权益相关的资产和负债的账面价值及其在资产负债表中的列报项目。

（三）在未纳入合并财务报表范围的结构化主体中权益的最大损失敞口及其确定方法。企业不能量化最大损失敞口的，应当披露这一事实及其原因。

（四）在财务报表中确认的与企业在未纳入合并财务报表范围的结构化主体中权益相关的资产和负债的账面价值与其最大损失敞口的比较。企业发起设立未纳入合并财务报表范围的结构化主体，但资产负债表日在该结构化主体中没有权益的，企业不需要披露上述（二）至（四）项要求的信息，但应当披露企业作为该结构化主体发起人的认定依据，并分类披露企业当期从该结构化主体获得的收益、收益类型，以及转移至该结构化主体的所有资产在转移时的账面价值。

第二十二条 企业应当披露其向未纳入合并财务报表范围的结构化主体提供财务支持或其他支持的意图，包括帮助该结构化主体获得财务支持的意图。在没有合同约定的情况下，企业当期向结构化主体（包括企业前期或当期持有权益的结构化主体）提供财务支持或其他支持的，还应当披露提供支持的类型、金额及原因，包括帮助该结构化主体获得财务支持的情况。

第二十三条 企业是投资性主体的，对受其控制但未纳入合并财务报表范围的结构化主体，应当按照本准则第十二条和第十三条的规定进行披露，不需要按照本章规定进行披露。

第六章 衔接规定

第二十四条 企业比较财务报表中披露的本准则施行日之前的信息与本准则要求不一致的，应当按照本准则的规定进行调整，但有关未纳入合并财务报表范围的结构化主体的披露要求除外。

第七章 附则

第二十五条 本准则自 2014 年 7 月 1 日起施行。

国家税务总局关于发布增值税发票税控开票软件数据接口规范的公告

国家税务总局公告 2014 年第 17 号

为进一步减轻纳税人负担，优化纳税服务，国家税务总局决定对纳税人使用的增值税发票税控开票软件（以下简称税控开票软件）数据接口规范予以发布，以满足纳税人内部管理信息系统与税控开票软件的衔接需要。现将有关事项公告如下：

一、税控开票软件是指增值税一般纳税人安装使用的防伪税控系统防伪开票子系统和发票税控系统开票软件。

二、本次发布的数据接口规范包括导入接口规范和导出接口规范，发票类型为增值税专用发票、增值税普通发票和货物运输业增值税专用发票。导入接口规范是指税控开票软件可接收的待开具发票信息的数据格式；导出接口规范是指从税控开票软件导出已开具发票信息的数据格式。

三、为配合数据接口规范发布，税控开票软件增加了手工导入开具、批量自动导入开具、批量数据导出等功能。需启用这些功能的纳税人，应将增值税防伪税控系统防伪开票子系统升级为 V7.23.10 版，发票税控系统开票软件升级为 V1.3.00 版。

四、数据接口规范和税控开票软件安装包在金税工程纳税人技术服务网（http：//www. chinaetax. cn）上发布，纳税人可自行下载免费安装使用。在使用数据接口规范和安装税控开票软件过程中，如有问题，请联系当地税控技术服务单位提供技术支持。

五、各地税控技术服务单位不得在税控开票软件安装、升级过程中，以技术服务为由强行向纳税人搭售通用设备或软件。纳税人如发现税控技术服务单位的上述违规行为，可通过电子邮件（邮箱：shuikong@ chinatax. gov. cn）向税务总局反映。

特此公告。

国家税务总局

2014 年 3 月 14 日

中国人民银行关于使用融资租赁登记系统进行融资租赁交易查询的通知

银发〔2014〕93号

中国人民银行上海总部，各分行、营业管理部，省会（首府）城市中心支行，副省级城市中心支行；国家开发银行，各政策性银行，国有商业银行，股份制商业银行，中国邮政储蓄银行：

为保护融资租赁交易当事人和第三人的合法权益，促进资产支持融资行业的健康发展，维护金融资产安全，降低信贷交易风险，根据《中华人民共和国物权法》、《中华人民共和国合同法》和《中华人民共和国商业银行法》等法律法规，现就使用融资租赁登记公示系统进行融资租赁交易查询的有关事项通知如下：

一、中国人民银行征信中心建立的融资租赁公示系统（http：//www.zhongdengwang.com），通过互联网为全国范围内的机构提供租赁物权利登记公示与查询服务，各单位要充分认识利用融资租赁登记公示系统进行融资租赁交易登记与查询在明确金融资产权属状况、预防交易风险、保护交易安全方面的积极意义。

二、融资租赁公司等租赁物权利人开展融资租赁业务时，可以在融资租赁登记公示系统办理融资租赁登记，公示融资租赁物权利状况，避免因融资租赁物占有与所有分离导致的租赁物权属冲突。

融资租赁公司等租赁物权利人，在融资租赁登记公示系统办理租赁物登记时，应按照中国人民银行征信中心发布的登记规则如实填写登记事项，公示融资租赁合同中载明的租赁物权属状况，并对登记内容的真实性、完整性和合法性负责。

三、银行等机构作为资金融出方在办理资产抵押、质押和受让等业务时，应当对抵押物、质物的权属和价值以及实现抵押权、质权的可行性进行严格审查，并登录融资租赁登记公示系统查询相关标的物的权属状况，以避免抵押物、质物为承租人不具有所有权的租赁物而影响金融债权的实现。

请中国人民银行分支机构将本通知转发至辖区内地方性金融机构，请及时报告中国人民银行。

最高人民法院 最高人民检察院 公安部
关于办理非法集资刑事案件
适用法律若干问题的意见

各省、自治区、直辖市高级人民法院，人民检察院，公安厅、局，解放军军事法院、军事检察院，新疆维吾尔自治区高级人民法院生产建设兵团分院，新疆生产建设兵团人民检察院、公安局：

为解决近年来公安机关、人民检察院、人民法院在办理非法集资刑事案件中遇到的问题，依法惩治非法吸收公众存款、集资诈骗等犯罪，根据《刑法》、《刑事诉讼法》的规定，结合司法实践，现就办理非法集资刑事案件适用法律问题提出以下意见：

一、关于行政认定的问题

行政部门对于非法集资的性质认定，不是非法集资刑事案件进入刑事诉讼程序的必经程序。行政部门未对非法集资作出性质认定的，不影响非法集资刑事案件的侦查、起诉和审判。

公安机关、人民检察院、人民法院应当依法认定案件事实的性质，对于案情复杂、性质认定疑难的案件，可参考有关部门的认定意见，根据案件事实和法律规定作出性质认定。

二、关于"向社会公开宣传"的认定问题

《最高人民法院关于审理非法集资刑事案件具体应用法律若干问题的解释》第一条第一款第二项中的"向社会公开宣传"，包括以各种途径向社会公众传播吸收资金的信息，以及明知吸收资金的信息向社会公众扩散而予以放任等情形。

三、关于"社会公众"的认定问题

下列情形不属于《最高人民法院关于审理非法集资刑事案件具体应用法律若干问题的解释》第一条第二款规定的"针对特定对象吸收资金"的行为，应当认定为向社会公众吸收资金：

（一）在向亲友或者单位内部人员吸收资金的过程中，明知亲友或者单位内部人员向不特定对象吸收资金而予以放任的；

（二）以吸收资金为目的，将社会人员吸收为单位内部人员，并向其吸收资金的。

四、关于共同犯罪的处理问题

为他人向社会公众非法吸收资金提供帮助，从中收取代理费、好处费、返点费、佣金、提成等费用，构成非法集资共同犯罪的，应当依法追究刑事责任。能够及时退缴上述费用的，可依法从轻处罚；其中情节轻微的，可以免除处罚；情节显著轻微、危害不大的，不作为犯罪处理。

五、关于涉案财物的追缴和处置问题

向社会公众非法吸收的资金属于违法所得。以吸收的资金向集资参与人支付的利息、分红等回报，以及向帮助吸收资金人员支付的代理费、好处费、返点费、佣金、提成等费用，应当依法追缴。集资参与人本金尚未归还的，所支付的回报可予折抵本金。

将非法吸收的资金及其转换财物用于清偿债务或者转让给他人，有下列情形之一的，应当依法追缴：

（一）他人明知是上述资金及财物而收取的；

（二）他人无偿取得上述资金及财物的；

（三）他人以明显低于市场的价格取得上述资金及财物的；

（四）他人取得上述资金及财物系源于非法债务或者违法犯罪活动的；

（五）其他依法应当追缴的情形。

查封、扣押、冻结的易贬值及保管、养护成本较高的涉案财物，可以在诉讼终结前依照有关规定变卖、拍卖。所得价款由查封、扣押、冻结机关予以保管，待诉讼终结后一并处置。

查封、扣押、冻结的涉案财物，一般应在诉讼终结后，返还集资参与人。涉

案财物不足全部返还的，按照集资参与人的集资额比例返还。

六、关于证据的收集问题

办理非法集资刑事案件中，确因客观条件的限制无法逐一收集集资参与人的言词证据的，可结合已收集的集资参与人的言词证据和依法收集并查证属实的书面合同、银行账户交易记录、会计凭证及会计账簿、资金收付凭证、审计报告、互联网电子数据等证据，综合认定非法集资对象人数和吸收资金数额等犯罪事实。

七、关于涉及民事案件的处理问题

对于公安机关、人民检察院、人民法院正在侦查、起诉、审理的非法集资刑事案件，有关单位或者个人就同一事实向人民法院提起民事诉讼或者申请执行涉案财物的，人民法院应当不予受理，并将有关材料移送公安机关或者检察机关。

人民法院在审理民事案件或者执行过程中，发现有非法集资犯罪嫌疑的，应当裁定驳回起诉或者中止执行，并及时将有关材料移送公安机关或者检察机关。

公安机关、人民检察院、人民法院在侦查、起诉、审理非法集资刑事案件中，发现与人民法院正在审理的民事案件属同一事实，或者被申请执行的财物属于涉案财物的，应当及时通报相关人民法院。人民法院经审查认为确属涉嫌犯罪的，依照前款规定处理。

八、关于跨区域案件的处理问题

跨区域非法集资刑事案件，在查清犯罪事实的基础上，可以由不同地区的公安机关、人民检察院、人民法院分别处理。

对于分别处理的跨区域非法集资刑事案件，应当按照统一制定的方案处置涉案财物。

国家机关工作人员违反规定处置涉案财物，构成渎职等犯罪的，应当依法追究刑事责任。

最高人民法院
最高人民检察院
公安部
2014 年 3 月 25 日

商业银行保理业务管理暂行办法

银监会令〔2014〕5号

《商业银行保理业务管理暂行办法》已经中国银监会2013年第21次主席会议通过。现予公布，自公布之日起施行。

主席　尚福林

2014年4月10日

商业银行保理业务管理暂行办法

第一章　总则

第一条　为规范商业银行保理业务经营行为，加强保理业务审慎经营管理，促进保理业务健康发展，根据《中华人民共和国合同法》、《中华人民共和国物权法》、《中华人民共和国银行业监督管理法》、《中华人民共和国商业银行法》等法律法规，制定本办法。

第二条　中华人民共和国境内依法设立的商业银行经营保理业务，应当遵守本办法。

第三条　商业银行开办保理业务，应当遵循依法合规、审慎经营、平等自愿、公平诚信的原则。

第四条　商业银行开办保理业务应当妥善处理业务发展与风险管理的关系。

第五条　中国银监会及其派出机构依照本办法及有关法律法规对商业银行保理业务实施监督管理。

第二章　定义和分类

第六条　本办法所称保理业务是以债权人转让其应收账款为前提，集应收账款催收、管理、坏账担保及融资于一体的综合性金融服务。债权人将其应收账款转让给商业银行，由商业银行向其提供下列服务中至少一项的，即为保理业务：

（一）应收账款催收：商业银行根据应收账款账期，主动或应债权人要求，采取电话、函件、上门等方式或运用法律手段等对债务人进行催收。

（二）应收账款管理：商业银行根据债权人的要求，定期或不定期向其提供关于应收账款的回收情况、逾期账款情况、对账单等财务和统计报表，协助其进行应收账款管理。

（三）坏账担保：商业银行与债权人签订保理协议后，为债务人核定信用额度，并在核准额度内，对债权人无商业纠纷的应收账款，提供约定的付款担保。

（四）保理融资：以应收账款合法、有效转让为前提的银行融资服务。

以应收账款为质押的贷款，不属于保理业务范围。

第七条 商业银行应当按照"权属确定，转让明责"的原则，严格审核并确认债权的真实性，确保应收账款初始权属清晰确定、历次转让凭证完整、权责无争议。

第八条 本办法所称应收账款，是指企业因提供商品、服务或者出租资产而形成的金钱债权及其产生的收益，但不包括因票据或其他有价证券而产生的付款请求权。

第九条 本办法所指应收账款的转让，是指与应收账款相关的全部权利及权益的让渡。

第十条 保理业务分类：

（一）国内保理和国际保理。

按照基础交易的性质和债权人、债务人所在地，分为国际保理和国内保理。

国内保理是债权人和债务人均在境内的保理业务。

国际保理是债权人和债务人中至少有一方在境外（包括保税区、自贸区、境内关外等）的保理业务。

（二）有追索权保理和无追索权保理。

按照商业银行在债务人破产、无理拖欠或无法偿付应收账款时，是否可以向债权人反转让应收账款、要求债权人回购应收账款或归还融资，分为有追索权保理和无追索权保理。

有追索权保理是指在应收账款到期无法从债务人处收回时，商业银行可以向债权人反转让应收账款、要求债权人回购应收账款或归还融资。有追索权保理又称回购型保理。

无追索权保理是指应收账款在无商业纠纷等情况下无法得到清偿的，由商业银行承担应收账款的坏账风险。无追索权保理又称买断型保理。

（三）单保理和双保理。

按照参与保理服务的保理机构个数，分为单保理和双保理。

单保理是由一家保理机构单独为买卖双方提供保理服务。

双保理是由两家保理机构分别向买卖双方提供保理服务。

买卖双方保理机构为同一银行不同分支机构的，原则上可视作双保理。商业银行应当在相关业务管理办法中同时明确作为买方保理机构和卖方保理机构的职责。

由保险公司承保买方信用风险的银保合作，视同双保理。

第三章　保理融资业务管理

第十一条　商业银行应当按照本办法对具体保理融资产品进行定义，根据自身情况确定适当的业务范围，制定保理融资客户准入标准。

第十二条　双保理业务中，商业银行应当对合格买方保理机构制定准入标准，对于买方保理机构为非银行机构的，应当采取名单制管理，并制定严格的准入准出标准与程序。

第十三条　商业银行应当根据自身内部控制水平和风险管理能力，制定适合叙做保理融资业务的应收账款标准，规范应收账款范围。商业银行不得基于不合法基础交易合同、寄售合同、未来应收账款、权属不清的应收账款、因票据或其他有价证券而产生的付款请求权等开展保理融资业务。

未来应收账款是指合同项下卖方义务未履行完毕的预期应收账款。

权属不清的应收账款是指权属具有不确定性的应收账款，包括但不限于已在其他银行或商业保理公司等第三方办理出质或转让的应收账款。获得质权人书面同意解押并放弃抵质押权利和获得受让人书面同意转让应收账款权属的除外。

因票据或其他有价证券而产生的付款请求权是指票据或其他有价证券的持票人无须持有票据或有价证券产生的基础交易应收账款单据，仅依据票据或有价证券本身即可向票据或有价证券主债务人请求按票据或有价证券上记载的金额付款的权利。

第十四条　商业银行受理保理融资业务时，应当严格审核卖方和/或买方的资信、经营及财务状况，分析拟做保理融资的应收账款情况，包括是否出质、转让以及账龄结构等，合理判断买方的付款意愿、付款能力以及卖方的回购能力，审查买卖合同等资料的真实性与合法性。对因提供服务、承接工程或其他非销售商品原因所产生的应收账款，或买卖双方为关联企业的应收账款，应当从严审查交易背景真实性和定价的合理性。

第十五条　商业银行应当对客户和交易等相关情况进行有效的尽职调查，重点对交易对手、交易商品及贸易习惯等内容进行审核，并通过审核单据原件或银行认可的电子贸易信息等方式，确认相关交易行为真实合理存在，避免客户通过虚开发票或伪造贸易合同、物流、回款等手段恶意骗取融资。

第十六条　单保理融资中，商业银行除应当严格审核基础交易的真实性外，还需确定卖方或买方一方比照流动资金贷款进行授信管理，严格实施受理与调查、风险评估与评价、支付和监测等全流程控制。

第十七条　商业银行办理单保理业务时，应当在保理合同中原则上要求卖方开立用于应收账款回笼的保理专户等相关账户。商业银行应当指定专人对保理专户资金进出情况进行监控，确保资金首先用于归还银行融资。

第十八条　商业银行应当充分考虑融资利息、保理手续费、现金折扣、历史收款记录、行业特点等应收账款稀释因素，合理确定保理业务融资比例。

第十九条　商业银行开展保理融资业务，应当根据应收账款的付款期限等因素合理确定融资期限。商业银行可将应收账款到期日与融资到期日间的时间期限设置为宽限期。宽限期应当根据买卖双方历史交易记录、行业惯例等因素合理确定。

第二十条　商业银行提供保理融资时，有追索权保理按融资金额计入债权人征信信息；无追索权保理不计入债权人及债务人征信信息。商业银行进行担保付款或垫款时，应当按保理业务的风险实质，决定计入债权人或债务人的征信信息。

第四章　保理业务风险管理

第二十一条　商业银行应当科学审慎制定贸易融资业务发展战略，并纳入全行统一战略规划，建立科学有效的贸易融资业务决策程序和激励约束机制，有效防范与控制保理业务风险。

第二十二条　商业银行应当制定详细规范的保理业务管理办法和操作规程，明确业务范围、相关部门职能分工、授信和融资制度、业务操作流程以及风险管控、监测和处置等政策。

第二十三条　商业银行应当定期评估保理业务政策和程序的有效性，加强内部审计监督，确保业务稳健运行。

第二十四条　保理业务规模较大、复杂度较高的商业银行，必须设立专门的保理业务部门或团队，配备专业的从业人员，负责产品研发、业务操作、日常管理和风险控制等工作。

第二十五条　商业银行应当直接开展保理业务，不得将应收账款的催收、管理等业务外包给第三方机构。

第二十六条　商业银行应当将保理业务纳入统一授信管理，明确各类保理业务涉及的风险类别，对卖方融资风险、买方付款风险、保理机构风险分别进行专项管理。

第二十七条　商业银行应当建立全行统一的保理业务授权管理体系，由总行自上而下实施授权管理，不得办理未经授权或超授权的保理业务。

第二十八条　商业银行应当针对保理业务建立完整的前中后台管理流程，前中后台应当职责明晰并相对独立。

第二十九条　商业银行应当将保理业务的风险管理纳入全面风险管理体系，动态关注卖方或买方经营、管理、财务及资金流向等风险信息，定期与卖方或买方对账，有效管控保理业务风险。

第三十条　商业银行应当加强保理业务 IT 系统建设。保理业务规模较大、复杂程度较高的银行应当建立电子化业务操作和管理系统，对授信额度、交易数据和业务流程等方面进行实时监控，并做好数据存储及备份工作。

第三十一条　当发生买方信用风险，保理银行履行垫付款义务后，应当将垫款计入表内，列为不良贷款进行管理。

第三十二条　商业银行应当按照《商业银行资本管理办法（试行）》要求，按保理业务的风险实质，计量风险加权资产，并计提资本。

第五章　法律责任

第三十三条　商业银行违反本办法规定经营保理业务的，由银监会及其派出机构责令其限期改正。商业银行有下列情形之一的，银监会及其派出机构可采取《中华人民共和国银行业监督管理法》第三十七条规定的监管措施：

（一）未按要求制定保理业务管理办法和操作规程即开展保理业务的；

（二）违反本办法第十三条、十六条规定叙做保理业务的；

（三）业务审查、融资管理、风险处置等流程未尽职的。

第三十四条　商业银行经营保理业务时存在下列情形之一的，银监会及其派出机构除按本办法第三十三条采取监管措施外，还可根据《中华人民共和国银行业监督管理法》第四十六、第四十八条实施处罚：

（一）因保理业务经营管理不当发生信用风险重大损失、出现严重操作风险损失事件的；

（二）通过非公允关联交易或变相降低标准违规办理保理业务的；

（三）未真实准确对垫款等进行会计记录或以虚假会计处理掩盖保理业务风险实质的；

（四）严重违反本办法规定的其他情形。

第六章　附则

第三十五条　政策性银行、外国银行分行、农村合作银行、农村信用社、财务公司等其他银行业金融机构开展保理业务的，参照本办法执行。

第三十六条　中国银行业协会应当充分发挥自律、协调、规范职能，建立并持续完善银行保理业务的行业自律机制。

第三十七条　本办法由中国银监会负责解释。

关于规范金融机构同业业务的通知

银发〔2014〕127 号

近年来，我国金融机构同业业务创新活跃、发展较快，在便利流动性管理、优化金融资源配置、服务实体经济发展等方面发挥了重要作用，但也存在部分业务发展不规范、信息披露不充分、规避金融监管和宏观调控等问题。为进一步规范金融机构同业业务经营行为，有效防范和控制风险，引导资金更多流向实体经济，降低企业融资成本，促进多层次资本市场发展，更好地支持经济结构调整和转型升级，现就有关事项通知如下：

一、本通知所称的同业业务是指中华人民共和国境内依法设立的金融机构之间开展的以投融资为核心的各项业务，主要业务类型包括：同业拆借、同业存款、同业借款、同业代付、买入返售（卖出回购）等同业融资业务和同业投资业务。

金融机构开展的以投融资为核心的同业业务，应当按照各项交易的业务实质归入上述基本类型，并针对不同类型同业业务实施分类管理。

二、同业拆借业务是指经中国人民银行批准，进入全国银行间同业拆借市场的金融机构之间通过全国统一的同业拆借网络进行的无担保资金融通行为。

同业拆借应当遵循《同业拆借管理办法》（中国人民银行令〔2007〕第 3 号发布）及有关办法相关规定。同业拆借相关款项在拆出和拆入资金会计科目核算，并在上述会计科目下单独设立二级科目进行管理核算。

三、同业存款业务是指金融机构之间开展的同业资金存入与存出业务，其中资金存入方仅为具有吸收存款资格的金融机构。同业存款业务按照期限、业务关系和用途分为结算性同业存款和非结算性同业存款。同业存款相关款项在同业存放和存放同业会计科目核算。

同业借款是指现行法律法规赋予此项业务范围的金融机构开展的同业资金借出和借入业务。同业借款相关款项在拆出和拆入资金会计科目核算。

四、同业代付是指商业银行（受托方）接受金融机构（委托方）的委托向企业客户付款，委托方在约定还款日偿还代付款项本息的资金融通行为。受托方同业代付款项在拆出资金会计科目核算，委托方同业代付相关款项在贷款会计科目核算。

同业代付原则上仅适用于银行业金融机构办理跨境贸易结算。境内信用证、保理等贸易结算原则上应通过支付系统汇划款项或通过本行分支机构支付，委托方不得在同一市、县有分支机构的情况下委托当地其他金融机构代付，不得通过同业代付变相融资。

五、买入返售（卖出回购）是指两家金融机构之间按照协议约定先买入（卖出）金融资产，再按约定价格于到期日将该项金融资产返售（回购）的资金融通行为。买入返售（卖出回购）相关款项在买入返售（卖出回购）金融资产会计科目核算。三方或以上交易对手之间的类似交易不得纳入买入返售或卖出回购业务管理和核算。

买入返售（卖出回购）业务项下的金融资产应当为银行承兑汇票，债券、央票等在银行间市场、证券交易所市场交易的具有合理公允价值和较高流动性的金融资产。卖出回购方不得将业务项下的金融资产从资产负债表转出。

六、同业投资是指金融机构购买（或委托其他金融机构购买）同业金融资产（包括但不限于金融债、次级债等在银行间市场或证券交易所市场交易的同业金融资产）或特定目的载体（包括但不限于商业银行理财产品、信托投资计划、证券投资基金、证券公司资产管理计划、基金管理公司及子公司资产管理计划、保险业资产管理机构资产管理产品等）的投资行为。

七、金融机构开展买入返售（卖出回购）和同业投资业务，不得接受和提供任何直接或间接、显性或隐性的第三方金融机构信用担保，国家另有规定的除外。

八、金融机构开展同业业务，应遵守国家法律法规及政策规定，建立健全相应的风险管理和内部控制体系，遵循协商自愿、诚信自律和风险自担原则，加强内部监督检查和责任追究，确保各类风险得到有效控制。

九、金融机构开展同业业务，应当按照国家有关法律法规和会计准则的要求，采用正确的会计处理方法，确保各类同业业务及其交易环节能够及时、完整、真实、准确地在资产负债表内或表外记载和反映。

十、金融机构应当合理配置同业业务的资金来源及运用，将同业业务置于流动性管理框架之下，加强期限错配管理，控制好流动性风险。

十一、各金融机构开展同业业务应当符合所属金融监管部门的规范要求。分支机构开展同业业务的金融机构应当建立健全本机构统一的同业业务授信管理政策，并将同业业务纳入全机构统一授信体系，由总部自上而下实施授权管理，不得办理无授信额度或超授信额度的同业业务。

金融机构应当根据同业业务的类型及其品种、定价、额度、不同类型金融资产标的以及分支机构的风控能力等进行区别授权，至少每年度对授权进行一次重新评估和核定。

十二、金融机构同业投资应严格风险审查和资金投向合规性审查，按照"实质重于形式"原则，根据所投资基础资产的性质，准确计量风险并计提相应资本与拨备。

十三、金融机构办理同业业务，应当合理审慎确定融资期限。其中，同业借款业务最长期限不得超过三年，其他同业融资业务最长期限不得超过一年，业务到期后不得展期。

十四、单家商业银行对单一金融机构法人的不含结算性同业存款的同业融出资金，扣除风险权重为零的资产后的净额，不得超过该银行一级资本的 50%。其中，一级资本、风险权重为零的资产按照《商业银行资本管理办法（试行）》（中国银行业监督管理委员会令 2012 年第 1 号发布）的有关要求计算。单家商业银行同业融入资金余额不得超过该银行负债总额的三分之一，农村信用社省联社、省内二级法人社及村镇银行暂不执行。

十五、金融机构在规范发展同业业务的同时，应加快推进资产证券化业务常规发展，盘活存量、用好增量。积极参与银行间市场的同业存单业务试点，提高资产负债管理的主动性、标准化和透明度。

十六、特定目的载体之间以及特定目的载体与金融机构之间的同业业务，参照本通知执行。

十七、中国人民银行和各金融监管部门依照法定职责，全面加强对同业业务的监督检查，对业务结构复杂、风险管理能力与业务发展不相适应的金融机构加大现场检查和专项检查力度，对违规开展同业业务的金融机构依法进行处罚。

十八、本通知自发布之日起实施。金融机构于通知发布之日前开展的同业业务，在业务存续期间内向中国人民银行和相关监管部门报告管理状况，业务到期后结清。

请中国人民银行上海总部，各分行、营业管理部、省会（首府）城市中心支行、副省级城市中心支行会同所在省（区、市）银监局、证监局、保监局、国家外汇管理局分局将本通知联合转发至辖区内相关机构。

中国人民银行
银监会
证监会
保监会
外汇局
2014 年 4 月 24 日

国家外汇管理局关于发布《跨境担保外汇管理规定》的通知

汇发〔2014〕29号

国家外汇管理局各省、自治区、直辖市分局、外汇管理部，深圳、大连、青岛、厦门、宁波市分局，各中资外汇指定银行：

为深化外汇管理体制改革，简化行政审批程序，规范跨境担保项下收支行为，国家外汇管理局决定改进跨境担保外汇管理方式，制定了《跨境担保外汇管理规定》及其操作指引（以下简称《规定》）。现印发给你们，请遵照执行。

《规定》自2014年6月1日起实施，之前相关规定与本《规定》内容不一致的，以本《规定》为准。《规定》实施后，附件3所列法规即行废止。

国家外汇管理局各分局、外汇管理部接到本通知后，应及时转发辖内中心支局、支局、城市商业银行、农村商业银行、外资银行、农村合作银行；各中资银行接到本通知后，应及时转发所辖各分支机构。执行中如遇问题，请及时向国家外汇管理局资本项目管理司反馈。

附件：1. 跨境担保外汇管理规定
2. 跨境担保外汇管理操作指引
3. 废止法规目录

国家外汇管理局
2014年5月12日

附件1

跨境担保外汇管理规定

第一章　总则

第一条　为完善跨境担保外汇管理，规范跨境担保项下收支行为，促进跨境担保业务健康有序发展，根据《中华人民共和国物权法》、《中华人民共和国担保法》及《中华人民共和国外汇管理条例》等法律法规，特制定本规定。

第二条　本规定所称的跨境担保是指担保人向债权人书面作出的、具有法律约束力、承诺按照担保合同约定履行相关付款义务并可能产生资金跨境收付或资产所有权跨境转移等国际收支交易的担保行为。

第三条　按照担保当事各方的注册地，跨境担保分为内保外贷、外保内贷和其他形式跨境担保。

内保外贷是指担保人注册地在境内、债务人和债权人注册地均在境外的跨境担保。

外保内贷是指担保人注册地在境外、债务人和债权人注册地均在境内的跨境担保。

其他形式跨境担保是指除前述内保外贷和外保内贷以外的其他跨境担保情形。

第四条　国家外汇管理局及其分支局（以下简称外汇局）负责规范跨境担保产生的各类国际收支交易。

第五条　境内机构提供或接受跨境担保，应当遵守国家法律法规和行业主管部门的规定，并按本规定办理相关外汇管理手续。

担保当事各方从事跨境担保业务，应当恪守商业道德，诚实守信。

第六条　外汇局对内保外贷和外保内贷实行登记管理。

境内机构办理内保外贷业务，应按本规定要求办理内保外贷登记；经外汇局登记的内保外贷，发生担保履约的，担保人可自行办理；担保履约后应按本规定要求办理对外债权登记。

境内机构办理外保内贷业务，应符合本规定明确的相关条件；经外汇局登记的外保内贷，债权人可自行办理与担保履约相关的收款；担保履约后境内债务人应按本规定要求办理外债登记手续。

第七条　境内机构提供或接受其他形式跨境担保，应符合相关外汇管理规定。

第二章　内保外贷

第八条　担保人办理内保外贷业务，在遵守国家法律法规、行业主管部门规定及外汇管理规定的前提下，可自行签订内保外贷合同。

第九条　担保人签订内保外贷合同后，应按以下规定办理内保外贷登记。

担保人为银行的，由担保人通过数据接口程序或其他方式向外汇局报送内保外贷业务相关数据。

担保人为非银行金融机构或企业（以下简称非银行机构）的，应在签订担保合同后 15 个工作日内到所在地外汇局办理内保外贷签约登记手续。担保合同主要条款发生变更的，应当办理内保外贷签约变更登记手续。

外汇局按照真实、合规原则对非银行机构担保人的登记申请进行程序性审核并办理登记手续。

第十条 银行、非银行金融机构作为担保人提供内保外贷，按照行业主管部门规定，应具有相应担保业务经营资格。

第十一条 内保外贷项下资金用途应当符合以下规定：

（一）内保外贷项下资金仅用于债务人正常经营范围内的相关支出，不得用于支持债务人从事正常业务范围以外的相关交易，不得虚构贸易背景进行套利，或进行其他形式的投机性交易。

（二）未经外汇局批准，债务人不得通过向境内进行借贷、股权投资或证券投资等方式将担保项下资金直接或间接调回境内使用。

第十二条 担保人办理内保外贷业务时，应对债务人主体资格、担保项下资金用途、预计的还款资金来源、担保履约的可能性及相关交易背景进行审核，对是否符合境内外相关法律法规进行尽职调查，并以适当方式监督债务人按照其申明的用途使用担保项下资金。

第十三条 内保外贷项下担保人付款责任到期、债务人清偿担保项下债务或发生担保履约后，担保人应办理内保外贷登记注销手续。

第十四条 如发生内保外贷履约，担保人为银行的，可自行办理担保履约项下对外支付。

担保人为非银行机构的，可凭担保登记文件直接到银行办理担保履约项下购汇及对外支付。在境外债务人偿清因担保人履约而对境内担保人承担的债务之前，未经外汇局批准，担保人须暂停签订新的内保外贷合同。

第十五条 内保外贷业务发生担保履约的，成为对外债权人的境内担保人或反担保人应当按规定办理对外债权登记手续。

第十六条 境内个人可作为担保人并参照非银行机构办理内保外贷业务。

第三章 外保内贷

第十七条 境内非金融机构从境内金融机构借用贷款或获得授信额度，在同时满足以下条件的前提下，可以接受境外机构或个人提供的担保，并自行签订外保内贷合同：

（一）债务人为在境内注册经营的非金融机构；

（二）债权人为在境内注册经营的金融机构；

（三）担保标的为金融机构提供的本外币贷款（不包括委托贷款）或有约束力的授信额度；

（四）担保形式符合境内、外法律法规。

未经批准，境内机构不得超出上述范围办理外保内贷业务。

第十八条 境内债务人从事外保内贷业务，由发放贷款或提供授信额度的境内金融机构向外汇局集中报送外保内贷业务相关数据。

第十九条 外保内贷业务发生担保履约的，在境内债务人偿清其对境外担保人的债务之前，未经外汇局批准，境内债务人应暂停签订新的外保内贷合同；已经签订外保内贷合同但尚未提款或尚未全部提款的，未经所在地外汇局批准，境内债务人应暂停办理新的提款。

境内债务人因外保内贷项下担保履约形成的对外负债，其未偿本金余额不得超过其上年度末经审计的净资产数额。

境内债务人向债权人申请办理外保内贷业务时，应真实、完整地向债权人提供其已办理外保内贷业务的债务违约、外债登记及债务清偿情况。

第二十条 外保内贷业务发生境外担保履约的，境内债务人应到所在地外汇局办理短期外债签约登记及相关信息备案手续。外汇局在外债签约登记环节对债务人外保内贷业务的合规性进行事后核查。

第四章　物权担保的外汇管理

第二十一条 外汇局不对担保当事各方设定担保物权的合法性进行审查。担保当事各方应自行确认担保合同内容符合境内外相关法律法规和行业主管部门的规定。

第二十二条 担保人与债权人之间因提供抵押、质押等物权担保而产生的跨境收支和交易事项，已存在限制或程序性外汇管理规定的，应当符合规定。

第二十三条 当担保人与债权人分属境内、境外，或担保物权登记地（或财产所在地、收益来源地）与担保人、债权人的任意一方分属境内、境外时，境内担保人或境内债权人应按下列规定办理相关外汇管理手续：

（一）当担保人、债权人注册地或担保物权登记地（或财产所在地、收益来源地）至少有两项分属境内外时，担保人实现担保物权的方式应当符合相关法律规定。

（二）除另有明确规定外，担保人或债权人申请汇出或收取担保财产处置收益时，可直接向境内银行提出申请；在银行审核担保履约真实性、合规性并留存必要材料后，担保人或债权人可以办理相关购汇、结汇和跨境收支。

（三）相关担保财产所有权在担保人、债权人之间发生转让，按规定需要办理跨境投资外汇登记的，当事人应办理相关登记或变更手续。

第二十四条　担保人为第三方债务人向债权人提供物权担保，构成内保外贷或外保内贷的，应当按照内保外贷或外保内贷相关规定办理担保登记手续，并遵守相关规定。

经外汇局登记的物权担保因任何原因而未合法设立，担保人应到外汇局注销相关登记。

第五章　附则

第二十五条　境内机构提供或接受除内保外贷和外保内贷以外的其他形式跨境担保，在符合境内外法律法规和本规定的前提下，可自行签订跨境担保合同。除外汇局另有明确规定外，担保人、债务人不需要就其他形式跨境担保到外汇局办理登记或备案。

境内机构办理其他形式跨境担保，可自行办理担保履约。担保项下对外债权债务需要事前审批或核准，或因担保履约发生对外债权债务变动的，应按规定办理相关审批或登记手续。

第二十六条　境内债务人对外支付担保费，可按照服务贸易外汇管理有关规定直接向银行申请办理。

第二十七条　担保人、债务人不得在明知或者应知担保履约义务确定发生的情况下签订跨境担保合同。

第二十八条　担保人、债务人、债权人向境内银行申请办理与跨境担保相关的购付汇或收结汇业务时，境内银行应当对跨境担保交易的背景进行尽职审查，以确定该担保合同符合中国法律法规和本规定。

第二十九条　外汇局对跨境担保合同的核准、登记或备案情况以及本规定明确的其他管理事项与管理要求，不构成跨境担保合同的生效要件。

第三十条　外汇局定期分析内保外贷和外保内贷整体情况，密切关注跨境担保对国际收支的影响。

第三十一条　外汇局对境内机构跨境担保业务进行核查和检查，担保当事各方、境内银行应按照外汇局要求提供相关资料。对未按本规定及相关规定办理跨境担保业务的，外汇局根据《中华人民共和国外汇管理条例》进行处罚。

第三十二条　国家外汇管理局可出于保障国际收支平衡的目的，对跨境担保管理方式适时进行调整。

第三十三条　本规定由国家外汇管理局负责解释。

附件 2

跨境担保外汇管理操作指引

第一部分　内保外贷外汇管理

一、担保人办理内保外贷业务，在遵守国家法律法规、行业主管部门规定及外汇管理规定的前提下，可自行签订内保外贷合同。

二、内保外贷登记。

担保人签订内保外贷合同后，应按以下规定办理内保外贷登记：

（一）担保人为银行的，由担保人通过数据接口程序或其他方式向外汇局资本项目信息系统报送内保外贷相关数据。

（二）担保人为非银行金融机构或企业（以下简称为非银行机构）的，应在签订担保合同后 15 个工作日内到所在地外汇局办理内保外贷签约登记手续。担保合同或担保项下债务合同主要条款发生变更的（包括债务合同展期以及债务或担保金额、债务或担保期限、债权人等发生变更），应当在 15 个工作日内办理内保外贷变更登记手续。

1. 非银行机构到外汇局办理内保外贷签约登记时，应提供以下材料：

（1）关于办理内保外贷签约登记的书面申请报告（内容包括公司基本情况、已办理且未了结的各项跨境担保余额、本次担保交易内容要点、预计还款资金来源、其他需要说明的事项。有共同担保人的，应在申请报告中说明）。

（2）担保合同和担保项下主债务合同（合同文本内容较多的，提供合同简明条款并加盖印章；合同为外文的，须提供中文翻译件并加盖印章）。

（3）外汇局根据本规定认为需要补充的相关证明材料（如发改委、商务部关于境外投资项目的批准文件，办理变更登记时需要提供的变更材料等）。

2. 外汇局按照真实、合规原则对非银行机构担保人的登记申请进行程序性审核，并为其办理登记手续。外汇局对担保合同的真实性、商业合理性、合规性及履约倾向存在疑问的，有权要求担保人作出书面解释。外汇局按照合理商业标准和相关法规，认为担保人解释明显不成立的，可以决定不受理登记申请，并向申请人书面说明原因。

担保人未在规定期限内到外汇局办理担保登记的，如能说明合理原因，且担保人提出登记申请时尚未出现担保履约意向的，外汇局可按正常程序为其办理补登记；不能说明合理原因的，外汇局可按未及时办理担保登记进行处理，在移交外汇检查部门后再为其办理补登记手续。

3. 非金融机构可以向外汇局申请参照金融机构通过资本项目系统报送内保外贷数据。

4. 同一内保外贷业务下存在多个境内担保人的，可自行约定其中一个担保人到所在地外汇局办理登记手续。外汇局在办理内保外贷登记时，应在备注栏中注明其他担保人。

三、金融机构作为担保人提供内保外贷，按照行业主管部门规定，应具有相应担保业务经营资格。以境内分支机构名义提供的担保，应当获得总行或总部授权。

四、内保外贷项下资金用途应当符合以下规定：

（一）内保外贷项下资金仅用于债务人正常经营范围内的相关支出，不得用于支持债务人从事正常业务范围以外的相关交易，不得虚构贸易背景进行套利，或进行其他形式的投机性交易。

（二）未经外汇局批准，债务人不得通过向境内进行借贷、股权投资或证券投资等方式将担保项下资金直接或间接调回境内使用。

担保项下资金不得用于境外机构或个人向境内机构或个人进行直接或间接的股权、债权投资，包括但不限于以下行为：

1. 债务人使用担保项下资金直接或间接向在境内注册的机构进行股权或债权投资。

2. 担保项下资金直接或间接用于获得境外标的公司的股权，且标的公司50%以上资产在境内的。

3. 担保项下资金用于偿还债务人自身或境外其他公司承担的债务，而原融资资金曾以股权或债权形式直接或间接调回境内的。

4. 债务人使用担保项下资金向境内机构预付货物或服务贸易款项，且付款时间相对于提供货物或服务的提前时间超过1年、预付款金额超过100万美元及买卖合同总价30%的（出口大型成套设备或承包服务时，可将已完成工作量视同交货）。

（三）内保外贷合同项下发生以下类型特殊交易时，应符合以下规定：

1. 内保外贷项下担保责任为境外债务人债券发行项下还款义务时，境外债务人应由境内机构直接或间接持股，且境外债券发行收入应用于与境内机构存在股权关联的境外投资项目，且相关境外机构或项目已经按照规定获得国内境外投资主管部门的核准、登记、备案或确认。

2. 内保外贷合同项下融资资金用于直接或间接获得对境外其他机构的股权（包括新建境外企业、收购境外企业股权和向境外企业增资）或债权时，该投资行为应当符合国内相关部门有关境外投资的规定。

3. 内保外贷合同项下义务为境外机构衍生交易项下支付义务时，债务人从事衍生交易应当以止损保值为目的，符合其主营业务范围且经过股东适当授权。

五、内保外贷注销登记。

内保外贷项下债务人还清担保项下债务、担保人付款责任到期或发生担保履约后，担保人应办理内保外贷登记注销手续。其中，银行可通过数据接口程序或其他方式向外汇局资本项目系统报送内保外贷更新数据；非银行机构应在 15 个工作日内到外汇局申请注销相关登记。

六、担保履约。

（一）银行发生内保外贷担保履约的，可自行办理担保履约项下对外支付，其担保履约资金可以来源于自身向反担保人提供的外汇垫款、反担保人以外汇或人民币形式交存的保证金，或反担保人支付的其他款项。反担保人可凭担保履约证明文件直接办理购汇或支付手续。

（二）非银行机构发生担保履约的，可凭加盖外汇局印章的担保登记文件直接到银行办理担保履约项下购汇及对外支付。在办理国际收支间接申报时，须填写该笔担保登记时取得的业务编号。

非银行机构发生内保外贷履约的，在境外债务人偿清境内担保人承担的债务之前（因债务人破产、清算等原因导致其无法清偿债务的除外），未经外汇局批准，担保人必须暂停签订新的内保外贷合同。

（三）非银行机构提供内保外贷后未办理登记但需要办理担保履约的，担保人须先向外汇局申请办理内保外贷补登记，然后凭补登记文件到银行办理担保履约手续。外汇局在办理补登记前，应先移交外汇检查部门。

七、对外债权登记。

（一）内保外贷发生担保履约的，成为对外债权人的境内担保人或境内反担保人，应办理对外债权登记。

对外债权人为银行的，通过资本项目信息系统报送对外债权相关信息。债权人为非银行机构的，应在担保履约后 15 个工作日内到所在地外汇局办理对外债权登记，并按规定办理与对外债权相关的变更、注销手续。

（二）对外债权人为银行时，担保项下债务人（或反担保人）主动履行对担保人还款义务的，债务人（或反担保人）、担保人可自行办理各自的付款、收款手续。债务人（或反担保人）由于各种原因不能主动履行付款义务的，担保人以合法手段从债务人（或反担保人）清收的资金，其币种与原担保履约币种不一致的，担保人可自行代债务人（或反担保人）办理相关汇兑手续。

（三）对外债权人为非银行机构时，其向债务人追偿所得资金为外汇的，在向银行说明资金来源、银行确认境内担保人已按照相关规定办理对外债权登记后可以办理结汇。

八、其他规定。

（一）担保人办理内保外贷业务时，应对债务人主体资格、担保项下资金用途、预计的还款资金来源、担保履约的可能性及相关交易背景进行审核，对是否符合境内、外相关法律法规进行尽职调查，并以适当方式监督债务人按照其申明的用途使用担保项下资金。

（二）境内个人作为担保人，可参照境内非银行机构办理内保外贷业务。

（三）境内机构为境外机构（债务人）向其境外担保人提供的反担保，按内保外贷进行管理，提供反担保的境内机构须遵守本规定。境内机构按内保外贷规定为境外机构（债务人）提供担保时，其他境内机构为债务人向提供内保外贷的境内机构提供反担保，不按内保外贷进行管理，但需符合相关外汇管理规定。

（四）担保人对担保责任上限无法进行合理预计的内保外贷，如境内企业出具的不明确赔偿金额上限的项目完工责任担保，可以不办理登记，但经外汇局核准后可以办理担保履约手续。

第二部分　外保内贷外汇管理

一、境内非金融机构从境内金融机构借用贷款或获得授信额度，在同时满足以下条件的前提下，可以接受境外机构或个人提供的担保，并自行签订外保内贷合同：

（一）债务人为在境内注册经营的非金融机构；

（二）债权人为在境内注册经营的金融机构；

（三）担保标的为本外币贷款（不包括委托贷款）或有约束力的授信额度；

（四）担保形式符合境内、外法律法规。

未经批准，境内机构不得超出上述范围办理外保内贷业务。

二、境内债务人从事外保内贷业务，由发放贷款或提供授信额度的境内金融机构向外汇局的资本项目系统集中报送外保内贷业务数据。

三、发生外保内贷履约的，金融机构可直接与境外担保人办理担保履约收款。

境内债务人从事外保内贷业务发生担保履约的，在境内债务人偿清其对境外担保人的债务之前，未经外汇局批准，境内债务人应暂停签订新的外保内贷合同；已经签订外保内贷合同但尚未提款或全部提款的，未经所在地外汇局批准，应暂停办理新的提款。

境内债务人因外保内贷项下担保履约形成的对外负债，其未偿本金余额不得超过其上年度末经审计的净资产数额。超出上述限额的，须占用其自身的外债额度；外债额度仍然不够的，按未经批准擅自对外借款进行处理。

境内非银行金融机构为债权人，发生境外担保人履约的，境内非银行金融机构在办理国际收支间接申报时，应在申报单上填写该笔外保内贷登记时取得的业务编号。

境内债务人向债权人申请办理外保内贷业务时，应向债权人真实、完整地提供其已办理外保内贷业务的债务违约、外债登记及债务清偿情况。

四、外保内贷业务发生境外担保履约的，境内债务人应在担保履约后 15 个工作日内到所在地外汇局办理短期外债签约登记及相关信息备案。外汇局在外债签约登记环节对债务人外保内贷业务的合规性进行事后核查。发现违规的，在将违规行为移交外汇检查部门后，外汇局可为其办理外债登记手续。

因境外担保履约而申请办理外债登记的，债务人应当向外汇局提供以下材料：

（一）关于办理外债签约登记的书面申请报告（内容包括公司基本情况、外保内贷业务逐笔和汇总情况、本次担保履约情况及其他需要说明的事项）。

（二）担保合同复印件和担保履约证明文件（合同文本内容较多的，提供合同简明条款并加盖印章；合同为外文的，须提供中文翻译件并加盖债务人印章）。

（三）外商投资企业应提供批准证书、营业执照等文件，中资企业应提供营业执照。

（四）上年度末经审计的债务人财务报表。

（五）外汇局为核查外保内贷业务合规性、真实性而可能要求提供的其他材料（如境外债权人注册文件或个人身份证件）。

五、金融机构办理外保内贷履约，如担保履约资金与担保项下债务提款币种不一致而需要办理结汇或购汇的，应当向外汇局提出申请。金融机构办理境外担保履约款结汇（或购汇）业务，由其分行或总行汇总自身及下属分支机构的担保履约款结汇（或购汇）申请后，向其所在地外汇局集中提出申请。

金融机构提出的境外担保履约款结汇（或购汇）申请，由外汇局资本项目管理部门受理。金融机构作为债权人签订贷款担保合同时无违规行为的，外汇局可批准其担保履约款结汇（或购汇）。若金融机构违规行为属于未办理债权人集中登记等程序性违规的，外汇局可先允许其办理结汇（或购汇），再依据相关法规进行处理；金融机构违规行为属于超出现行政策许可范围等实质性违规且金融机构应当承担相应责任的，外汇局应先移交外汇检查部门，然后再批准其结汇（或购汇）。

六、金融机构申请担保履约款结汇（或购汇），应提交以下文件：

（一）申请书；

（二）外保内贷业务合同（或合同简明条款）；

（三）证明结汇（或购汇）资金来源的书面材料；

（四）债务人提供的外保内贷履约项下外债登记证明文件（因清算、解散、债务豁免或其他合理因素导致债务人无法取得外债登记证明的，应当说明原因）；

（五）外汇局认为必要的其他证明材料。

七、境外担保人向境内金融机构为境内若干债务人发放的贷款组合提供部分担保（风险分担），发生担保履约（赔付）后，如合同约定由境内金融机构代理境外担保人向债务人进行债务追偿，则由代理的金融机构向外汇局报送外债登记数据，其未偿本金余额不得超过该担保合同项下各债务人上年度末经审计的净资产数之和。

第三部分　物权担保外汇管理

一、外汇局仅对跨境担保涉及的资本项目外汇管理事项进行规范，但不对担保当事各方设定担保物权的合法性进行审查。担保当事各方应自行确认以下事项符合相关法律法规，包括但不限于：

（一）设定抵押（质押）权的财产或权利是否符合法律规定的范围；

（二）设定抵押（质押）权在法律上是否存在强制登记要求；

（三）设定抵押（质押）权是否需要前置部门的审批、登记或备案；

（四）设定抵押（质押）权之前是否应当对抵押或质押物进行价值评估或是否允许超额抵押（质押）等；

（五）在实现抵押（质押）权时，国家相关部门是否对抵押（质押）财产或权利的转让或变现存在限制性规定。

二、担保人与债权人之间因提供抵押、质押等物权担保而产生的跨境收支和交易事项，已存在限制或程序性外汇管理规定的，应当符合规定。

国家对境内外机构或个人跨境获取特定类型资产（股权、债权、房产和其他类型资产等）存在限制性规定的，如境外机构从境内机构或另一境外机构获取境内资产，或境内机构从境外机构或另一境内机构获取境外资产，担保当事各方应自行确认担保合同履约不与相关限制性规定产生冲突。

三、当担保人与债权人分属境内、境外，或担保物权登记地（或财产所在地、收益来源地）与担保人、债权人的任意一方分属境内、境外时，境内担保人或境内债权人应按下列规定办理相关外汇管理手续：

（一）当担保人、债权人注册地或担保物权登记地（或财产所在地、收益来源地）至少有两项分属境内外时，担保人实现担保物权的方式应当符合相关法律规定。

（二）除另有明确规定外，担保人或债权人申请汇出或收取担保财产处置收益时，可直接向境内银行提出申请；银行在审核担保履约真实性、合规性并留存必要材料后，担保人或债权人可以办理相关购汇、结汇和跨境收支。

（三）相关担保财产所有权在担保人、债权人之间发生转让，按规定需要办理跨境投资外汇登记的，当事人应办理相关登记或变更手续。

四、担保人为第三方债务人向债权人提供物权担保，构成内保外贷或外保内贷的，应当按照内保外贷或外保内贷相关规定办理担保登记手续，并遵守相关限制性规定。

经外汇局登记的物权担保因任何原因而未合法设立，担保人应到外汇局注销相关登记。

五、境内非银行机构为境外债务人向境外债权人提供物权担保，外汇局在办理内保外贷登记时，应在内保外贷登记证明中简要记录其担保物权的具体内容。

外汇局在内保外贷登记证明中记录的担保物权具体事项，不成为设定相关抵押、质押等权利的依据，也不构成相关抵押或质押合同的生效条件。

六、境内机构为自身债务提供跨境物权担保的，不需要办理担保登记。担保人以法规允许的方式用抵押物折价清偿债务，或抵押权人变卖抵押物后申请办理对外汇款时，担保人参照一般外债的还本付息办理相关付款手续。

第四部分　跨境担保其他事项外汇管理

一、其他形式跨境担保。

（一）其他形式跨境担保是指除前述内保外贷和外保内贷以外的其他跨境担保情形。包括但不限于：

1. 担保人在境内、债务人与债权人分属境内或境外的跨境担保；
2. 担保人在境外、债务人与债权人分属境内或境外的跨境担保；
3. 担保当事各方均在境内，担保物权登记地在境外的跨境担保；
4. 担保当事各方均在境外，担保物权登记地在境内的跨境担保。

（二）境内机构提供或接受其他形式跨境担保，在符合境内外法律法规和本规定的前提下，可自行签订跨境担保合同。除外汇局另有明确规定外，担保人、债务人不需要就其他形式跨境担保到外汇局办理登记或备案，无需向资本项目信息系统报送数据。

（三）境内机构办理其他形式跨境担保，应按规定办理与对外债权债务有关的外汇管理手续。担保项下对外债权或外债需要事前办理审批或登记手续的，应当办理相关手续。

（四）除另有明确规定外，境内担保人或境内债权人申请汇出或收取担保履约款时，可直接向境内银行提出申请；银行在审核担保履约真实性、合规性并留存必要材料后，担保人或债权人可以办理相关购汇、结汇和跨境收支。

（五）担保人在境内、债务人在境外，担保履约后构成对外债权的，应当办理对外债权登记；担保人在境外、债务人在境内，担保履约后发生境外债权人变更的，应当办理外债项下债权人变更登记手续。

（六）境内担保人向境内债权人支付担保履约款，或境内债务人向境内担保人偿还担保履约款的，因担保项下债务计价结算币种为外币而付款人需要办理境内外汇划转的，付款人可直接在银行办理相关付款手续。

二、境内债务人对外支付担保费，可按照服务贸易外汇管理有关规定直接向银行申请办理。

三、担保人、债务人不得在明知或者应知担保履约义务确定发生的情况下签订跨境担保合同。担保人、债务人和债权人可按照合理商业原则，依据以下标准判断担保合同是否具备明显的担保履约意图：

（一）签订担保合同时，债务人自身是否具备足够的清偿能力或可预期的还款资金来源；

（二）担保项下借款合同规定的融资条件，在金额、利率、期限等方面与债务人声明的借款资金用途是否存在明显不符；

（三）担保当事各方是否存在通过担保履约提前偿还担保项下债务的意图；

（四）担保当事各方是否曾经以担保人、反担保人或债务人身份发生过恶意担保履约或债务违约。

四、担保人、债务人、债权人向境内银行申请办理与跨境担保相关的购付汇和收结汇时，境内银行应当对跨境担保交易的背景进行尽职审查，以确定该担保合同符合中国法律法规和本规定。

五、具备以下条件之一的跨境承诺，不按跨境担保纳入外汇管理范围：

（一）该承诺不具有契约性质或不受法律约束；

（二）履行承诺义务的方式不包括现金交付或财产折价清偿等付款义务；

（三）履行承诺义务不会同时产生与此直接对应的对被承诺人的债权；

（四）国内有其他法规、其他部门通过其他方式进行有效管理，经外汇局明确不按跨境担保纳入外汇管理范围的跨境承诺，如境内银行在货物与服务进口项下为境内机构开立的即期和远期信用证、已纳入行业主管部门监管范围的信用保险等；

（五）一笔交易存在多个环节，但监管部门已在其中一个环节实行有效管理，经外汇局明确不再重复纳入规模和统计范围的跨境承诺，如境内银行在对外开立保函、开立信用证或发放贷款时要求境内客户提供的保证金或反担保；

（六）由于其他原因外汇局决定不按跨境担保纳入外汇管理范围的相关承诺。

不按跨境担保纳入外汇管理范围的相关承诺，不得以跨境担保履约的名义办理相关跨境收支。

六、跨境担保可分为融资性担保和非融资性担保。融资性担保是指担保人为融资性付款义务提供的担保，这些付款义务来源于具有融资合同一般特征的相关交易，包括但不限于普通借款、债券、融资租赁、有约束力的授信额度等。非融资性担保是指担保人为非融资性付款义务提供的担保，这些付款义务来源于不具有融资合同一般特征的交易，包括但不限于招投标担保、预付款担保、延期付款担保、货物买卖合同下的履约责任担保等。

七、外汇局对境内机构跨境担保业务进行核查和检查，担保当事各方、境内银行应按照外汇局要求提供相关资料。对未按本规定及相关规定办理跨境担保业务的，外汇局根据《中华人民共和国外汇管理条例》（以下简称《条例》）进行处罚。

（一）违反《跨境担保外汇管理规定》（以下简称《规定》）第十一条第（二）项规定，债务人将担保项下资金直接或间接调回境内使用的，按照《条例》第四十一条对担保人进行处罚。

（二）有下列情形之一的，按照《条例》第四十三条处罚：

1. 违反《规定》第八条规定，担保人办理内保外贷业务违反法律法规及相关部门规定的；

2. 违反《规定》第十条规定，担保人超出行业主管部门许可范围提供内保外贷的；

3. 违反《规定》第十二条规定，担保人未对债务人主体资格、担保项下资金用途、预计的还款资金来源、担保履约的可能性及相关交易背景进行审核，对是否符合境内、外相关法律法规未进行尽职调查，或未以适当方式监督债务人按照其申明的用途使用担保项下资金的；

4. 违反《规定》第十四条规定，担保人未经外汇局批准，在向债务人收回提供履约款之前签订新的内保外贷合同的；

5. 违反《规定》第十七条规定，未经批准，债务人、债权人超出范围办理外保内贷业务的；

6. 违反《规定》第十九条第一款规定，境内债务人未经外汇局批准，在偿清对境外担保人债务之前擅自签订新的外保内贷合同或办理新的提款的；

7. 违反《规定》第十九条第二款规定，境内债务人担保履约项下未偿本金余额超过其上年度末经审计的净资产数额的；

8. 违反《规定》第二十七条规定，担保人、被担保人明知或者应知担保履约义务确定发生的情况下仍然签订跨境担保合同的。

（三）有下列情形之一的，按照《条例》第四十七条处罚：

1. 违反《规定》第二十三条第（二）项规定，银行未审查担保履约真实性、合规性或留存必要材料的；

2. 违反《规定》第二十八条规定，境内银行对跨境担保交易的背景未进行尽职审查，以确定该担保交易符合中国法律法规和本规定的。

（四）有下列情形的，按照《条例》第四十八条处罚：

1. 违反《规定》第九条规定，担保人未按规定办理内保外贷登记的；

2. 违反《规定》第十三条规定，担保人未按规定办理内保外贷登记注销手续的；

3. 违反《规定》第十五条规定，担保人或反担保人未按规定办理对外债权登记手续的；

4. 违反《规定》第十八条规定，境内金融机构未按规定向外汇局报送外保内贷业务相关数据的；

5. 违反《规定》第十九条第三款规定，债务人办理外保内贷业务时未向债权人真实、完整地提供其已办理外保内贷业务的债务违约、外债登记及债务清偿情况的；

6. 违反《规定》第二十条规定，境内债务人未按规定到所在地外汇局办理短期外债签约登记及相关信息备案手续的；

7. 违反《规定》第二十三条第（三）项规定，当事人未按规定办理跨境投资外汇登记的；

8. 违反《规定》第二十四条第二款规定，担保人未到外汇局注销相关登记的。

附件3

废止法规目录

1. 《境内机构对外担保管理办法实施细则》（［97］汇政发字第10号）

2. 《国家外汇管理局关于境内机构对外担保管理问题的通知》（汇发［2010］39号）

3. 《国家外汇管理局关于在部分地区试行小额外保内贷业务有关外汇管理问题的通知》（汇发〔2013〕40 号）

4. 《国家外汇管理局关于外汇担保项下人民币贷款有关问题的补充通知》（汇发〔2005〕26 号）

5. 《国家外汇管理局关于核定部分分局 2013 年度中资企业外保内贷额度有关问题的通知》（汇发〔2013〕23 号）

6. 《国家外汇管理局关于外债、对外担保补登记有关问题的通知》（汇资函〔1999〕77 号）

7. 《国家外汇管理局关于规范对外担保履约审批权限的通知》（汇发〔2000〕84 号）

8. 《国家外汇管理局关于如何界定擅自以外汇作质押的函》（〔97〕汇政发字第 2 号）

9. 《国家外汇管理局关于金融机构外汇担保项下人民币贷款有关问题的复函》（汇复〔1999〕56 号）

10. 《国家外汇管理局关于保险权益质押登记问题的批复》（汇复〔2001〕144 号）

11. 《国家外汇管理局关于核定境内银行 2011 年度融资性对外担保余额指标有关问题的通知》（汇发〔2011〕30 号）

12. 《国家外汇管理局关于转发和执行〈最高人民法院关于适用中华人民共和国担保法若干问题的解释〉的通知》（汇发〔2001〕6 号）

关于进一步推进证券经营机构创新发展的意见

证监发〔2014〕37 号

中国证监会各派出机构，各交易所，各下属单位，各协会，会内各部门：

为贯彻落实《国务院关于进一步促进资本市场健康发展的若干意见》（国发〔2014〕17 号）对提高证券期货服务业竞争力，促进中介机构创新发展的有关要求，证监会在广泛征求意见的基础上，研究了进一步推进证券经营机构创新发展问题。总的原则是，证券经营机构创新发展必须坚持服务实体经济，紧紧围绕实体经济的现实需求推进业务和产品创新，支持中小微企业发展，提升证券经营机构服务实体经济的能力和水平；必须坚持促进现代服务业发展，增强证券行业核心竞争力，推动金融服务协同发展，打造功能齐备、分工专业、服务优质的金融服务产业；必须坚持证券经营机构是创新主体，发挥市场机制作用，尊重证券经营机构的首创精神，激发创新活力，落实创新责任；必须坚持防范系统性、区域性金融风险，始终把合规管理和风险控制贯穿于创新发展全过程，坚持诚信为本，客户利益至上，切实维护投资者合法权益。现就进一步推进证券经营机构创新发展，提出以下意见。

一、建设现代投资银行

（一）提高综合金融服务能力。支持证券经营机构进一步深化和提升经纪、自营、资产管理、承销与保荐等传统业务，积极利用网络信息技术创新产品、业务和交易方式，探索新型互联网金融业务。鼓励证券经营机构开展管理创新，实施差异化、专业化、特色化发展，促进形成具有国际竞争力、品牌影响力和系统重要性的现代投资银行。

（二）完善基础功能。支持证券经营机构拓展投资融资、销售交易、资产托管等基础功能，进行销售交易类产品创新，满足客户对非标准化产品的需求。鼓励证券经营机构为大宗交易、私募产品、场外衍生品等各种金融产品开展做市等交易服务。支持证券经营机构开展资产托管业务。推进统一证券账户平台建设，建立与私募市场、互联网证券等业务相适应的账户体系。规范证券行业支付系统，研究建设支付平台。

（三）拓宽融资渠道。支持证券经营机构进行股权和债权融资，在境内外发行上市、在全国中小企业股份转让系统挂牌，发行优先股、公司债，开展并购重组。鼓励证券经营机构探索新的融资渠道和新型融资工具。支持证券经营机构开展收益凭证业务试点。

（四）发展跨境业务。支持证券经营机构为境内企业跨境上市、发行债券、并购重组提供财务顾问、承销、托管、结算等中介服务。支持证券经营机构"走出去"，在港、澳、台和其他境外市场通过新设、并购重组等方式设置子公司。支持证券经营机构为符合条件的境外企业在境内发行人民币债券提供相关服务，积极参与沪港股票市场交易互联互通机制试点，并依托上海自贸区等经济金融改革试验区机制和政策，为境内外个人和机构提供投融资服务。

（五）提升合规风控水平。优化以净资本及流动性风险防范为核心的证券经营机构风险控制指标体系。落实证券经营机构自身风险管理责任，完善全面风险管理机制。推进证券经营机构全员合规管理，强化合规队伍建设及履职保障。督促证券经营机构坚持以客户利益为中心，严守道德底线与职业底线，履行行业责任、市场责任与社会责任。

二、支持业务产品创新

（六）推动资产管理业务发展。证券经营机构要创新和改进资产管理业务流程，提升产品销售、产品设计、投资运作、售后服务等环节的专业水平。符合条件的证券经营机构可以开发跨境跨市场、覆盖不同资产类别、采取多元化投资策略和差异化收费结构与收费水平的产品。研究建立房地产投资信托基金（REITs）的制度体系及相应的产品运作模式和方案。拓宽集合资产管理计划投资范围，允许投资于未通过证券交易所转让的股权、债权及其他财产权利。

（七）支持开展固定收益、外汇和大宗商品业务。加快债券产品创新，完善做市商交易机制。发展应收账款、融资租赁债权、基础设施收益权等资产证券化业务，积极探索开展信贷资产证券化业务。依法开展大宗商品和外汇的期现货交易。

（八）支持融资类业务创新。完善融资融券业务相关规则，扩大融资融券与转融通业务的资金和证券来源。开展约定购回、股票（权）质押回购等融资担保型业务创新，扩展约定购回、股票质押回购出资方范围。

（九）稳妥开展衍生品业务。支持证券经营机构参与境内期货市场交易和信用风险缓释工具、利率互换、期权等衍生品交易。进一步完善衍生品交易主协议及相关配套文件。研究衍生品交易的集中结算、交易信息报告等制度。适应资本市场风险管理需要，平稳有序发展相关金融衍生产品。允许符合条件的机构投资者以对冲风险为目的使用期货衍生品工具。

（十）发展柜台业务。扩大证券经营机构柜台交易业务试点。加快建设机构间私募产品报价与服务系统，为机构投资者提供私募业务项目对接、在线转让等各项服务。稳步发展机构间市场，推动互联互通。鼓励证券经营机构多方位参与区域性股权市场。研究建立行业增信机构，规范管理融资性担保机构。

（十一）支持自主创设私募产品。按照分类监管的原则，逐步实现对证券经营机构自主创设的私募产品实行事后备案。对在证券经营机构柜台市场或在机构间私募产品报价与服务系统创设的私募产品，直接实行事后备案。支持证券经营机构设立并购基金、夹层基金、产业基金等直投基金。

三、推进监管转型

（十二）转变监管方式。完善监管机制，统一监管尺度，从重事前审批向加强事中事后监管转变。支持证券经营机构依法自主开展业务和产品创新，自主识别、判断并承担创新风险。加强事中监管与动态监测监控和以风险、问题为导向的现场检查。强化事后监管，加大执法力度，完善日常监管机构、稽查执法部门和自律组织之间的监管执法联动机制。

（十三）深化审批改革。甄别清理证券经营机构类审批备案事项。进一步取消调整行政许可审批事项；进一步调整非行政许可审批事项，并逐步予以废止；除法定行政许可审批事项外，禁止以任何名义或任何方式实施或变相实施行政审批。取消证监会系统各单位没有法律法规规章规定的事前备案、报告事项，确有必要保留的，改为事后备案。所有审批备案事项，都必须公布标准、流程、期限和方式，不公布的不得实施。

（十四）放宽行业准入。支持民营资本、专业人员等各类符合条件的市场主体出资设立证券经营机构，进一步放宽证券经营机构外资准入条件。支持国有证券经营机构开展混合所有制改革。支持社会保险基金、企业年金等长期资金委托专业机构投资运营或设立专业证券经营机构。支持证券经营机构与其他金融机构在风险可控前提下以相互控股、参股的方式探索综合经营，完善"一参一控"政策。

（十五）实施业务牌照管理。建立公开透明、进退有序的证券期货业务牌照管理制度。在推进相关法律法规修改完善的前提下，支持证券公司、基金管理公司、期货公司、证券投资咨询公司等交叉持牌，支持符合条件的其他金融机构在风险隔离的基础上申请证券业务牌照。鼓励符合条件的证券公司申请公募基金管理牌照和托管业务牌照。适时扩大合资证券公司业务范围。

中国证监会

2014 年 5 月 13 日

最高人民法院关于人民法院为企业兼并重组提供司法保障的指导意见

法发〔2014〕7号

各省、自治区、直辖市高级人民法院，解放军军事法院，新疆维吾尔自治区高级人民法院生产建设兵团分院：

企业兼并重组是调整优化产业结构，淘汰落后产能，化解过剩产能，提高经济发展质量和效益的重要手段，也是转变经济发展方式，提升我国综合经济实力的有效途径。当前，我国经济处于增长速度换挡期、结构调整阵痛期，同时也是推进企业兼并重组的重要机遇期。党的十八大和十八届三中全会部署了全面深化改革的各项任务，国务院《关于进一步优化企业兼并重组市场环境的意见》（国发〔2014〕14号，以下简称《意见》）明确了推动企业兼并重组的主要目标、基本原则和相关措施。企业兼并重组是今后一个时期推进企业改革的重要任务。各级人民法院要充分认识司法审判工作在企业兼并重组中的重要职能作用，依法有序推进企业兼并重组工作的顺利进行。

一、坚持围绕中心服务大局，以法治方式保障企业兼并重组工作依法有序推进

1. 要自觉将司法审判工作置于党和国家全局工作中，积极回应企业兼并重组工作的司法需求。企业兼并重组工作是党中央、国务院在新时期深化经济体制改革、转变经济发展方式、调整优化产业结构的重要举措。随着中央和地方各级政府部门关于企业兼并重组任务的逐步落实，一些纠纷将不可避免地通过诉讼程序进入人民法院。各级人民法院要充分认识到企业兼并重组涉及的矛盾复杂、主体广泛和利益重大，要强化大局意识和责任意识，紧密结合党的十八大、十八届三中全会精神和《意见》要求，依法充分发挥人民法院的职能作用，切实保障企业兼并重组工作的稳步推进。

2. 要正确处理贯彻党的方针政策与严格执法的关系，实现企业兼并重组法律效果和社会效果的有机统一。党的十八大和十八届三中全会作出的重大战略部署是我国在新的历史起点上全面深化改革的科学指南和行动纲领。党的方针政策和国家法律都是人民根本意志的反映，二者在本质上是一致的。不断完善和发展中国特色社会主义制度，推进国家治理体系和治理能力现代化，对人民法院正确贯彻党的方针政策与严格执法提出了更高的要求。人民法院要从强化国家战略的高度深刻认识为转变经济发展方式、调整优化产业结构提供司法保障的重大意义，通过严格执行法律，公正高效地审理案件，实现兼并重组案件审理法律效果和社会效果的有机统一。

3. 要高度重视企业兼并重组工作，依法保障企业兼并重组政策的顺利实施。企业兼并重组不仅关涉企业自身，还广泛涉及依法平等保护非公经济、防止国有资产流失、维护金融安全、职工再就业和生活保障以及社会稳定等一系列问题。人民法院要提前研判、分类评估、适时介入，依法保障企业兼并重组工作有序进行。要加强与政府部门沟通，根据需要推动建立企业兼并重组工作协调机制，实现信息共享、程序通畅。在案件审理执行中发现的重大性、苗头性问题，要及时向有关职能部门反馈或者提出司法建议。

4. 要依法及时受理审理兼并重组相关案件，通过司法审判化解企业兼并重组中的各类纠纷。人民法院要依法及时受理审理企业兼并重组过程中出现的合同效力认定、股权转让、投资权益确认、民间融资、金融债权保障、职工权益维护、企业清算、企业重整、经济犯罪等案件，无法定理由不得拒绝受理，不得拖延审理。

5. 要按照利益衡平原则，依法妥善处理各种利益冲突。企业兼并重组广泛涉及参与兼并重组的各方企业、出资人、债权人、企业职工等不同主体的切身利益，在此期间的利益博弈与权利冲突无法回避。人民法院要注意透过个案的法律关系，分析利益冲突实质，识别其背后的利益主体和利益诉求，依法确定利益保护的优先位序。法律法规没有明文规定的情形下，在个体利益冲突中应当优先寻找共同利益，尽可能实现各方的最大利益；在个体利益与集体利益、社会公共利益，地方利益与全局利益等不同主体利益的并存与冲突中，要在保护集体利益、社会公共利益和全局利益的同时兼顾个体利益、地方利益。坚决克服地方保护主义、行业及部门保护主义对司法审判工作的不当干扰。

二、强化商事审判理念，充分发挥市场在资源配置中的决定性作用

6. 依法认定兼并重组行为的效力，促进资本合法有序流转。要严格依照《合同法》第五十二条关于合同效力的规定，正确认定各类兼并重组合同的效力。结合当事人之间交易方式和市场交易习惯，准确认定兼并重组中预约、意向

协议、框架协议等的效力及强制执行力。要坚持促进交易进行，维护交易安全的商事审判理念，审慎认定企业估值调整协议、股份转换协议等新类型合同的效力，避免简单以法律没有规定为由认定合同无效。要尊重市场主体的意思自治，维护契约精神，恰当认定兼并重组交易行为与政府行政审批的关系。要处理好公司外部行为与公司内部意思自治之间的关系。要严格依照《公司法》第二十二条的规定，从会议召集程序、表决方式、决议内容等是否违反法律、行政法规或公司章程方面，对兼并重组中涉及的企业合并、分立、新股发行、重大资产变化等决议的法律效力进行审查。对交叉持股表决方式、公司简易合并等目前尚无明确法律规定的问题，应结合个案事实和行为结果，审慎确定行为效力。

7. 树立平等保护意识，鼓励、支持和引导非公经济积极参与企业兼并重组。非公经济是社会主义市场经济的重要组成部分，要依法保障非公经济平等使用生产要素，公开公平参与市场竞争。要统一适用法律规则，优化非公经济投资的司法环境，促进公平、竞争、自由的市场环境形成。要积极配合市场准入负面清单管理方式的实施，推动非公经济进入法律法规未禁入的行业和领域。保护各种所有制企业在投融资、税收、土地使用和对外贸易等方面享受同等待遇，提升非公经济参与国有企业混合所有制兼并重组的动力。要充分尊重企业的经营自主权，反对各种形式的强制交易，最大限度地激发非公经济的活力和创造力。

8. 正确适用公司资本法律规则，消除对出资行为的不当限制。要准确把握修改后的《公司法》中公司资本制度的立法精神，正确认识公司资本的作用与功能，支持企业正常合理的资金运用行为。要按照新修改的《公司法》有关放宽资本结构的精神审慎处理股东出资问题。职工持股会、企业工会等组织代为持有投资权益是目前部分企业资本结构中的特殊形态，企业兼并重组中涉及投资权益变动的，人民法院要依法协调好名义股东与实际出资人之间的利益关系。除法律法规有明确规定外，要注重方便企业设立和发展，在企业资本数额设定、投资义务履行期限等方面要充分尊重投资者的约定和选择，保障投资者顺利搭建重组平台。

9. 促进融资方式的多元化，有效解决企业兼并重组的资金瓶颈。对于符合条件的企业发行优先股、定向发行可转换债券作为兼并重组支付方式，要依法确认其效力。审慎处理发行定向权证等衍生品作为支付方式问题。积极支持上市公司兼并重组中股份定价机制改革，依法保障非上市公司兼并重组中的股份协商定价。要依法督促企业尤其是上市公司规范履行信息披露义务，增强市场主体投资信心，切实保障中小投资者合法权益。同时，要积极配合金融监管部门依法履职。

三、加强国有资产保护，依法保障企业资产的稳定与安全

10. 依法正确审理国有企业兼并重组案件，实现国有资产的保值增值。要正确认识国有企业深化改革与企业兼并重组之间的关系，切实保障有条件的国有企业改组为国有资本投资公司，不断增强国有经济的控制力和影响力。在现行法律框架范围内支持有利于企业壮大规模、增强实力的企业发展模式。要注意防范企业借管理者收购、合并报表等形式侵占、私分国有资产。严格遵循评估、拍卖法律规范，通过明晰和落实法律责任促进中介服务机构专业化、规范化发展，提升关键领域、薄弱环节的服务能力，防范和避免企业兼并重组过程中的国有资产流失。

11. 依法规制关联交易，严厉禁止不当利益输送。严格防范以关联交易的方式侵吞国有资产。要依照《公司法》等法律法规的规定依法妥当处理企业兼并重组中的关联交易行为。公司股东、董事、高级管理人员与公司之间从事的交易，符合法律法规规定的关联交易程序规则且不损害公司利益的，应当认定行为有效。对公司大股东、实际控制人或者公司董事等公司内部人员在兼并重组中利用特殊地位将不良资产注入公司，或者与公司进行不公平交易从而损害公司利益的行为，应当严格追究其法律责任。

12. 严厉打击企业兼并重组中的违法犯罪行为。各级人民法院要充分发挥刑事审判职能，坚持依法从严惩处的方针，严厉打击国有企业兼并重组中的贪污贿赂、挪用公款、滥用职权、非法经营等犯罪行为，依法严厉惩处非国有企业兼并重组中的职务侵占、挪用企业资金等犯罪行为，维护企业资产安全，同时，要努力挽回相关主体的经济损失。

四、维护金融安全，有效防控各类纠纷可能引发的区域性、系统性金融风险

13. 依法保障金融债权，有效防范通过不当兼并重组手段逃废债务。对涉及兼并重组的企业合并、分立案件，要明确合并分立前后不同企业的责任关系、责任承担方式及诉讼时效，避免因兼并重组导致金融债权落空。要依法快审快执涉及兼并重组企业的金融借款案件，降低商业银行等金融机构的并购贷款风险，实现兼并重组中并购贷款融资方式可持续进行。要引导当事人充分运用《民事诉讼法》中的担保物权实现程序，减轻债权人的诉讼维权成本，促进担保物权快捷和便利地实现。

14. 加强民间金融案件审理，有效化解金融风险。要妥善审理兼并重组引发

的民间融资纠纷，依法保护合法的借贷利息，坚决遏制以兼并重组为名的民间高利贷和投机化倾向，有效降低企业融资成本。依法支持和规范金融机构在企业兼并重组领域的金融创新行为，依法审慎认定金融创新产品的法律效力。在审判执行工作中要注意发现和防范因诉讼纠纷引发的区域性、系统性风险，切实避免金融风险在金融领域和实体经济领域的相互传导。严厉打击和制裁非法吸收或变相吸收公众存款、集资诈骗等金融违法犯罪行为，为企业兼并重组创造良好的融资环境。

五、完善市场退出机制，促进企业资源的优化整合

15. 依法审理企业清算、破产案件，畅通企业退出渠道。要充分发挥企业清算程序和破产程序在淘汰落后企业或产能方面的法律功能，依法受理企业清算、破产案件，督促市场主体有序退出。人民法院判决解散企业后应当告知有关人员依法及时组织企业清算。企业解散后债权人或股东向人民法院提出强制清算申请的，人民法院应当审查并依法受理。公司清算中发现符合破产清算条件的，应当及时转入破产清算。当事人依法主张有关人员承担相应清算责任的，人民法院应予支持。

16. 有效发挥破产重整程序的特殊功能，促进企业资源的流转利用。要积极支持符合产业政策调整目标、具有重整希望和可能的企业进行破产重整。通过合法高效的破产重整程序，帮助企业压缩和合并过剩产能，优化资金、技术、人才等生产要素配置。要注重结合企业自身特点，及时指定重整案件管理人，保障企业业务流程再造和技术升级改造。在企业重整计划的制定和批准上，要着眼建立健全防范和化解过剩产能长效机制，防止借破产重整逃避债务、不当耗费社会资源，避免重整程序空转。

17. 遵循企业清算破产案件审判规律，完善审判工作机制。审理企业清算和破产案件，既是认定事实和适用法律的过程，也是多方积极协调、整体推进的系统工程。有条件的人民法院可以成立企业清算破产案件审判庭或者合议庭，专门审理兼并重组中的企业清算破产案件。要高度重视企业清算破产案件法官的培养和使用，结合实际努力探索科学合理的企业清算破产案件绩效考评机制，充分调动审判人员依法审理企业清算破产案件的积极性。

18. 认真总结破产案件审判经验，逐步完善企业破产配套制度。上市公司破产重整中涉及行政许可的，应当按照行政许可法和最高人民法院《关于审理上市公司破产重整案件工作座谈会纪要》的精神，做好司法程序与行政许可程序的衔接。要协调好企业破产法律程序与普通执行程序就债务人企业财产采取的保

全执行措施间的关系，维护债务人企业财产的稳定和完整。要积极协调解决破产程序中企业税款债权问题，要在与税务机关积极沟通的基础上结合实际依法减免相应税款。要适应经济全球化趋势，加快完善企业跨境清算、重整司法制度。

六、充分保障职工合法权益，全力维护社会和谐稳定

19. 依法保护劳动者合法权益，切实保障民生。实现改革发展成果更多更公平惠及全体人民是我们各项事业的出发点和落脚点。企业职工虽然不是企业兼并重组协议的缔约方，但其是利益攸关方。人民法院在审判执行中要及时发现和注意倾听兼并重组企业职工的利益诉求，依法保障企业职工的合法权益，引导相关企业积极承担社会责任，有效防范兼并重组行为侵害企业职工的合法权益。

20. 建立大要案通报制度，制定必要的风险处置预案。对于众多债权人向同一债务企业集中提起的系列诉讼案件、企业破产清算案件、群体性案件等可能存在影响社会和谐稳定因素的案件，人民法院要及时启动大要案工作机制，特别重大的案件要及时向地方党委和上级人民法院报告。上级人民法院要及时指导下级人民法院开展工作，对各方矛盾突出、社会关注度高的案件要作出必要的预判和预案，增强司法处置的前瞻性和针对性。

21. 加强司法新闻宣传，创造良好的社会舆论环境。要高度重视舆论引导和网络宣传工作，针对企业兼并重组审判工作中涉及到的敏感热点问题逐一排查，周密部署。要进一步推进司法公开，有力推动司法审判工作与外界舆论环境的良性互动，着力打造有利于企业兼并重组司法工作顺利开展的社会舆论环境。

当前，我国经济体制改革正向纵深发展。各级人民法院要进一步深入学习习近平总书记一系列重要讲话精神，牢牢坚持司法为民公正司法，坚持迎难而上，勇于担当，为优化企业兼并重组司法环境，保障经济社会持续健康发展，推进法治中国、美丽中国建设作出新的更大贡献。

最高人民法院
2014 年 6 月 3 日

国家发展改革委关于飞机租赁企业订购国外飞机报备的通知

发改基础〔2014〕1156号

飞机租赁有关企业：

根据《国务院办公厅关于加快飞机租赁业发展的意见》（国办发〔2013〕108号），为改进飞机购租管理，保障我国飞机租赁业持续健康发展，现就飞机租赁企业订购国外飞机有关报备事项通知如下：

一、报备主体

我国境内飞机租赁企业向外国制造商订购飞机由其自行报备，中方控股（含相对控股）的境外飞机租赁企业向国外制造商订购飞机由其控股的中方股东负责报备。

二、报备内容

报备主要内容包括拟订购飞机的国外制造商、机型、架数、计划交付时间等。有关飞机租赁企业或其中方控股股东对报备内容的真实性、准确性负责。

三、计划报备

每年1月31日前，有关飞机租赁企业或其中方控股股东需填写飞机订购年度计划报备表报我委（基础产业司）；飞机订购年度计划中飞机制造商、机型、架数、交付进度等发生变更的，需填写飞机订购年度计划变更报备表，并于计划变更后1个月内报我委（基础产业司）。飞机订购年度计划报备表及变更报备表表样附后。

四、项目报备

飞机订购合同正式签署后 1 个月内,有关飞机租赁企业或其中方控股股东需填写飞机订购项目报备表,并将该报备表同飞机订购合同的有关材料等一并报我委(基础产业司)。飞机订购项目报备表表样附后。

上述规定自本通知印发之日起实施。

附件:1. 飞机订购年度计划报备表(略)

   2. 飞机订购年度计划变更报备表(略)

   3. 飞机订购项目报备表(略)

国家发展改革委

2014 年 6 月 4 日

关于开展 2014 年度外商投资融资租赁 公司信息报送工作的通知

各省、自治区、直辖市、计划单列市、新疆生产建设兵团商务主管部门及各外商投资融资租赁公司：

根据《外商投资租赁业管理办法》和《商务部办公厅关于加强和改善外商投资融资租赁公司审批与管理工作的通知》（商资函〔2013〕657 号）的要求，各地应在 6 月 30 日前将本行政区域内 2013 年 12 月 31 日前批准设立的外资融资租赁公司上一年的业务经营情况报告（具体格式见附件）和经会计师事务所审计的财务报告原件汇总报送商务部（外资司）。

中国外商投资企业协会租赁业工作委员会（以下简称租赁委）具体负责报送材料的收集、初核和汇总工作。因特殊情况不能在规定日期前报送的，应及时告知租赁委，以便及时开展下一步工作。

租赁委联系人：刘开利

电话：010 - 64516924

传真：010 - 64515419

电邮：lkaili@clba.org.cn

地址：北京市东城区安定门外东后巷 28 号 3 号楼

邮编：100710

商务部外资司

2014 年 6 月 6 日

附件

外商投资融资租赁公司经营情况统计表

（2013 年度）

公司名称：   单位：万元

项目	合同数量	设备金额
本期新签融资租赁合同		
其中：直接租赁		
出售回租		
融资租赁应收款分类		
其中：航空运输		
地面运输（含地铁等）		
水面运输（含海工）		
医疗设备		
教研设备		
印刷设备		
工程机械		
其他工业设备		
办公设备		
农业设备		
节能环保		
其他资产		
逾期情况		
其中：逾期合同应收款总额（含未到期租金）		
不良资产总额		
坏账准备金总额		
借款情况		
其中：股东借款		
银行贷款		
租赁项目保证金		
外债余额		
其中：境外人民币外债余额		
外币外债余额		
从业人数		

填表人：＿＿＿＿＿＿   联系电话：＿＿＿＿＿＿

关于简并增值税征收率政策的通知

财税〔2014〕57号

各省、自治区、直辖市、计划单列市财政厅（局）、国家税务局，新疆生产建设兵团财务局：

为进一步规范税制、公平税负，经国务院批准，决定简并和统一增值税征收率，将6%和4%的增值税征收率统一调整为3%。现将有关事项通知如下：

一、《财政部　国家税务总局关于部分货物适用增值税低税率和简易办法征收增值税政策的通知》（财税〔2009〕9号）第二条第（一）项和第（二）项中"按照简易办法依照4%征收率减半征收增值税"调整为"按照简易办法依照3%征收率减按2%征收增值税"。

《财政部　国家税务总局关于全国实施增值税转型改革若干问题的通知》（财税〔2008〕170号）第四条第（二）项和第（三）项中"按照4%征收率减半征收增值税"调整为"按照简易办法依照3%征收率减按2%征收增值税"。

二、财税〔2009〕9号文件第二条第（三）项和第三条"依照6%征收率"调整为"依照3%征收率"。

三、财税〔2009〕9号文件第二条第（四）项"依照4%征收率"调整为"依照3%征收率"。

四、本通知自2014年7月1日起执行。

财政部　国家税务总局
2014年6月13日

中国银监会关于筹建太平石化金融租赁有限责任公司的批复

银监复〔2014〕415号

太平人寿保险有限公司，中国石油化工集团公司：

《中国石油化工集团公司关于与中国太平保险集团有限责任公司共同筹建金融租赁公司的请示》（中国石化办〔2014〕288号）收悉。经审核，现批复如下：

一、同意太平人寿保险有限公司与中国石油化工集团公司联合筹建金融租赁公司。

二、太平人寿保险有限公司与中国石油化工集团公司应严格按照有关法律法规要求办理筹建事宜，自批复之日起6个月内完成筹建工作。

三、筹建工作接受上海银监局的监督指导。拟筹建机构筹建期间不得从事金融业务活动。

四、筹建工作完成后，按照有关规定和程序向上海银监局提出开业申请。

2014年6月30日

商务部　国家税务总局关于确认世欣合汇租赁有限公司等企业为第十二批内资融资租赁试点企业的通知

商流通函〔2014〕384号

根据《商务部　国家税务总局关于从事融资租赁业务有关问题的通知》（商建发〔2004〕560号），经研究，同意世欣合汇租赁有限公司等29家企业作为第十二批内资融资租赁业务试点企业（以下简称试点企业）。

有关省市商务、税务主管部门要按照《融资租赁企业监督管理办法》、《商务部　国家税务总局关于加强内资融资租赁试点监管工作的通知》（商建发〔2006〕160号）、《商务部办公厅关于全国融资租赁企业管理信息系统试运行的通知》（商办流通函〔2013〕677号）以及现行税收政策的有关要求，建立健全监管机制，利用全国融资租赁企业管理信息系统（以下简称管理信息系统）等监管手段，督促试点企业严格遵守国家相关法律法规及试点有关文件规定，通过管理信息系统及时、准确地报送各项信息，建立完善风险控制和防范机制，积极稳妥开拓业务，依法缴纳各种税款。鼓励试点企业加入行业协会，加强行业自律。对在会计年度内未有实质性融资租赁业务进展，以及发生违法违规行为的试点企业，将取消其试点资格。

附件：第十二批内资融资租赁试点企业名单

商务部　国家税务总局
2014年7月7日

附件

第十二批内资融资租赁试点企业名单

北京市
世欣合汇租赁有限公司
北京鼎泰鑫机械设备租赁有限公司
天津市
天津天士力租赁有限公司
天津高新区融鑫设备租赁有限公司
中水电融通租赁有限公司
天津市良好投资发展有限公司
河北省
邯郸市美食林租赁有限公司
辽宁省
中盛租赁有限公司
黑龙江省
黑龙江省鼎信租赁股份有限公司
上海市
中海集团租赁有限公司
上海地铁租赁有限公司
中建投设备租赁（上海）有限责任公司
江苏省
常熟市德盛租赁有限公司
南通国润租赁有限公司
江苏淮海融资租赁有限公司
浙江省
浙江大盛汽车租赁有限公司
浙江宝利德汽车租赁有限公司
宁波市
宁波东银租赁有限责任公司
安徽省
安徽中财租赁有限责任公司
安徽皖新租赁有限公司

福建省

福建润创租赁有限公司

山东省

昌乐英轩设备租赁有限公司

湖北省

湖北华康远达融资租赁有限公司

深圳市

经开租赁有限公司

华宝千祺租赁（深圳）有限公司

四川省

四川金石租赁有限责任公司

四川海特租赁有限公司

四川盘古设备租赁有限公司

四川御丰泰机械设备租赁有限公司

最高人民法院关于执行程序中计算迟延履行期间的债务利息适用法律若干问题的解释

法释〔2014〕8号

《最高人民法院关于执行程序中计算迟延履行期间的债务利息适用法律若干问题的解释》已于2014年6月9日由最高人民法院审判委员会第1619次会议通过，现予公布，自2014年8月1日起施行。

最高人民法院
2014年7月7日

最高人民法院关于执行程序中计算迟延履行期间的债务利息适用法律若干问题的解释

（2014年6月9日最高人民法院审判委员会第1619次会议通过）

为规范执行程序中迟延履行期间债务利息的计算，根据《中华人民共和国民事诉讼法》的规定，结合司法实践，制定本解释。

第一条 根据《民事诉讼法》第二百五十三条规定加倍计算之后的迟延履行期间的债务利息，包括迟延履行期间的一般债务利息和加倍部分债务利息。

迟延履行期间的一般债务利息，根据生效法律文书确定的方法计算；生效法律文书未确定给付该利息的，不予计算。

加倍部分债务利息的计算方法为：加倍部分债务利息＝债务人尚未清偿的生效法律文书确定的除一般债务利息之外的金钱债务×日万分之一点七五×迟延履行期间。

第二条 加倍部分债务利息自生效法律文书确定的履行期间届满之日起计算；生效法律文书确定分期履行的，自每次履行期间届满之日起计算；生效法律文书未确定履行期间的，自法律文书生效之日起计算。

第三条 加倍部分债务利息计算至被执行人履行完毕之日；被执行人分次履行的，相应部分的加倍部分债务利息计算至每次履行完毕之日。

人民法院划拨、提取被执行人的存款、收入、股息、红利等财产的，相应部分的加倍部分债务利息计算至划拨、提取之日；人民法院对被执行人财产拍卖、变卖或者以物抵债的，计算至成交裁定或者抵债裁定生效之日；人民法院对被执行人财产通过其他方式变价的，计算至财产变价完成之日。

非因被执行人的申请，对生效法律文书审查而中止或者暂缓执行的期间及再审中止执行的期间，不计算加倍部分债务利息。

第四条 被执行人的财产不足以清偿全部债务的，应当先清偿生效法律文书确定的金钱债务，再清偿加倍部分债务利息，但当事人对清偿顺序另有约定的除外。

第五条 生效法律文书确定给付外币的，执行时以该种外币按日万分之一点七五计算加倍部分债务利息，但申请执行人主张以人民币计算的，人民法院应予准许。

以人民币计算加倍部分债务利息的，应当先将生效法律文书确定的外币折算或者套算为人民币后再进行计算。

外币折算或者套算为人民币的，按照加倍部分债务利息起算之日的中国外汇交易中心或者中国人民银行授权机构公布的人民币对该外币的中间价折合成人民币计算；中国外汇交易中心或者中国人民银行授权机构未公布汇率中间价的外币，按照该日境内银行人民币对该外币的中间价折算成人民币，或者该外币在境内银行、国际外汇市场对美元汇率，与人民币对美元汇率中间价进行套算。

第六条 执行回转程序中，原申请执行人迟延履行金钱给付义务的，应当按照本解释的规定承担加倍部分债务利息。

第七条 本解释施行时尚未执行完毕部分的金钱债务，本解释施行前的迟延履行期间债务利息按照之前的规定计算；施行后的迟延履行期间债务利息按照本解释计算。

本解释施行前本院发布的司法解释与本解释不一致的，以本解释为准。

中国银监会办公厅关于印发《金融租赁公司专业子公司管理暂行规定》的通知

银监办发〔2014〕198号

《金融租赁公司专业子公司管理暂行规定》已经会领导批准，现印发给你们，请遵照执行。该规定自印发之日起施行。

2014年7月11日

金融租赁公司专业子公司管理暂行规定

第一章 总则

第一条 为提高金融租赁公司专业化经营管理水平，规范金融租赁公司设立专业子公司融资租赁业务行为，促进金融租赁行业健康发展，根据《中华人民共和国银行业监督管理法》、《中华人民共和国公司法》、《金融租赁公司管理办法》等法律法规，制定本规定。

第二条 本规定所称专业子公司，是指金融租赁公司依照相关法律法规在中国境内自由贸易区、保税地区及境外，为从事特定领域融资租赁业务而设立的专业化租赁子公司。

本规定所称的特定领域，是指金融租赁公司已开展，且运营相对成熟的融资租赁业务领域，包括飞机、船舶以及经银监会认可的其他租赁业务领域。

专业子公司的名称，应当体现所属金融租赁公司以及所从事的特定融资租赁业务领域。

第二章 专业子公司设立、变更与终止

第一节 境内专业子公司

第三条 金融租赁公司申请设立境内专业子公司，应当具备以下条件：

（一）具有良好的公司治理结构，风险管理和内部控制健全有效；

（二）具有良好的并表管理能力；

（三）《金融租赁公司管理办法》规定的各项监管指标达标；

（四）权益性投资余额原则上不超过净资产（合并会计报表口径）的 50%；

（五）在业务存量、人才储备等方面具备一定优势，在专业化管理、项目公司业务开展等方面具有成熟的经验，能够有效支持专业子公司开展特定领域的融资租赁业务；

（六）入股资金为自有资金，不得以委托资金、债务资金等非自有资金入股；

（七）遵守国家法律法规，最近 2 年内未发生重大案件或重大违法违规行为；

（八）银监会规定的其他审慎性条件。

第四条 金融租赁公司设立的境内专业子公司应当具备以下条件：

（一）有符合《中华人民共和国公司法》和银监会规定的公司章程；

（二）有符合规定条件的发起人；

（三）注册资本最低限额为 5000 万元人民币或等值的可自由兑换货币；

（四）有符合任职资格条件的董事、高级管理人员和熟悉融资租赁业务的从业人员；

（五）有健全的公司治理、内部控制和风险管理体系，以及与业务经营相适应的管理信息系统；

（六）有与业务经营相适应的营业场所、安全防范措施和其他设施；

（七）银监会规定的其他审慎性条件。

第五条 金融租赁公司设立境内专业子公司原则上应 100% 控股，有特殊情况需引进其他投资者的，金融租赁公司的持股比例不得低于 51%。引进的其他投资者应符合《金融租赁公司管理办法》规定的金融租赁公司的发起人条件，且在专业子公司经营的特定领域有所专长，在业务开拓、租赁物管理等方面具有比较优势，有助于提升专业子公司的业务拓展能力和风险管理水平。

第六条 金融租赁公司申请设立境内专业子公司须经筹建和开业两个阶段。金融租赁公司应在收到开业核准文件并领取金融许可证后，办理工商登记，领取营业执照。

第七条 境内专业子公司董事、高级管理人员实行任职资格核准制度。

第八条 金融租赁公司境内专业子公司有下列变更事项之一的，应报经银行业监督管理机构批准：

（一）变更公司名称；

（二）变更注册资本；

（三）变更股权或调整股权结构；

（四）修改公司章程；

（五）变更董事和高级管理人员；

（六）银监会规定的其他变更事项。

第九条 金融租赁公司境内专业子公司有以下情况之一的，经银监会批准可以解散：

（一）公司章程规定的营业期限届满或者其他解散事由出现；

（二）股东决定或股东（大）会决议解散；

（三）因合并或者分立需要解散；

（四）其他法定事由。

第二节　境外专业子公司

第十条 境外专业子公司的发起人为金融租赁公司。

第十一条 金融租赁公司申请设立境外专业子公司，除适用本规定第三条规定的条件外，还应当具备以下条件：

（一）确有业务发展需要，具备清晰的海外发展战略；

（二）内部管理水平和风险管控能力与境外业务发展相适应；

（三）具备与境外经营环境相适应的专业人才队伍；

（四）经营状况良好，最近2个会计年度连续盈利；

（五）所提申请符合有关国家或地区的法律法规。

第十二条 金融租赁公司申请设立境外专业子公司，需由银行业监督管理机构批准后，再按照拟注册地国家或地区的法律法规提出申请。

第十三条 境外专业子公司董事、高级管理人员实行任职资格核准制度。

第十四条 境外专业子公司发生本规定第八条第（四）项变更事项的，应在相关事项发生后十个工作日内，向金融租赁公司所在地银行业监督管理机构书面报备。本规定第八条其他变更事项和本规定第九条事项，应报经银行业监督管理机构批准。

第十五条 金融租赁公司应在境外专业子公司正式设立十五个工作日内向银监会及其派出机构报告，报告内容包括公司名称、成立时间、注册地点、注册资本、注资币种，以及银监会认为必要的其他内容。

第三章　业务经营规则

第十六条　金融租赁公司可以在其业务范围内，根据审慎经营原则对所设立专业子公司的业务范围进行授权，并报银行业监督管理机构备案。同业拆借和固定收益类证券投资业务不在授权范围内。

第十七条　专业子公司开展融资租赁业务所涉及领域，须与其公司名称中所体现的特定融资租赁业务领域相匹配。

第十八条　专业子公司可以在境外设立项目公司开展融资租赁业务。专业子公司在境外设立项目公司开展融资租赁业务时，应遵循项目公司所在地法律法规，并参照执行金融租赁公司在境内保税地区设立项目公司开展融资租赁业务的相关报告规定。

第十九条　境外专业子公司应在符合注册地国家或地区监管要求的前提下，开展本规定第十六条、第十八条规定的相关业务。

第二十条　专业子公司开展各类业务和关联交易时的具体要求和程序，按照金融租赁公司开展业务的有关规定执行。

第二十一条　专业子公司发行境外债券、设立的境外项目公司开展融资租赁业务后，应按季向所在地银监局及金融租赁公司所在地银监局报告。

第二十二条　专业子公司应按照金融租赁公司风险管理和内控要求进行管理，建立完善的法人治理组织架构，明确部门之间的职责划分，确保部门之间独立运行、有效制衡，形成科学、高效的决策、激励和约束机制。

第二十三条　专业子公司主要负责人原则上应由金融租赁公司的高级管理人员兼任。

第四章　监督管理

第二十四条　银监会及其派出机构依法对金融租赁公司专业子公司实施监督管理。

第二十五条　银监会对金融租赁公司专业子公司实施并表监管，金融租赁公司根据并表口径统一执行银监会针对金融租赁公司的相关监管指标要求。银监会可以根据监管需要，针对专业子公司制定具体监管规定。

第二十六条　境内专业子公司资本净额与风险加权资产的比例不得低于银监会最低监管要求。

第二十七条　金融租赁公司应将下属专业子公司各项业务数据合并纳入统计范围，根据银监会要求填报有关报表。

第二十八条　境内专业子公司应当按规定向所在地银监局报送会计报表和银

监会及其派出机构要求的其他报表,并对所报报表、资料的真实性、准确性和完整性负责。

第二十九条 金融租赁公司应按季度以专项报告形式向银监会或其派出机构报送下属专业子公司有关情况。报告内容包括业务开展情况和规模、财务状况和经营成果、经营环境和风险分析、运行管理和风险控制措施、境外负债和境内外项目公司业务情况等。

第三十条 专业子公司应参照银监会对金融租赁公司的相关规定,构建资本管理体系、资产质量分类制度、准备金制度和内部审计制度等。

第三十一条 境外专业子公司发生的重大事项,包括公司遭受的重大损失、发生的重大诉讼、所在国家或地区监管要求变化等情况,金融租赁公司应在十五个工作日内向银监会及其派出机构报告。

第三十二条 金融租赁公司违反本规定设立专业子公司,或者专业子公司违规经营的,银行业监督管理机构依据《中华人民共和国银行业监督管理法》、《金融租赁公司管理办法》等法律法规采取监管措施或实施处罚。

第三十三条 金融租赁公司在香港特别行政区、澳门特别行政区和台湾地区设立的专业子公司,比照本规定境外专业子公司进行管理。我国法律、行政法规另有规定的,依照其规定执行。

国务院关于加快发展生产性服务业　促进产业结构调整升级的指导意见（节选）

国发〔2014〕26号

（三）融资租赁。

建立完善融资租赁业运营服务和管理信息系统，丰富租赁方式，提升专业水平，形成融资渠道多样、集约发展、监管有效、法律体系健全的融资租赁服务体系。大力推广大型制造设备、施工设备、运输工具、生产线等融资租赁服务，鼓励融资租赁企业支持中小微企业发展。引导企业利用融资租赁方式，进行设备更新和技术改造。鼓励采用融资租赁方式开拓国际市场。紧密联系产业需求，积极开展租赁业务创新和制度创新，拓展厂商租赁的业务范围。引导租赁服务企业加强与商业银行、保险、信托等金融机构合作，充分利用境外资金，多渠道拓展融资空间，实现规模化经营。建设程序标准化、管理规范化、运转高效的租赁物与二手设备流通市场，建立和完善租赁物公示、查询系统和融资租赁资产退出机制。加快研究制定融资租赁行业的法律法规。充分发挥行业协会作用，加强信用体系建设和行业自律。建立系统性行业风险防范机制，以及融资租赁业统计制度和评价指标体系。

国务院

2014年7月28日

医疗器械注册管理办法

国家食品药品监督管理总局令第 4 号

《医疗器械注册管理办法》已于 2014 年 6 月 27 日经国家食品药品监督管理总局局务会议审议通过，现予公布，自 2014 年 10 月 1 日起施行。

局长　张勇
2014 年 7 月 30 日

医疗器械注册管理办法

第一章　总则

第一条　为规范医疗器械的注册与备案管理，保证医疗器械的安全、有效，根据《医疗器械监督管理条例》，制定本办法。

第二条　在中华人民共和国境内销售、使用的医疗器械，应当按照本办法的规定申请注册或者办理备案。

第三条　医疗器械注册是食品药品监督管理部门根据医疗器械注册申请人的申请，依照法定程序，对其拟上市医疗器械的安全性、有效性研究及其结果进行系统评价，以决定是否同意其申请的过程。

医疗器械备案是医疗器械备案人向食品药品监督管理部门提交备案资料，食品药品监督管理部门对提交的备案资料存档备查。

第四条　医疗器械注册与备案应当遵循公开、公平、公正的原则。

第五条　第一类医疗器械实行备案管理。第二类、第三类医疗器械实行注册管理。

境内第一类医疗器械备案，备案人向设区的市级食品药品监督管理部门提交备案资料。

境内第二类医疗器械由省、自治区、直辖市食品药品监督管理部门审查，批准后发给医疗器械注册证。

境内第三类医疗器械由国家食品药品监督管理总局审查，批准后发给医疗器械注册证。

进口第一类医疗器械备案，备案人向国家食品药品监督管理总局提交备案资料。

进口第二类、第三类医疗器械由国家食品药品监督管理总局审查，批准后发给医疗器械注册证。

香港、澳门、台湾地区医疗器械的注册、备案，参照进口医疗器械办理。

第六条　医疗器械注册人、备案人以自己名义把产品推向市场，对产品负法律责任。

第七条　食品药品监督管理部门依法及时公布医疗器械注册、备案相关信息。申请人可以查询审批进度和结果，公众可以查阅审批结果。

第八条　国家鼓励医疗器械的研究与创新，对创新医疗器械实行特别审批，促进医疗器械新技术的推广与应用，推动医疗器械产业的发展。

第二章　基本要求

第九条　医疗器械注册申请人和备案人应当建立与产品研制、生产有关的质量管理体系，并保持有效运行。

按照创新医疗器械特别审批程序审批的境内医疗器械申请注册时，样品委托其他企业生产的，应当委托具有相应生产范围的医疗器械生产企业；不属于按照创新医疗器械特别审批程序审批的境内医疗器械申请注册时，样品不得委托其他企业生产。

第十条　办理医疗器械注册或者备案事务的人员应当具有相应的专业知识，熟悉医疗器械注册或者备案管理的法律、法规、规章和技术要求。

第十一条　申请人或者备案人申请注册或者办理备案，应当遵循医疗器械安全有效的基本要求，保证研制过程规范，所有数据真实、完整和可溯源。

第十二条　申请注册或者办理备案的资料应当使用中文。根据外文资料翻译的，应当同时提供原文。引用未公开发表的文献资料时，应当提供资料所有者许可使用的证明文件。

申请人、备案人对资料的真实性负责。

第十三条　申请注册或者办理备案的进口医疗器械，应当在申请人或者备案人注册地或者生产地址所在国家（地区）已获准上市销售。

申请人或者备案人注册地或者生产地址所在国家（地区）未将该产品作为

医疗器械管理的，申请人或者备案人需提供相关证明文件，包括注册地或者生产地址所在国家（地区）准许该产品上市销售的证明文件。

第十四条 境外申请人或者备案人应当通过其在中国境内设立的代表机构或者指定中国境内的企业法人作为代理人，配合境外申请人或者备案人开展相关工作。

代理人除办理医疗器械注册或者备案事宜外，还应当承担以下责任：

（一）与相应食品药品监督管理部门、境外申请人或者备案人的联络；

（二）向申请人或者备案人如实、准确传达相关的法规和技术要求；

（三）收集上市后医疗器械不良事件信息并反馈给境外注册人或者备案人，同时向相应的食品药品监督管理部门报告；

（四）协调医疗器械上市后的产品召回工作，并向相应的食品药品监督管理部门报告；

（五）其他涉及产品质量和售后服务的连带责任。

第三章 产品技术要求和注册检验

第十五条 申请人或者备案人应当编制拟注册或者备案医疗器械的产品技术要求。第一类医疗器械的产品技术要求由备案人办理备案时提交食品药品监督管理部门。第二类、第三类医疗器械的产品技术要求由食品药品监督管理部门在批准注册时予以核准。

产品技术要求主要包括医疗器械成品的性能指标和检验方法，其中性能指标是指可进行客观判定的成品的功能性、安全性指标以及与质量控制相关的其他指标。

在中国上市的医疗器械应当符合经注册核准或者备案的产品技术要求。

第十六条 申请第二类、第三类医疗器械注册，应当进行注册检验。医疗器械检验机构应当依据产品技术要求对相关产品进行注册检验。

注册检验样品的生产应当符合医疗器械质量管理体系的相关要求，注册检验合格的方可进行临床试验或者申请注册。

办理第一类医疗器械备案的，备案人可以提交产品自检报告。

第十七条 申请注册检验，申请人应当向检验机构提供注册检验所需要的有关技术资料、注册检验用样品及产品技术要求。

第十八条 医疗器械检验机构应当具有医疗器械检验资质、在其承检范围内进行检验，并对申请人提交的产品技术要求进行预评价。预评价意见随注册检验报告一同出具给申请人。

尚未列入医疗器械检验机构承检范围的医疗器械，由相应的注册审批部门指定有能力的检验机构进行检验。

第十九条 同一注册单元内所检验的产品应当能够代表本注册单元内其他产品的安全性和有效性。

第四章 临床评价

第二十条 医疗器械临床评价是指申请人或者备案人通过临床文献资料、临床经验数据、临床试验等信息对产品是否满足使用要求或者适用范围进行确认的过程。

第二十一条 临床评价资料是指申请人或者备案人进行临床评价所形成的文件。

需要进行临床试验的，提交的临床评价资料应当包括临床试验方案和临床试验报告。

第二十二条 办理第一类医疗器械备案，不需进行临床试验。申请第二类、第三类医疗器械注册，应当进行临床试验。

有下列情形之一的，可以免予进行临床试验：

（一）工作机理明确、设计定型，生产工艺成熟，已上市的同品种医疗器械临床应用多年且无严重不良事件记录，不改变常规用途的；

（二）通过非临床评价能够证明该医疗器械安全、有效的；

（三）通过对同品种医疗器械临床试验或者临床使用获得的数据进行分析评价，能够证明该医疗器械安全、有效的。

免予进行临床试验的医疗器械目录由国家食品药品监督管理总局制定、调整并公布。未列入免予进行临床试验的医疗器械目录的产品，通过对同品种医疗器械临床试验或者临床使用获得的数据进行分析评价，能够证明该医疗器械安全、有效的，申请人可以在申报注册时予以说明，并提交相关证明资料。

第二十三条 开展医疗器械临床试验，应当按照医疗器械临床试验质量管理规范的要求，在取得资质的临床试验机构内进行。临床试验样品的生产应当符合医疗器械质量管理体系的相关要求。

第二十四条 第三类医疗器械进行临床试验对人体具有较高风险的，应当经国家食品药品监督管理总局批准。需进行临床试验审批的第三类医疗器械目录由国家食品药品监督管理总局制定、调整并公布。

第二十五条 临床试验审批是指国家食品药品监督管理总局根据申请人的申请，对拟开展临床试验的医疗器械的风险程度、临床试验方案、临床受益与风险对比分析报告等进行综合分析，以决定是否同意开展临床试验的过程。

第二十六条 需进行医疗器械临床试验审批的，申请人应当按照相关要求向国家食品药品监督管理总局报送申报资料。

第二十七条 国家食品药品监督管理总局受理医疗器械临床试验审批申请后，应当自受理申请之日起 3 个工作日内将申报资料转交医疗器械技术审评机构。

技术审评机构应当在 40 个工作日内完成技术审评。国家食品药品监督管理总局应当在技术审评结束后 20 个工作日内作出决定。准予开展临床试验的，发给医疗器械临床试验批件；不予批准的，应当书面说明理由。

第二十八条 技术审评过程中需要申请人补正资料的，技术审评机构应当一次告知需要补正的全部内容。申请人应当在 1 年内按照补正通知的要求一次提供补充资料。技术审评机构应当自收到补充资料之日起 40 个工作日内完成技术审评。申请人补充资料的时间不计算在审评时限内。

申请人逾期未提交补充资料的，由技术审评机构终止技术审评，提出不予批准的建议，国家食品药品监督管理总局核准后作出不予批准的决定。

第二十九条 有下列情形之一的，国家食品药品监督管理总局应当撤销已获得的医疗器械临床试验批准文件：

（一）临床试验申报资料虚假的；

（二）已有最新研究证实原批准的临床试验伦理性和科学性存在问题的；

（三）其他应当撤销的情形。

第三十条 医疗器械临床试验应当在批准后 3 年内实施；逾期未实施的，原批准文件自行废止，仍需进行临床试验的，应当重新申请。

第五章　产品注册

第三十一条 申请医疗器械注册，申请人应当按照相关要求向食品药品监督管理部门报送申报资料。

第三十二条 食品药品监督管理部门收到申请后对申报资料进行形式审查，并根据下列情况分别作出处理：

（一）申请事项属于本部门职权范围，申报资料齐全、符合形式审查要求的，予以受理；

（二）申报资料存在可以当场更正的错误的，应当允许申请人当场更正；

（三）申报资料不齐全或者不符合形式审查要求的，应当在 5 个工作日内一次告知申请人需要补正的全部内容，逾期不告知的，自收到申报资料之日起即为受理；

（四）申请事项不属于本部门职权范围的，应当即时告知申请人不予受理。

食品药品监督管理部门受理或者不予受理医疗器械注册申请，应当出具加盖本部门专用印章并注明日期的受理或者不予受理的通知书。

第三十三条 受理注册申请的食品药品监督管理部门应当自受理之日起 3 个工作日内将申报资料转交技术审评机构。

技术审评机构应当在 60 个工作日内完成第二类医疗器械注册的技术审评工作，在 90 个工作日内完成第三类医疗器械注册的技术审评工作。

需要外聘专家审评、药械组合产品需与药品审评机构联合审评的，所需时间不计算在内，技术审评机构应当将所需时间书面告知申请人。

第三十四条 食品药品监督管理部门在组织产品技术审评时可以调阅原始研究资料，并组织对申请人进行与产品研制、生产有关的质量管理体系核查。

境内第二类、第三类医疗器械注册质量管理体系核查，由省、自治区、直辖市食品药品监督管理部门开展，其中境内第三类医疗器械注册质量管理体系核查，由国家食品药品监督管理总局技术审评机构通知相应省、自治区、直辖市食品药品监督管理部门开展核查，必要时参与核查。省、自治区、直辖市食品药品监督管理部门应当在 30 个工作日内根据相关要求完成体系核查。

国家食品药品监督管理总局技术审评机构在对进口第二类、第三类医疗器械开展技术审评时，认为有必要进行质量管理体系核查的，通知国家食品药品监督管理总局质量管理体系检查技术机构根据相关要求开展核查，必要时技术审评机构参与核查。

质量管理体系核查的时间不计算在审评时限内。

第三十五条 技术审评过程中需要申请人补正资料的，技术审评机构应当一次告知需要补正的全部内容。申请人应当在 1 年内按照补正通知的要求一次提供补充资料；技术审评机构应当自收到补充资料之日起 60 个工作日内完成技术审评。申请人补充资料的时间不计算在审评时限内。

申请人对补正资料通知内容有异议的，可以向相应的技术审评机构提出书面意见，说明理由并提供相应的技术支持资料。

申请人逾期未提交补充资料的，由技术审评机构终止技术审评，提出不予注册的建议，由食品药品监督管理部门核准后作出不予注册的决定。

第三十六条 受理注册申请的食品药品监督管理部门应当在技术审评结束后 20 个工作日内作出决定。对符合安全、有效要求的，准予注册，自作出审批决定之日起 10 个工作日内发给医疗器械注册证，经过核准的产品技术要求以附件形式发给申请人。对不予注册的，应当书面说明理由，并同时告知申请人享有申请复审和依法申请行政复议或者提起行政诉讼的权利。

医疗器械注册证有效期为 5 年。

第三十七条 医疗器械注册事项包括许可事项和登记事项。许可事项包括产品名称、型号、规格、结构及组成、适用范围、产品技术要求、进口医疗器械的生产地址等；登记事项包括注册人名称和住所、代理人名称和住所、境内医疗器械的生产地址等。

第三十八条 对用于治疗罕见疾病以及应对突发公共卫生事件急需的医疗器械，食品药品监督管理部门可以在批准该医疗器械注册时要求申请人在产品上市后进一步完成相关工作，并将要求载明于医疗器械注册证中。

第三十九条 对于已受理的注册申请，有下列情形之一的，食品药品监督管理部门作出不予注册的决定，并告知申请人：

（一）申请人对拟上市销售医疗器械的安全性、有效性进行的研究及其结果无法证明产品安全、有效的；

（二）注册申报资料虚假的；

（三）注册申报资料内容混乱、矛盾的；

（四）注册申报资料的内容与申报项目明显不符的；

（五）不予注册的其他情形。

第四十条 对于已受理的注册申请，申请人可以在行政许可决定作出前，向受理该申请的食品药品监督管理部门申请撤回注册申请及相关资料，并说明理由。

第四十一条 对于已受理的注册申请，有证据表明注册申报资料可能虚假的，食品药品监督管理部门可以中止审批。经核实后，根据核实结论继续审查或者作出不予注册的决定。

第四十二条 申请人对食品药品监督管理部门作出的不予注册决定有异议的，可以自收到不予注册决定通知之日起 20 个工作日内，向作出审批决定的食品药品监督管理部门提出复审申请。复审申请的内容仅限于原申请事项和原申报资料。

第四十三条 食品药品监督管理部门应当自受理复审申请之日起 30 个工作日内作出复审决定，并书面通知申请人。维持原决定的，食品药品监督管理部门不再受理申请人再次提出的复审申请。

第四十四条 申请人对食品药品监督管理部门作出的不予注册的决定有异议，且已申请行政复议或者提起行政诉讼的，食品药品监督管理部门不受理其复审申请。

第四十五条 医疗器械注册证遗失的，注册人应当立即在原发证机关指定的媒体上登载遗失声明。自登载遗失声明之日起满 1 个月后，向原发证机关申请补发，原发证机关在 20 个工作日内予以补发。

第四十六条 医疗器械注册申请直接涉及申请人与他人之间重大利益关系

的，食品药品监督管理部门应当告知申请人、利害关系人可以依照法律、法规以及国家食品药品监督管理总局的其他规定享有申请听证的权利；对医疗器械注册申请进行审查时，食品药品监督管理部门认为属于涉及公共利益的重大许可事项，应当向社会公告，并举行听证。

第四十七条 对新研制的尚未列入分类目录的医疗器械，申请人可以直接申请第三类医疗器械产品注册，也可以依据分类规则判断产品类别并向国家食品药品监督管理总局申请类别确认后，申请产品注册或者办理产品备案。

直接申请第三类医疗器械注册的，国家食品药品监督管理总局按照风险程度确定类别。境内医疗器械确定为第二类的，国家食品药品监督管理总局将申报资料转申请人所在地省、自治区、直辖市食品药品监督管理部门审评审批；境内医疗器械确定为第一类的，国家食品药品监督管理总局将申报资料转申请人所在地设区的市级食品药品监督管理部门备案。

第四十八条 注册申请审查过程中及批准后发生专利权纠纷的，应当按照有关法律、法规的规定处理。

第六章 注册变更

第四十九条 已注册的第二类、第三类医疗器械，医疗器械注册证及其附件载明的内容发生变化，注册人应当向原注册部门申请注册变更，并按照相关要求提交申报资料。

产品名称、型号、规格、结构及组成、适用范围、产品技术要求、进口医疗器械生产地址等发生变化的，注册人应当向原注册部门申请许可事项变更。

注册人名称和住所、代理人名称和住所发生变化的，注册人应当向原注册部门申请登记事项变更；境内医疗器械生产地址变更的，注册人应当在相应的生产许可变更后办理注册登记事项变更。

第五十条 登记事项变更资料符合要求的，食品药品监督管理部门应当在10 个工作日内发给医疗器械注册变更文件。登记事项变更资料不齐全或者不符合形式审查要求的，食品药品监督管理部门应当一次告知需要补正的全部内容。

第五十一条 对于许可事项变更，技术审评机构应当重点针对变化部分进行审评，对变化后产品是否安全、有效作出评价。

受理许可事项变更申请的食品药品监督管理部门应当按照本办法第五章规定的时限组织技术审评。

第五十二条 医疗器械注册变更文件与原医疗器械注册证合并使用，其有效期与该注册证相同。取得注册变更文件后，注册人应当根据变更内容自行修改产品技术要求、说明书和标签。

第五十三条 许可事项变更申请的受理与审批程序，本章未作规定的，适用本办法第五章的相关规定。

第七章 延续注册

第五十四条 医疗器械注册证有效期届满需要延续注册的，注册人应当在医疗器械注册证有效期届满 6 个月前，向食品药品监督管理部门申请延续注册，并按照相关要求提交申报资料。

除有本办法第五十五条规定情形外，接到延续注册申请的食品药品监督管理部门应当在医疗器械注册证有效期届满前作出准予延续的决定。逾期未作决定的，视为准予延续。

第五十五条 有下列情形之一的，不予延续注册：

（一）注册人未在规定期限内提出延续注册申请的；

（二）医疗器械强制性标准已经修订，该医疗器械不能达到新要求的；

（三）对用于治疗罕见疾病以及应对突发公共卫生事件急需的医疗器械，批准注册部门在批准上市时提出要求，注册人未在规定期限内完成医疗器械注册证载明事项的。

第五十六条 医疗器械延续注册申请的受理与审批程序，本章未作规定的，适用本办法第五章的相关规定。

第八章 产品备案

第五十七条 第一类医疗器械生产前，应当办理产品备案。

第五十八条 办理医疗器械备案，备案人应当按照《医疗器械监督管理条例》第九条的规定提交备案资料。

备案资料符合要求的，食品药品监督管理部门应当当场备案；备案资料不齐全或者不符合规定形式的，应当一次告知需要补正的全部内容，由备案人补正后备案。

对备案的医疗器械，食品药品监督管理部门应当按照相关要求的格式制作备案凭证，并将备案信息表中登载的信息在其网站上予以公布。

第五十九条 已备案的医疗器械，备案信息表中登载内容及备案的产品技术要求发生变化的，备案人应当提交变化情况的说明及相关证明文件，向原备案部门提出变更备案信息。备案资料符合形式要求的，食品药品监督管理部门应当将变更情况登载于变更信息中，将备案资料存档。

第六十条 已备案的医疗器械管理类别调整的，备案人应当主动向食品药品监督管理部门提出取消原备案；管理类别调整为第二类或者第三类医疗器械的，按照本办法规定申请注册。

第九章 监督管理

第六十一条 国家食品药品监督管理总局负责全国医疗器械注册与备案的监督管理工作，对地方食品药品监督管理部门医疗器械注册与备案工作进行监督和指导。

第六十二条 省、自治区、直辖市食品药品监督管理部门负责本行政区域的医疗器械注册与备案的监督管理工作，组织开展监督检查，并将有关情况及时报送国家食品药品监督管理总局。

第六十三条 省、自治区、直辖市食品药品监督管理部门按照属地管理原则，对进口医疗器械代理人注册与备案相关工作实施日常监督管理。

第六十四条 设区的市级食品药品监督管理部门应当定期对备案工作开展检查，并及时向省、自治区、直辖市食品药品监督管理部门报送相关信息。

第六十五条 已注册的医疗器械有法律、法规规定应当注销的情形，或者注册证有效期未满但注册人主动提出注销的，食品药品监督管理部门应当依法注销，并向社会公布。

第六十六条 已注册的医疗器械，其管理类别由高类别调整为低类别的，在有效期内的医疗器械注册证继续有效。如需延续的，注册人应当在医疗器械注册证有效期届满 6 个月前，按照改变后的类别向食品药品监督管理部门申请延续注册或者办理备案。

医疗器械管理类别由低类别调整为高类别的，注册人应当依照本办法第五章的规定，按照改变后的类别向食品药品监督管理部门申请注册。国家食品药品监督管理总局在管理类别调整通知中应当对完成调整的时限作出规定。

第六十七条 省、自治区、直辖市食品药品监督管理部门违反本办法规定实施医疗器械注册的，由国家食品药品监督管理总局责令限期改正；逾期不改正的，国家食品药品监督管理总局可以直接公告撤销该医疗器械注册证。

第六十八条 食品药品监督管理部门、相关技术机构及其工作人员，对申请人或者备案人提交的试验数据和技术秘密负有保密义务。

第十章 法律责任

第六十九条 提供虚假资料或者采取其他欺骗手段取得医疗器械注册证的，按照《医疗器械监督管理条例》第六十四条第一款的规定予以处罚。

备案时提供虚假资料的，按照《医疗器械监督管理条例》第六十五条第二款的规定予以处罚。

第七十条　伪造、变造、买卖、出租、出借医疗器械注册证的,按照《医疗器械监督管理条例》第六十四条第二款的规定予以处罚。

第七十一条　违反本办法规定,未依法办理第一类医疗器械变更备案或者第二类、第三类医疗器械注册登记事项变更的,按照《医疗器械监督管理条例》有关未备案的情形予以处罚。

第七十二条　违反本办法规定,未依法办理医疗器械注册许可事项变更的,按照《医疗器械监督管理条例》有关未取得医疗器械注册证的情形予以处罚。

第七十三条　申请人未按照《医疗器械监督管理条例》和本办法规定开展临床试验的,由县级以上食品药品监督管理部门责令改正,可以处 3 万元以下罚款;情节严重的,应当立即停止临床试验,已取得临床试验批准文件的,予以注销。

第十一章　附则

第七十四条　医疗器械注册或者备案单元原则上以产品的技术原理、结构组成、性能指标和适用范围为划分依据。

第七十五条　医疗器械注册证中"结构及组成"栏内所载明的组合部件,以更换耗材、售后服务、维修等为目的,用于原注册产品的,可以单独销售。

第七十六条　医疗器械注册证格式由国家食品药品监督管理总局统一制定。

注册证编号的编排方式为:

×1 械注 ×2×××3×4××5×××6。其中:

×1 为注册审批部门所在地的简称:

境内第三类医疗器械,进口第二类、第三类医疗器械为"国"字;

境内第二类医疗器械为注册审批部门所在地省、自治区、直辖市简称。

×2 为注册形式:

"准"字适用于境内医疗器械;

"进"字适用于进口医疗器械;

"许"字适用于香港、澳门、台湾地区的医疗器械。

×××3 为首次注册年份。

×4 为产品管理类别。

××5 为产品分类编码。

×××6 为首次注册流水号。

延续注册的,×××3 和×××6 数字不变。产品管理类别调整的,应当重新编号。

第七十七条　第一类医疗器械备案凭证编号的编排方式为:

×1 械备×××2×××3。其中：

×1 为备案部门所在地的简称：

进口第一类医疗器械为"国"字；

境内第一类医疗器械为备案部门所在地省、自治区、直辖市简称加所在地设区的市级行政区域的简称（无相应设区的市级行政区域时，仅为省、自治区、直辖市的简称）。

×××2 为备案年份。

×××3 为备案流水号。

第七十八条 按医疗器械管理的体外诊断试剂的注册与备案适用《体外诊断试剂注册管理办法》。

第七十九条 医疗器械应急审批程序和创新医疗器械特别审批程序由国家食品药品监督管理总局另行制定。

第八十条 根据工作需要，国家食品药品监督管理总局可以委托省、自治区、直辖市食品药品监督管理部门或者技术机构、相关社会组织承担医疗器械注册有关的具体工作。

第八十一条 医疗器械产品注册收费项目、收费标准按照国务院财政、价格主管部门的有关规定执行。

第八十二条 本办法自 2014 年 10 月 1 日起施行。2004 年 8 月 9 日公布的《医疗器械注册管理办法》（原国家食品药品监督管理局令第 16 号）同时废止。

国务院法制办公室关于《不动产登记暂行条例（征求意见稿）》公开征求意见的通知

为整合不动产登记职责，规范登记行为，方便群众申请登记，保护权利人合法权益，国土资源部起草了《不动产登记条例（草案送审稿）》报送国务院审议。国务院法制办公室经征求有关方面的意见，修改形成了《不动产登记暂行条例（征求意见稿）》（以下简称征求意见稿）。7月30日，国务院常务会议讨论征求意见稿，决定向社会公开征求意见。现将征求意见稿及说明全文公布，征求意见。有关单位和各界人士可以在2014年9月15日前，通过以下三种方式提出意见：

一、登录中国政府法制信息网（网址：http：//www.chinalaw.gov.cn），通过网站首页左侧的《法规规章草案意见征集系统》，对征求意见稿提出意见。

二、通过信函方式将意见寄至：北京市2067信箱（邮政编码：100035），并请在信封上注明"不动产登记暂行条例征求意见"字样。

三、通过电子邮件方式将意见发送至：bdc@chinalaw.gov.cn。

国务院法制办公室
2014年8月15日

附件

不动产登记暂行条例

（征求意见稿）

第一章 总则

第一条 为整合不动产登记职责，规范登记行为，方便群众申请登记，保护权利人合法权益，根据《中华人民共和国物权法》等法律，制定本条例。

第二条 本条例所称不动产登记，是指不动产登记机构依法将不动产权利归属和其他法定事项记载于不动产登记簿的行为。

本条例所称不动产,是指土地、海域以及房屋、林木等定着物。

第三条 国家实行不动产统一登记制度。

不动产登记遵循严格管理、稳定连续、方便群众的原则。

不动产权利人已经依法享有的不动产权利,不因登记机构和登记程序的改变而受到影响。

第四条 下列不动产权利,依照本条例的规定办理登记:

(一)集体土地所有权;

(二)房屋等建筑物、构筑物所有权;

(三)森林、林木所有权;

(四)耕地、林地、草地等土地承包经营权;

(五)建设用地使用权;

(六)宅基地使用权;

(七)海域使用权;

(八)地役权;

(九)抵押权;

(十)法律规定需要登记的其他不动产权利。

第五条 国务院国土资源主管部门负责指导、监督全国不动产登记工作。

县级以上地方人民政府应当确定一个部门为本行政区域的不动产登记机构,负责不动产登记工作,并接受上级人民政府不动产登记主管部门的指导、监督。

第六条 不动产登记由不动产所在地的县级人民政府不动产登记机构办理。

跨县级行政区域的不动产的登记,由所跨县级行政区域的不动产登记机构分别办理。不能分别办理的,由所跨县级行政区域的不动产登记机构协商办理;协商不成的,由共同的上一级人民政府不动产登记主管部门指定办理。

国务院确定的重点国有林区的森林、林木和林地,国务院批准项目的用海、用岛等不动产的登记,由国务院国土资源主管部门会同有关部门规定。

第二章 不动产登记簿

第七条 不动产以不动产单元为基本单位进行登记。不动产单元具有惟一编码。

不动产登记机构应当按照国务院国土资源主管部门的规定设立统一的不动产登记簿。

不动产登记簿应当记载以下事项:

(一)不动产的坐落、界址、空间界限、面积、用途等自然状况;

（二）不动产权利的主体、类型、内容、来源、期限、权利变化等权属状况；

（三）涉及不动产权利限制、提示的事项；

（四）其他相关事项。

第八条 不动产登记簿可以采用纸质介质，也可以采用电子介质。不动产登记机构应当明确不动产登记簿惟一、合法的介质形式。

不动产登记簿采用电子介质的，应当定期进行异地备份，并具有惟一、确定的纸质转化形式。

第九条 不动产登记机构应当依法将各类登记事项准确、完整、清晰地记载于不动产登记簿。任何人不得损毁不动产登记簿，除依法予以更正外不得修改登记事项。

第十条 不动产登记机构应当指定专人负责不动产登记簿的保管，并建立健全相应的安全责任制度。

采用纸质介质不动产登记簿的，应当配备必要的防盗、防火、防渍、防有害生物等安全保护设施。

采用电子介质不动产登记簿的，应当配备专门的存储设施，并采取信息网络安全防护措施。

第十一条 不动产登记簿由不动产登记机构永久保存。不动产登记簿损毁、灭失的，不动产登记机构应当依据原有登记资料予以重建。

行政区域变更或者不动产登记机构职能调整的，应当及时将不动产登记簿移交相应的不动产登记机构。

第三章　登记程序

第十二条 因买卖、设定抵押权等申请不动产登记的，应当由当事人双方共同申请。

属于下列情形之一的，可以由当事人单方申请：

（一）尚未登记的不动产首次申请登记的；

（二）继承、接受遗赠取得不动产权利的；

（三）人民法院、仲裁委员会生效的法律文书或者人民政府生效的决定等设立、变更、转让、消灭不动产权利的；

（四）权利人姓名、名称或者自然状况变化，申请变更登记的；

（五）不动产灭失或者权利人放弃不动产权利，申请注销登记的；

（六）申请更正登记和异议登记的；

（七）法律、行政法规规定可以由当事人单方申请的情形。

第十三条 当事人或者其代理人应当到不动产登记机构现场申请不动产登记。

无民事行为能力人、限制民事行为能力人申请不动产登记的，应当由监护人代为申请。

不动产登记机构将申请登记事项记载于不动产登记簿前，申请人可以撤回登记申请。

第十四条 申请人应当提交下列材料，并对申请材料的真实性负责：

（一）登记申请书；

（二）申请人、委托代理人身份证明材料、授权委托书；

（三）相关的不动产权属来源证明材料、登记原因证明文件、不动产权属证书；

（四）不动产界址、空间界限、面积等材料；

（五）与他人利害关系的说明材料；

（六）法律、行政法规以及本条例实施细则规定的其他材料。

不动产登记机构应当在办公场所和门户网站公开申请登记所需材料目录和示范文本等信息。

第十五条 不动产登记机构应当自收到不动产登记申请材料之日起 5 个工作日内进行初步审查，并分别按照下列情况办理：

（一）属于登记职责范围，申请材料齐全、符合法定形式，或者申请人按照要求提交全部补正申请材料的，应当受理；

（二）申请材料存在可以当场更正的错误的，应当告知申请人当场更正，申请人当场更正后，应当受理；

（三）申请材料不齐全或者不符合法定形式的，应当当场一次性告知申请人需要补正的全部内容；未告知的，视为符合受理条件；

（四）申请登记的不动产不属于本机构登记范围的，应当当场告知申请人向有登记权的机构申请。

不动产登记机构不予受理的，应当书面通知申请人。

第十六条 不动产登记机构受理不动产登记申请的，应当按照下列要求进行查验：

（一）不动产界址、空间界限、面积等材料与申请登记的不动产状况是否一致；

（二）权属来源证明材料和有关证明文件与申请登记的内容是否一致；

（三）申请登记的不动产是否存在权属争议；

（四）登记申请是否违反法律、行政法规的强制性规定。

第十七条 属于下列情形之一的，不动产登记机构可以对申请登记的不动产进行实地查看：

（一）房屋所有权初始登记；

（二）在建建筑物抵押权登记；

（三）因不动产灭失导致的注销登记；

（四）不动产登记机构认为需要实地查看的其他情形。

对可能存在权属争议，或者可能涉及他人利害关系的登记申请，不动产登记机构可以向申请人、利害关系人或者有关国家机关进行调查。

不动产登记机构进行实地查看或者调查时，申请人、被调查人应当予以配合。

第十八条 不动产登记机构应当自受理登记申请之日起 30 日内办结不动产登记手续，法律、行政法规另有规定的除外。

同一不动产权利有两个以上主体申请登记的，不动产登记机构应当依据受理时间的先后顺序办理登记，法律、行政法规另有规定的除外。

第十九条 登记事项自记载于不动产登记簿时完成登记。

不动产登记完成的，应当依法向申请人核发相应的不动产权属证书或者登记证明。

第二十条 登记申请有下列情形之一的，不动产登记机构应当不予登记，并书面通知申请人：

（一）不符合法律、行政法规规定的；

（二）存在尚未解决的权属争议的；

（三）申请登记的不动产权利超过规定期限的；

（四）法律、行政法规和本条例实施细则规定不予登记的其他情形。

第四章 登记信息共享与保护

第二十一条 国务院国土资源主管部门应当会同有关部门建立统一的不动产登记信息管理基础平台。

各级不动产登记机构登记的信息应当纳入统一的不动产登记信息管理基础平台，确保国家、省、市、县四级登记信息的实时共享。

第二十二条 不动产登记有关信息与住房城乡建设、农业、林业、海洋等部门审批、交易等信息应当实时互通共享。

国土资源、公安、民政、税务、工商、金融、审计、统计等部门应当加强不动产登记有关信息互通共享。

不动产登记机构能够通过互通共享取得的信息，不得要求不动产登记申请人重复提交。

第二十三条 权利人、利害关系人可以依法查询、复制不动产登记资料，不动产登记机构应当提供。

有关国家机关可以依照法律、行政法规的规定查询、复制与调查处理案件有关的不动产登记资料。

第二十四条 不动产登记机构、不动产登记信息共享单位及其工作人员应当对不动产登记信息保密。

查询不动产登记资料的单位、个人不得将查询获得的不动产登记资料用于其他目的；未经权利人同意，不得向社会或者他人泄露查询获得的不动产登记资料。

第五章　法律责任

第二十五条 不动产登记机构工作人员损毁、伪造不动产登记簿，擅自修改登记事项，串通他人进行虚假登记，或者有其他滥用职权、玩忽职守行为的，依法给予处分；给他人造成损失的，依法承担赔偿责任；构成违反治安管理行为的，依法给予治安管理处罚；构成犯罪的，依法追究刑事责任。

第二十六条 伪造、变造或者买卖不动产权属证书、不动产登记证明，或者使用伪造、变造的不动产权属证书、不动产登记证明的，由不动产登记机构予以收缴；有违法所得的，没收违法所得；给他人造成损失的，依法承担赔偿责任；构成违反治安管理行为的，依法给予治安管理处罚；构成犯罪的，依法追究刑事责任。

第二十七条 不动产登记机构、不动产登记信息共享单位及其工作人员、查询不动产登记资料的单位和个人违反国家规定，泄露不动产登记资料或者登记信息，给他人造成损失的，依法承担赔偿责任，对有关责任人员依法给予处分；构成犯罪的，依法追究刑事责任。

第六章　附则

第二十八条 本条例施行前依法颁发的各类不动产权属证书和制作的不动产登记簿继续有效。

不动产统一登记过渡期内，农村土地承包经营权的登记，按照国家有关规定执行。

第二十九条 本条例实施细则由国务院国土资源主管部门会同有关部门制定。

第三十条 本条例自_____年____月____日起施行。本条例施行前公布的行政法规有关不动产登记的规定与本条例规定不一致的，以本条例规定为准。

中国银监会江苏监管局关于江苏金融租赁有限公司变更业务范围的批复

苏银监复〔2014〕323 号

江苏金融租赁有限公司：

《江苏金融租赁有限公司关于变更业务范围的请示》（苏租〔2014〕25 号）收悉。根据《金融租赁公司管理办法》（中国银监会令 2014 年第 3 号）和《中国银监会办公厅关于按新规办理部分非银机构业务范围和公司章程审批事项的通知》（银监办发〔2014〕128 号）有关规定，现批复如下：

一、同意你公司业务范围进行变更。变更后的业务范围为：

（一）融资租赁业务；

（二）转让和受让融资租赁资产；

（三）固定收益类证券投资业务；

（四）接受承租人的租赁保证金；

（五）吸收非银行股东 3 个月（含）以上定期存款；

（六）同业拆借；

（七）向金融机构借款；

（八）境外借款；

（九）租赁物变卖及处理业务；

（十）经济咨询；

（十一）银监会批准的其他业务。

二、此批复可作为你公司在营业场所公示以及在办理业务和签署商业文件时使用。

请你公司按照此批复及时修改公司章程，在法定期限内完成工商登记变更等有关法定变更手续，并向我局报告。

中国银监会江苏监管局

2014 年 8 月 22 日

关于在全国开展融资租赁货物出口
退税政策试点的通知

财税〔2014〕62 号

各省、自治区、直辖市、计划单列市财政厅（局）、国家税务局，海关总署广东分署、各直属海关，新疆生产建设兵团财务局：

为落实《国务院办公厅关于支持外贸稳定增长的若干意见》（国办发〔2014〕19 号）的有关要求，决定将现行在天津东疆保税港区试点的融资租赁货物出口退税政策扩大到全国统一实施。现将有关政策通知如下：

一、政策内容及适用范围

（一）对融资租赁出口货物试行退税政策。对融资租赁企业、金融租赁公司及其设立的项目子公司（以下统称融资租赁出租方），以融资租赁方式租赁给境外承租人且租赁期限在 5 年（含）以上，并向海关报关后实际离境的货物，试行增值税、消费税出口退税政策。

融资租赁出口货物的范围，包括飞机、飞机发动机、铁道机车、铁道客车车厢、船舶及其他货物，具体应符合《中华人民共和国增值税暂行条例实施细则》（财政部　国家税务总局令第 50 号）第二十一条"固定资产"的相关规定。

（二）对融资租赁海洋工程结构物试行退税政策。对融资租赁出租方购买的，并以融资租赁方式租赁给境内列名海上石油天然气开采企业且租赁期限在 5 年（含）以上的国内生产企业生产的海洋工程结构物，视同出口，试行增值税、消费税出口退税政策。

海洋工程结构物范围、退税率以及海上石油天然气开采企业的具体范围按照《财政部　国家税务总局关于出口货物劳务增值税和消费税政策的通知》（财税〔2012〕39 号）有关规定执行。

（三）上述融资租赁出口货物和融资租赁海洋工程结构物不包括在海关监管年限内的进口减免税货物。

二、退税的计算和办理

（一）融资租赁出租方将融资租赁出口货物租赁给境外承租方、将融资租赁海洋工程结构物租赁给海上石油天然气开采企业，向融资租赁出租方退还其购进租赁货物所含增值税。融资租赁出口货物、融资租赁海洋工程结构物（以下统称融资租赁货物）属于消费税应税消费品的，向融资租赁出租方退还前一环节已征的消费税。

（二）计算公式为：

增值税应退税额＝购进融资租赁货物的增值税专用发票注明的金额或海关（进口增值税）专用缴款书注明的完税价格×融资租赁货物适用的增值税退税率

融资租赁出口货物适用的增值税退税率，按照统一的出口货物适用退税率执行。从增值税一般纳税人购进的按简易办法征税的融资租赁货物和从小规模纳税人购进的融资租赁货物，其适用的增值税退税率，按照购进货物适用的征收率和退税率孰低的原则确定。

消费税应退税额＝购进融资租赁货物税收（出口货物专用）缴款书上或海关进口消费税专用缴款书上注明的消费税税额

（三）融资租赁出租方应当按照主管税务机关的要求办理退税认定和申报增值税、消费税退税。

（四）融资租赁出租方在进行融资租赁出口货物报关时，应在海关出口报关单上填写"租赁货物（1523）"方式。海关依融资租赁出租方申请，对符合条件的融资租赁出口货物办理放行手续后签发出口货物报关单（出口退税专用，以下称退税证明联），并按规定向国家税务总局传递退税证明联相关电子信息。对海关特殊监管区域内已退增值税、消费税的货物，以融资租赁方式离境时，海关不再签发退税证明联。

（五）融资租赁出租方凭购进融资租赁货物的增值税专用发票或海关进口增值税专用缴款书、与承租人签订的融资租赁合同、退税证明联或向海洋工程结构物承租人开具的发票以及主管税务机关要求出具的其他要件，向主管税务机关申请办理退税手续。上述用于融资租赁货物退税的增值税专用发票或海关进口增值税专用缴款书，不得用于抵扣内销货物应纳税额。

融资租赁货物属于消费税应税货物的，若申请退税，还应提供有关消费税专用缴款书。

（六）对承租期未满而发生退租的融资租赁货物，融资租赁出租方应及时主动向税务机关报告，并按照规定补缴已退税款，对融资租赁出口货物，再复进口

时融资租赁出租方应按照规定向海关办理复运进境手续并提供主管税务机关出具
的货物已补税或未退税证明，海关不征收进口关税和进口环节税。

三、有关定义

本通知所述融资租赁企业，仅包括金融租赁公司、经商务部批准设立的外商
投资融资租赁公司、经商务部和国家税务总局共同批准开展融资业务试点的内资
融资租赁企业、经商务部授权的省级商务主管部门和国家经济技术开发区批准的
融资租赁公司。

本通知所述金融租赁公司，仅包括经中国银行业监督管理委员会批准设立的
金融租赁公司。

本通知所称融资租赁，是指具有融资性质和所有权转移特点的有形动产租赁
活动。即出租人根据承租人所要求的规格、型号、性能等条件购入有形动产租赁
给承租人，合同期内有形动产所有权属于出租人，承租人只拥有使用权，合同期
满付清租金后，承租人有权按照残值购入有形动产，以拥有其所有权。不论出租
人是否将有形动产残值销售给承租人，均属于融资租赁。

四、融资租赁货物退税的具体管理办法由国家税务总局另行制定。

五、本通知自 2014 年 10 月 1 日起执行。融资租赁出口货物的，以退税证明
联上注明的出口日期为准；融资租赁海洋工程结构物的，以融资租赁出租方收取
首笔租金时开具的发票日期为准。

财政部　海关总署　国家税务总局

2014 年 9 月 1 日

境外投资管理办法

商务部令 2014 年第 3 号

《境外投资管理办法》已经 2014 年 8 月 19 日商务部第 27 次部务会议审议通过，现予发布，自 2014 年 10 月 6 日起施行。

部长　高虎城
2014 年 9 月 6 日

境外投资管理办法

第一章　总则

第一条　为了促进和规范境外投资，提高境外投资便利化水平，根据《国务院关于投资体制改革的决定》、《国务院对确需保留的行政审批项目设定行政许可的决定》及相关法律规定，制定本办法。

第二条　本办法所称境外投资，是指在中华人民共和国境内依法设立的企业（以下简称企业）通过新设、并购及其他方式在境外拥有非金融企业或取得既有非金融企业所有权、控制权、经营管理权及其他权益的行为。

第三条　企业开展境外投资，依法自主决策、自负盈亏。

第四条　企业境外投资不得有以下情形：

（一）危害中华人民共和国国家主权、安全和社会公共利益，或违反中华人民共和国法律法规；

（二）损害中华人民共和国与有关国家（地区）关系；

（三）违反中华人民共和国缔结或者参加的国际条约、协定；

（四）出口中华人民共和国禁止出口的产品和技术。

第五条　商务部和各省、自治区、直辖市、计划单列市及新疆生产建设兵团商务主管部门（以下称省级商务主管部门）负责对境外投资实施管理和监督。

第二章 备案和核准

第六条 商务部和省级商务主管部门按照企业境外投资的不同情形，分别实行备案和核准管理。

企业境外投资涉及敏感国家和地区、敏感行业的，实行核准管理。

企业其他情形的境外投资，实行备案管理。

第七条 实行核准管理的国家是指与中华人民共和国未建交的国家、受联合国制裁的国家。必要时，商务部可另行公布其他实行核准管理的国家和地区的名单。

实行核准管理的行业是指涉及出口中华人民共和国限制出口的产品和技术的行业、影响一国（地区）以上利益的行业。

第八条 商务部和省级商务主管部门应当依法办理备案和核准，提高办事效率，提供优质服务。

商务部和省级商务主管部门通过"境外投资管理系统"（以下简称"管理系统"）对企业境外投资进行管理，并向获得备案或核准的企业颁发《企业境外投资证书》（以下简称《证书》）。《证书》由商务部和省级商务主管部门分别印制并盖章，实行统一编码管理。

《证书》是企业境外投资获得备案或核准的凭证，按照境外投资最终目的地颁发。

第九条 对属于备案情形的境外投资，中央企业报商务部备案；地方企业报所在地省级商务主管部门备案。

中央企业和地方企业通过"管理系统"按要求填写并打印《境外投资备案表》（以下简称《备案表》），加盖印章后，连同企业营业执照复印件分别报商务部或省级商务主管部门备案。

《备案表》填写如实、完整、符合法定形式，且企业在《备案表》中声明其境外投资无本办法第四条所列情形的，商务部或省级商务主管部门应当自收到《备案表》之日起3个工作日内予以备案并颁发《证书》。企业不如实、完整填报《备案表》的，商务部或省级商务主管部门不予备案。

第十条 对属于核准情形的境外投资，中央企业向商务部提出申请，地方企业通过所在地省级商务主管部门向商务部提出申请。

企业申请境外投资核准需提交以下材料：

（一）申请书，主要包括投资主体情况、境外企业名称、股权结构、投资金额、经营范围、经营期限、投资资金来源、投资具体内容等；

（二）《境外投资申请表》，企业应当通过"管理系统"按要求填写打印，并加盖印章；

（三）境外投资相关合同或协议；

（四）有关部门对境外投资所涉的属于中华人民共和国限制出口的产品或技术准予出口的材料；

（五）企业营业执照复印件。

第十一条 核准境外投资应当征求我驻外使（领）馆（经商处室）意见。涉及中央企业的，由商务部征求意见；涉及地方企业的，由省级商务主管部门征求意见。征求意见时，商务部和省级商务主管部门应当提供投资事项基本情况等相关信息。驻外使（领）馆（经商处室）应当自接到征求意见要求之日起 7 个工作日内回复。

第十二条 商务部应当在受理中央企业核准申请后 20 个工作日内（包含征求驻外使（领）馆（经商处室）意见的时间）作出是否予以核准的决定。申请材料不齐全或者不符合法定形式的，商务部应当在 3 个工作日内一次告知申请企业需要补正的全部内容。逾期不告知的，自收到申请材料之日起即为受理。中央企业按照商务部的要求提交全部补正申请材料的，商务部应当受理该申请。

省级商务主管部门应当在受理地方企业核准申请后对申请是否涉及本办法第四条所列情形进行初步审查，并在 15 个工作日内（包含征求驻外使（领）馆（经商处室）意见的时间）将初步审查意见和全部申请材料报送商务部。申请材料不齐全或者不符合法定形式的，省级商务主管部门应当在 3 个工作日内一次告知申请企业需要补正的全部内容。逾期不告知的，自收到申请材料之日起即为受理。地方企业按照省级商务主管部门的要求提交全部补正申请材料的，省级商务主管部门应当受理该申请。商务部收到省级商务主管部门的初步审查意见后，应当在 15 个工作日内做出是否予以核准的决定。

第十三条 对予以核准的境外投资，商务部出具书面核准决定并颁发《证书》；因存在本办法第四条所列情形而不予核准的，应当书面通知申请企业并说明理由，告知其享有依法申请行政复议或者提起行政诉讼的权利。企业提供虚假材料申请核准的，商务部不予核准。

第十四条 两个以上企业共同开展境外投资的，应当由相对大股东在征求其他投资方书面同意后办理备案或申请核准。如果各方持股比例相等，应当协商后由一方办理备案或申请核准。如投资方不属同一行政区域，负责办理备案或核准的商务部或省级商务主管部门应当将备案或核准结果告知其他投资方所在地商务主管部门。

第十五条 企业境外投资经备案或核准后，原《证书》载明的境外投资事项发生变更的，企业应当按照本章程序向原备案或核准的商务部或省级商务主管部门办理变更手续。

第十六条 自领取《证书》之日起 2 年内，企业未在境外开展投资的，《证书》自动失效。如需再开展境外投资，应当按照本章程序重新办理备案或申请核准。

第十七条 企业终止已备案或核准的境外投资，应当在依投资目的地法律办理注销等手续后，向原备案或核准的商务部或省级商务主管部门报告。原备案或核准的商务部或省级商务主管部门根据报告出具注销确认函。

终止是指原经备案或核准的境外企业不再存续或企业不再拥有原经备案或核准的境外企业的股权等任何权益。

第十八条 《证书》不得伪造、涂改、出租、出借或以任何其他形式转让。已变更、失效或注销的《证书》应当交回原备案或核准的商务部或省级商务主管部门。

第三章 规范和服务

第十九条 企业应当客观评估自身条件、能力，深入研究投资目的地投资环境，积极稳妥开展境外投资，注意防范风险。境内外法律法规和规章对资格资质有要求的，企业应当取得相关证明文件。

第二十条 企业应当要求其投资的境外企业遵守投资目的地法律法规、尊重当地风俗习惯，履行社会责任，做好环境、劳工保护、企业文化建设等工作，促进与当地的融合。

第二十一条 企业对其投资的境外企业的冠名应当符合境内外法律法规和政策规定。未按国家有关规定获得批准的企业，其境外企业名称不得使用"中国"、"中华"等字样。

第二十二条 企业应当落实人员和财产安全防范措施，建立突发事件预警机制和应急预案。在境外发生突发事件时，企业应当在驻外使（领）馆和国内有关主管部门的指导下，及时、妥善处理。

企业应当做好外派人员的选审、行前安全、纪律教育和应急培训工作，加强对外派人员的管理，依法办理当地合法居留和工作许可。

第二十三条 企业应当要求其投资的境外企业中方负责人当面或以信函、传真、电子邮件等方式及时向驻外使（领）馆（经商处室）报到登记。

第二十四条 企业应当向原备案或核准的商务部或省级商务主管部门报告境外投资业务情况、统计资料，以及与境外投资相关的困难、问题，并确保报送情况和数据真实准确。

第二十五条　企业投资的境外企业开展境外再投资，在完成境外法律手续后，企业应当向商务主管部门报告。涉及中央企业的，中央企业通过"管理系统"填报相关信息，打印《境外中资企业再投资报告表》（以下简称《再投资报告表》）并加盖印章后报商务部；涉及地方企业的，地方企业通过"管理系统"填报相关信息，打印《再投资报告表》并加盖印章后报省级商务主管部门。

第二十六条　商务部负责对省级商务主管部门的境外投资管理情况进行检查和指导。省级商务主管部门应当每半年向商务部报告本行政区域内境外投资的情况。

第二十七条　商务部会同有关部门为企业境外投资提供权益保障、投资促进、风险预警等服务。

商务部发布《对外投资合作国别（地区）指南》、国别产业指引等文件，帮助企业了解投资目的地投资环境；加强对企业境外投资的指导和规范，会同有关部门发布环境保护等指引，督促企业在境外合法合规经营；建立对外投资与合作信息服务系统，为企业开展境外投资提供数据统计、投资机会、投资障碍、风险预警等信息。

第四章　法律责任

第二十八条　企业以提供虚假材料等不正当手段办理备案并取得《证书》的，商务部或省级商务主管部门撤销该企业境外投资备案，给予警告，并依法公布处罚决定。

第二十九条　企业提供虚假材料申请核准的，商务部给予警告，并依法公布处罚决定。该企业在一年内不得再次申请该项核准。

企业以欺骗、贿赂等不正当手段获得境外投资核准的，商务部撤销该企业境外投资核准，给予警告，并依法公布处罚决定。该企业在三年内不得再次申请该项核准；构成犯罪的，依法追究刑事责任。

第三十条　企业开展境外投资过程中出现本办法第四条所列情形的，应当承担相应的法律责任。

第三十一条　企业伪造、涂改、出租、出借或以任何其他形式转让《证书》的，商务部或省级商务主管部门给予警告；构成犯罪的，依法追究刑事责任。

第三十二条　境外投资出现第二十八条至第三十一条规定的情形以及违反本办法其他规定的企业，三年内不得享受国家有关政策支持。

第三十三条　商务部和省级商务主管部门有关工作人员不依照本办法规定履行职责、滥用职权、索取或者收受他人财物或者谋取其他利益，构成犯罪的，依法追究刑事责任；尚不构成犯罪的，依法给予行政处分。

第五章　附则

第三十四条　省级商务主管部门可依照本办法制定相应的工作细则。

第三十五条　本办法所称中央企业系指国务院国有资产监督管理委员会履行出资人职责的企业及其所属企业、中央管理的其他单位。

第三十六条　事业单位法人开展境外投资、企业在境外设立分支机构参照本办法执行。

第三十七条　企业赴香港、澳门、台湾地区投资参照本办法执行。

第三十八条　本办法由商务部负责解释。

第三十九条　本办法自 2014 年 10 月 6 日起施行。商务部 2009 年发布的《境外投资管理办法》（商务部令 2009 年第 5 号）同时废止。

国家税务总局关于发布《融资租赁货物出口退税管理办法》的公告

国家税务总局公告 2014 年第 56 号

根据《财政部　海关总署　国家税务总局关于在全国开展融资租赁货物出口退税政策试点的通知》（财税〔2014〕62 号），国家税务总局制定了《融资租赁货物出口退税管理办法》。现予以公布，自 2014 年 10 月 1 日起施行。

特此公告。

国家税务总局
2014 年 10 月 8 日

融资租赁货物出口退税管理办法

第一章　总则

第一条　根据《财政部　海关总署　国家税务总局关于在全国开展融资租赁货物出口退税政策试点的通知》（财税〔2014〕62 号）的规定，制定本办法。

第二条　享受出口退税政策的融资租赁企业（以下称融资租赁出租方）的主管国家税务局负责出口退（免）税资格的认定及融资租赁出口货物、融资租赁海洋工程结构物（以下称融资租赁货物）的出口退税审核、审批等管理工作。

第三条　享受出口退税的融资租赁出租方和融资租赁货物的范围、条件以及出口退税的具体计算办法按照财税〔2014〕62 号文件相关规定执行。

第二章　税务登记、出口退（免）税资格认定管理

第四条　融资租赁出租方在所在地主管国家税务局办理税务登记及出口退（免）税资格认定后，方可申报融资租赁货物出口退税。

第五条　融资租赁出租方应在首份融资租赁合同签订之日起 30 日内，到主管国家税务局办理出口退（免）税资格认定，除提供《国家税务总局关于发布〈出口货物劳务增值税和消费税管理办法〉的公告》（国家税务总局公告 2012 年第 24 号）规定的资料外（仅经营海洋工程结构物融资租赁的，可不提供《对外贸易经营者备案登记表》或《中华人民共和国外商投资企业批准证书》、中华人民共和国海关进出口货物收发货人报关注册登记证书），还应提供以下资料：

（一）从事融资租赁业务的资质证明；

（二）融资租赁合同（有法律效力的中文版）；

（三）税务机关要求提供的其他资料。

本办法发布前已签订融资租赁合同的融资租赁出租方，可向主管国家税务局申请补办出口退税资格的认定手续。

第六条　融资租赁出租方退（免）税认定变更及注销，按照国家税务总局公告 2012 年第 24 号等有关规定执行。

第三章　退税申报、审核管理

第七条　融资租赁出租方应在融资租赁货物报关出口之日或收取融资租赁海洋工程结构物首笔租金开具发票之日次月起至次年 4 月 30 日前的各增值税纳税申报期内，收齐有关凭证，向主管国家税务局办理融资租赁货物增值税、消费税退税申报。

第八条　融资租赁出租方申报融资租赁货物退税时，应将不同融资租赁合同项下的融资租赁货物分别申报，在申报表的明细表中"退（免）税业务类型"栏内填写"RZZL"，并提供以下资料：

（一）融资租赁出口货物的，提供出口货物报关单（出口退税专用）。

（二）融资租赁海洋工程结构物的，提供向海洋工程结构物承租人收取首笔租金时开具的发票。

（三）购进融资租赁货物取得的增值税专用发票（抵扣联）或海关（进口增值税）专用缴款书。融资租赁货物属于消费税应税货物的，还应提供消费税税收（出口货物专用）缴款书或海关（进口消费税）专用缴款书。

（四）与承租人签订的租赁期在 5 年（含）以上的融资租赁合同（有法律效力的中文版）。

（五）融资租赁海洋工程结构物的，提供列名海上石油天然气开采企业收货清单。

（六）税务机关要求提供的其他资料。

第九条　融资租赁出租方购进融资租赁货物取得的增值税专用发票、海关

（进口增值税）专用缴款书已申报抵扣的，不得申报退税。已申报退税的增值税专用发票、海关（进口增值税）专用缴款书，融资租赁出租方不得再申报进项税额抵扣。

第十条 属于增值税一般纳税人的融资租赁出租方购进融资租赁货物取得的增值税专用发票，融资租赁出租方应在规定的认证期限内办理认证手续。

第十一条 主管国家税务局应按照财税〔2014〕62 号文件规定的计算方法审核、审批融资租赁货物退税。

第十二条 对融资租赁出租方申报退税提供的增值税专用发票，如融资租赁出租方为增值税一般纳税人，主管国家税务局在增值税专用发票稽核信息比对无误后，方可办理退税；如融资租赁方为非增值税一般纳税人，主管国家税务局应发函调查，在确认增值税专用发票真实、按规定申报纳税后，方可办理退税。

第十三条 对承租期未满而发生退租的融资租赁货物，融资租赁出租方应及时主动向主管国家税务局报告，并按下列规定补缴已退税款：

（一）对上述融资租赁出口货物再复进口时，主管国家税务局应按规定追缴融资租赁出租方的已退税款，并对融资租赁出口货物出具货物已补税或未退税证明；

（二）对融资租赁海洋工程结构物发生退租的，主管国家税务局应按规定追缴融资租赁出租方的已退税款。

第四章 附则

第十四条 融资租赁出租方采取假冒出口退（免）税资格、伪造或擅自涂改融资租赁合同、提供虚假退税申报资料等手段骗取退税款的，按照有关法律、法规处理。

第十五条 融资租赁货物出口退税，本办法未作规定的，按照视同出口货物的有关规定执行。

第十六条 本办法自 2014 年 10 月 1 日起施行。融资租赁出口货物的，以出口货物报关单（出口退税专用）上注明的出口日期为准；融资租赁海洋工程结构物的，以融资租赁出租方收取首笔租金时开具的发票日期为准。《国家税务总局关于发布（天津东疆保税港区融资租赁货物出口退税管理办法）的公告》（国家税务总局公告 2012 年第 39 号）同时废止。

中国银监会江苏监管局关于江苏金融租赁有限公司变更名称的批复

苏银监复〔2014〕468号

江苏金融租赁有限公司：

《江苏金融租赁有限公司关于变更名称的请示》（苏租〔2014〕45号）收悉。根据《金融租赁公司管理办法》（银监会令2014年第3号）、《非银行金融机构行政许可事项实施办法》（银监会令2007年第13号）和《中国银监会办公厅关于推进简政放权改进市场准入工作有关事项的通知》（银监办发〔2014〕176号）的有关规定，现批复如下：

一、同意你公司名称由"江苏金融租赁有限公司"变更为"江苏金融租赁股份有限公司"。

二、你公司应自本批复印发之日起6个月内完成工商登记变更等有关法定手续，并向我局报告。

中国银监会江苏监管局

2014年11月11日

商务部流通发展司关于请推荐第十三批内资融资租赁试点企业的通知

商流通司函〔2014〕140号

各省、自治区、直辖市、计划单列市及新疆生产建设兵团商务主管部门：

为贯彻落实《国务院关于加快发展生产性服务业 促进产业结构调整升级的指导意见》（国发〔2014〕26号）等文件，加快融资租赁业发展，充分发挥融资租赁在促进经济增长、调整产业结构、加快企业技术升级改造、拓宽中小微企业融资渠道等方面作用，商务部拟开展第十三批内资租赁企业从事融资租赁业务试点工作。现将有关事项通知如下：

一、推荐企业条件

试点企业应具备《商务部 国家税务总局关于从事融资租赁业务有关问题的通知》（商建发〔2004〕560号）第四条规定的基本条件，并且核心主业突出、资金来源稳定、股权关系简单透明、公司治理结构健全、发展战略和盈利模式清晰、诚信和纳税记录良好。重点推荐以下企业：

（一）服务领域符合国家和有关部门鼓励发展的产业方向或政策导向；

（二）股东具有相关产业背景，能够在资金、业务发展等方面对试点企业给予有力支撑。

二、需提交的材料

（一）试点申请书。主要内容应包括企业名称、注册地、实收资本金、股权结构、股东信息、经营范围、上一年简要经营情况（含纳税情况）、拟开展融资租赁业务的主要考虑（主要业务领域、业务模式、资金来源等）、未来3年业务发展总体规划等。股东信息需包括所有股东名称、法定代表人、注册地址、营业执照复印件、主营业务范围以及上一年营业收入、利润、净资产总额、负债率等简要情况。个人股东需提供本人实际控制的其他主要企业的简要情况。

（二）营业执照副本（复印件）。

（三）验资报告（如多次验资，每次验资报告均需提供）。

（四）注册资本金来源说明。

（五）公司章程、内部管理制度及风险控制制度等文件。

（六）拟任（或现任）总经理、财务负责人、风控负责人等主要高管人员名单、从业履历、资格证书以及三年以上相关行业从业经验证明材料等。

（七）被推荐企业经审计的近三年完整的财务会计报告和最近一期的财务报表（含附注，如为新建企业，则提供所有法人股东上述材料）。

（八）主要股东近两年经审计的财务会计报告（含附注）。

（九）税务主管部门出具的被推荐企业（新建企业提供法人股东）依法纳税的证明。

（十）如关联企业中有从事典当、小额贷款、信托、融资性担保、融资租赁等业务的，需提供相关业务上一年简要经营情况，主要包括业务收入、利润、净资产总额、负债率等。

（十一）由具备从业资格的融资租赁公司发起成立的企业或拟成立的子公司，还需提供股东（母公司）上一年度融资租赁业务的详细经营情况，具体为全国融资租赁企业管理信息系统的年度经营情况表所载内容及对有关数据的详细分析说明。

以上材料（含复印件）均需加盖公司印章，一式两份，装订成册。

三、工作程序

（一）省级或计划单列市商务主管部门负责组织推荐试点企业，指导企业认真准备试点材料，对有关材料进行严格审核，向税务机关核实企业（或股东）依法纳税情况，并出具正式推荐函。中央直属企业拟申报试点的，向试点企业注册地省级或计划单列市商务主管部门提出申请。

（二）省级或计划单列市商务主管部门于 12 月 26 日前（晚于该时间不再受理）向商务部报送试点材料。推荐函应对每家企业分别出具，一式两份。

（三）被推荐企业登陆全国融资租赁企业管理信息系统填写有关信息。

（四）商务部会同国家税务总局对申报材料进行审核后，对符合条件的企业予以确认。

联系人：王自强　林健
电话：010 - 85093746　85093792
传真：010 - 85093744

流通发展司
2014 年 11 月 28 日

商务部关于利用全国融资租赁企业管理信息系统进行租赁物登记查询等有关问题的公告

商务部 2014 年第 84 号

最高人民法院《关于审理融资租赁合同纠纷案件适用法律问题的解释》（法释〔2014〕3 号，以下简称司法解释）已于 2014 年 3 月 1 日正式施行。为保护融资租赁交易当事人和第三人的合法权益，防范和规避企业经营风险，根据《中华人民共和国物权法》、《中华人民共和国合同法》等法律和《融资租赁企业监督管理办法》，现将利用全国融资租赁企业管理信息系统进行租赁物登记查询等有关问题公告如下：

一、全国融资租赁企业管理信息系统（http：//leasing. mofcom. gov. cn）是商务部建立的综合性融资租赁服务平台，可为内资融资租赁试点企业、外商投资融资租赁企业及相关企业、组织和个人提供公共信息、租赁物登记公示查询、交流合作等服务。按照司法解释第九条有关规定，为避免租赁物权属冲突，商务部将全国融资租赁企业管理信息系统作为租赁物登记公示和查询平台。

二、各融资租赁企业在开展融资租赁业务时，可及时通过商务部统一配发的账号和密钥，在全国融资租赁企业管理信息系统进行租赁物登记，公示租赁物权利状况，规避租赁物被非法出售、抵押等风险。

融资租赁企业在进行租赁物登记时，可以按照要求在合同登记表中完整、准确地将融资租赁合同中载明的租赁物权属状况进行登记，并对登记内容的真实性、完整性、准确性和合法性负责。租赁物名称、型号、唯一识别码等信息应当明确、易于识别。

为保护融资租赁企业商业秘密，系统仅对与租赁物权属关系有关的信息提供公开查询服务，其他涉及企业商业秘密的信息予以保密，不提供公开查询服务。

三、各融资租赁企业在受让物权，办理抵押、质押等业务，特别是开展售后回租业务时，可以登陆全国融资租赁企业管理信息系统对标的物权属状态进行查询，避免产生权属冲突，防止"一物多融"，维护交易安全。

四、其他企业、经济组织和社会公众在受让物权，办理抵押、质押或进行其他物权变动交易时，可以登陆全国融资租赁企业管理信息系统查询已经登记的融资租赁企业名录和租赁物权属状态，防止租赁物恶意转卖，规避交易风险。

五、各省级商务主管部门应高度重视租赁物登记公示工作，及时通知、督促本地区融资租赁企业利用全国融资租赁企业管理信息系统进行租赁物登记公示，依法保护自身合法权益，防范交易风险，维护交易安全。

商务部

2014 年 12 月 4 日

商务部 银监会关于完善融资环境 加强小微商贸流通企业融资服务的指导意见

各省、自治区、直辖市、计划单列市及新疆生产建设兵团商务主管部门、银监局，各商业银行：

为贯彻落实《国务院关于扶持小型微型企业健康发展的意见》（国发〔2014〕52 号）和《国务院办公厅关于促进内贸流通健康发展的若干意见》（国办发〔2014〕51 号）、《国务院办公厅关于金融支持小微企业发展的实施意见》（国办发〔2013〕87 号）精神，深化银商合作，完善小微商贸流通企业融资环境，拓宽小微商贸流通企业融资渠道，缓解小微商贸流通企业融资困难，加大对小微商贸流通企业的支持力度，现提出以下意见。

一、优化创新融资产品的外部环境

（一）加快完善融资政策环境。商务主管部门要会同银行业监管部门研究出台规范开展担保存货管理的政策措施，指导行业组织开展担保存货管理企业的资质评价，引导物流企业和商业银行规范开展担保存货管理业务，防范风险；要会同相关部门加快研究商铺经营权作为权利质押标的物的法律界定，完善知识产权质押登记管理制度，鼓励商业银行与第三方机构建立合作关系，进一步优化质押登记流程，完善质押风险防控机制，促进商铺经营权、知识产权质押融资健康发展。

（二）支持银行创新融资产品。银行业监管部门要鼓励商业银行针对小微商贸流通企业融资需求"短、小、频、急"的特点，以及企业经营资产流动性高、缺少固定资产等抵押物的情况，加大融资产品创新力度，不断开发特色产品，探索推进动产、仓单、应收账款、知识产权、商铺经营权等质押融资。引导商业银行针对小微商贸流通企业融资单体成本高的特点，大力发展供应链融资、商圈融资和企业群融资，降低贷款成本，简化审批手续，扩大放贷金额。

（三）建立市场主体合作机制。商务主管部门要鼓励各行业商协会、市场商圈管理机构，按照"统一组织、批量授信、风险分担"的原则，组织优质小微商贸流通企业，与商业银行建立合作机制；要支持建立第三方信息共享平台，引导全国大型流通企业、电子商务平台企业向商业银行开放必要的经营数据，降低征信成本，大力发展应收账款质押融资；要引导小微商贸流通企业与结算银行建立全面金融服务的长期合作关系，结合企业流动结算资金，发展小额信用融资。

二、发挥其他融资机构的融资补充作用

（一）发挥典当的短期应急融资服务功能。商务主管部门要进一步落实《典当行业监管规定》，推动出台《典当行管理条例》，提高典当行规范服务和风险防范水平，引导典当行加强特色服务和创新服务，满足小微商贸流通企业短期应急资金需求。

（二）发挥融资租赁的设备融资服务功能。银行业监管部门和商务主管部门要支持融资租赁业发展，引导金融租赁公司和融资租赁企业依托适宜的租赁物，加大对小微商贸流通企业的服务力度，鼓励有条件的地区对小微商贸流通企业设备融资租赁业务给予支持，缓解小微商贸流通企业设备投入和技术改造需求。

（三）发挥商业保理的风险转移和融资功能。商务主管部门要加强商业保理行业管理，推动建立健全行业管理机制，引导商业保理机构完善面向小微商贸流通企业的业务渠道、运作模式和管理机制，加快小微商贸流通企业资金周转。

三、完善融资风险防范补偿机制

（一）推动开展信贷风险补偿。商务主管部门要推动各级政府设立信贷风险补偿基金，对商业银行为包括小微商贸流通企业在内的小微企业发放贷款提供风险补偿，促进小微商贸流通企业信用增级，适当提高银行贷款风险容忍度，推广商业银行符合小微商贸流通企业特点的融资服务，提升对小微商贸流通企业的增值服务。

（二）鼓励运用组合融资方式。银行业监管部门要引导商业银行综合考虑经营风险，灵活运用担保融资方式，在加大信用融资等融资业务的同时，鼓励小微商贸流通企业提供必要的资产抵押、仓单质押、应收账款质押、知识产权质押等作为补充担保，建立更为稳健有效的融资服务体系。

（三）健全小微商贸流通企业信用体系。商务主管部门要在统一部署下，按照统一标准，建设以小微商贸流通企业为主的商务领域企业信用信息数据库，并逐步向中介机构、金融机构开放。要发挥中小商贸流通企业公共服务平台作用，推动行业商协会、市场商圈管理机构建立相关企业信用档案，加快形成企业守

信、专业评信、机构增信、银行授信、社会重信的小微商贸流通企业信用体系。

四、发挥公共服务平台促进作用

（一）积极组织银企对接活动。各地中小商贸流通企业公共服务平台要充分发挥资源整合作用，通过组织银企对接活动，将银行、担保、保险、典当、融资租赁、商业保理等机构组织起来，为小微商贸流通企业提供一揽子融资解决方案，拓展企业融资渠道和空间，丰富企业融资途径。

（二）协同开发推广特色融资产品。各地中小商贸流通企业公共服务平台要充分发挥组织协调作用，与金融服务机构区域总部建立战略合作关系，协同开发符合行业特点和企业需求的融资产品，组织相互了解并有融资需要的小微商贸流通企业集中与银行对接，提高授信几率，降低融资成本。

（三）落实配套支持政策。各地中小商贸流通企业公共服务平台要充分发挥密切联系企业的特点，加强对相关政策措施的宣传，帮助小微商贸流通企业了解政策、用好政策。整合利用现有政策措施，调整完善政策支持方向，加大对特色融资产品推广、非银融资服务机构发展、融资风险补偿机制建设、公共服务平台建设运营的支持力度。

各地商务主管部门、银行业监管部门要进一步提高认识，加强与相关部门及各金融服务机构的沟通协调，明确分工，落实责任，形成合力，确保各项措施落实到位，切实优化对小微商贸流通企业的融资服务。

商务部　银监会

2014 年 12 月 9 日

2014 年地方主要文件

（以发布时间为序）

深圳市人民政府关于充分发挥市场决定性作用全面深化金融改革创新的若干意见

深府〔2014〕1 号

各区人民政府，市政府直属各单位：

为深入贯彻落实党的十八届三中全会精神，充分发挥市场决定性作用，主动承担我国金融发展战略的先行引领使命，加快金融市场开放创新，构建市场化国际化金融服务体系，推动深圳金融业新一轮跨越式发展，现就全面深化金融改革创新提出如下意见：

一、指导思想、总体目标和重点领域

（一）指导思想。

紧紧围绕加快科学发展、打造深圳质量，坚持市场决定、创新驱动、开放引领、服务导向原则，以国家战略需要为出发点，以市场化配置金融资源为改革主线，更加注重前瞻性、系统性的金融体制机制创新，更加注重以前海为平台的金融开放合作，更加注重金融与实体产业的良性互动发展，推动若干重点领域和关键环节取得新突破，进一步拓展金融市场广度和深度，不断提升金融服务经济社会发展的能力，持续增强金融业竞争力，加快构建更具市场化、民营化、国际化特色的深圳金融业发展新格局。

（二）总体目标。

立足国际视野，践行国家战略，不断丰富金融中心功能和内涵，加快完善金融市场和组织体系，推动金融资源配置依据市场规则、市场价格、市场竞争实现效益最大化和效率最优化，以制度创新和市场化实践率先为我国金融业改革开放发展探索路径、积累经验，全力打造金融市场化改革的引领区、跨境金融业务的先行区、创新金融业态的集聚区和产融紧密结合的示范区。到 2015 年，进一步强化多层次资本市场和金融创新中心的特色优势，提升全国金融中心城市和人民币跨境流通主要渠道的功能地位，基本建成市场化水平高、开放创新能力强、与实体经济发展相适应的现代金融体系，成为联通香港、辐射亚太的人民币投融资集聚地和全国重要金融创新中心。到 2020 年，率先建立与国际接轨的金融运行规则和制度环境，实现金融运行机制高度市场化和深港金融业务深度同城化，基本建成金融机构聚集、多功能要素市场完备、综合营商环境一流的现代化国际金融中心城市。

（三）重点领域。

跨境金融。充分借助深圳毗邻香港国际金融中心的区位优势，进一步打通本外币、境内外、在岸离岸市场的对接合作路径，持续拓宽跨境资金融通渠道，完善跨境资产交易机制，加快构建境内外投资者共同参与，交易、定价和信息功能较强的跨境金融业务先行区。

民营金融。充分发挥深圳民营经济发达、民间资本充裕的特色，激发多元化市场主体的创新活力，不断拓宽民间资本进入金融领域的通道，推动完善市场化准入机制，鼓励支持民营企业通过多种方式发起或参与设立各类金融机构及新兴业态，加快构建民营金融集聚区。

创新金融。充分依托深圳高新技术产业发达、自主创新能力突出、互联网资源集聚的条件，促进金融与现代信息技术、新兴产业的融合，进一步拓展金融产业链，创新金融产品和服务模式，大力发展科技金融和网络金融，培育衍生金融新业态和新型要素交易平台，加快构建创新金融功能集聚区。

产业金融。充分结合深圳战略性新兴产业、现代服务业和先进制造业等产业发展基础和未来产业（生命健康、航空航天、海洋经济等）的布局规划，围绕重点产业及关键领域强化金融服务功能，逐步健全适应实体领域投融资发展需求的金融支持体系，全面推进多层次资本市场体系建设，实现金融业从单纯资金要素保障向综合金融服务功能转变，加快构建产融良性互动、共生发展的新格局。

民生金融。充分发挥深圳金融在民生保障、公共服务和社会管理中的支撑服务功能，建立健全社区金融服务体系，发展普惠金融，鼓励与居民消费密切相关的金融产品与服务创新，满足广大人民群众对便捷、高效、个性化金融服务的需求，加快构建民生金融示范区。

二、完善金融资产市场化定价基础，提高金融资源配置效率

（四）推动建立市场化的金融机构准入制度。

争取放宽境内外机构设立银行、证券、保险、基金等各类金融机构的股东资质、持股比例、业务范围等限制。探索对外商投资实行准入前国民待遇加负面清单的管理模式。支持国有资本、集体资本、民营资本等各类资本在金融领域的创

新合作，发展混合所有制金融组织体系。支持符合条件的外资银行在前海设立子行、分行、专营机构和中外合资银行，支持设立在前海的外资银行支行升格为分行。争取适当缩短深圳外资银行代表处升格为分行和外资银行分行从事人民币业务的年限要求。鼓励证券、基金、期货公司设立专业子公司和创新型机构，支持保险公司、保险资产管理公司及再保险公司、自保公司等加快布局，促进更多海内外金融机构在深圳集聚。

（五）引导更多民间资本进入金融领域。

支持民间资本按“权利平等、机会平等、规则平等”原则加快进入金融领域，着力培育一批民营金融领军企业。支持符合条件的民营企业发起设立民营银行、证券基金期货类机构、专业性保险机构、金融租赁公司、消费金融公司、汽车金融公司及其他有利于增强市场功能的新型金融业态。鼓励民间资本参与金融机构改革，通过并购重组、增资扩股等方式控股或参股商业银行、证券公司、保险公司、基金管理公司等传统金融企业。鼓励小额贷款公司、融资性担保公司通过上市规范发展，支持设立小额再贷款公司、行业互助性融资担保机构。支持民间资本发起或参与设立创投基金、私募股权基金、产业基金等。

（六）率先承担汇率利率市场化改革任务。

积极争取上级监管部门支持，推动完善人民币汇率市场化形成机制，丰富外汇产品，拓展外汇市场的广度和深度。鼓励更多银行业机构参与贷款基础利率集中报价，探索同业存单发行与交易新机制，推动小额外币存款及人民币存款利率上限逐步放开，扩大金融机构负债产品市场化定价范围，实现金融机构资产方价格市场化定价。创新保险资金运用方式，积极探索保险资金进入商业贷款领域试点。加快推进寿险预定利率市场化和商业车险定价机制改革。

（七）全面强化多层次资本市场功能。

强化深圳证券交易所主板和中小板市场的融资功能，完善创业板市场化运行机制，配合开展以信息披露为核心的股票发行注册制改革。支持符合条件的深圳企业在全国中小企业股份转让系统挂牌。探索非上市公司的柜台和场外交易，支持前海股权交易中心拓宽展示、融资、培育等功能。推动建立区域性股权交易市场与全国中小企业股份转让系统和沪深交易所的转板机制，全面构建满足各阶段、各类型、各种需求的企业上市融资服务体系。建立健全市场化的再融资和并购重组制度，支持有条件的企业利用优先股等工具实现战略发展规划。

（八）创新发展各类新型要素交易平台。

引导金融资产、石油化工、保险产品、文化产权、农产品等要素交易平台通过引进战略投资者、创新业务产品等方式进一步做大做强，推动稀贵金属、珠宝、电子商品、租赁资产、航空航运、社会资本和慈善公益资产等新型要素平台组建运行。探索组建跨境资产托管结算平台和资产证券化产品交易场所，争取设立金融指数期货及衍生品交易平台，推动建立农产品、电子产品、珠宝等指数交易平台。规范发展贷款转让市场，积极发展票据市场，探索建立信托受益权转让市场。推动深圳黄金场外交易市场建设，支持黄金、白银等贵金属及商品期货交割仓库设立运行。

（九）积极拓展创新性金融产品。

支持深圳证券交易所挂牌交易国内跨市场交易所交易基金（ETF）和基于国际指数、债券等的 ETF 产品。推动企业（公司）债、中期票据、短期融资券、集合票据、集优债等品种加快发展。支持推出项目收益债券、私募融资工具等新型债券品种和小贷债、信用债等固定收益品种。积极开展房地产信托投资基金（REITs）、住房抵押贷款支持证券、老年人住房反向抵押养老保险、汽车消费贷款支持证券和慈善公益信托等创新产品试点。加快推出以汇率、利率、股票、债券等为基础的金融衍生产品。大力发展医疗责任险、食品安全责任险、电梯安全责任险等责任保险。率先建立巨灾保险制度，完善保险经济补偿机制。

（十）加快推进资产证券化创新试点。

通过银行信贷资产证券化"信托＋专项计划"双 SPV（特殊目的公司）结构，实现信贷资产从银行间债券市场进入交易所市场。争取资产证券化专项试点额度，探索引入公开发行、集中交易制度，将资产证券化产品纳入常规固定收益类产品管理。探索公共基础设施收益权、信托产品受益权、小额贷款资产、公益项目资产等特定种类的资产证券化。探索推出土地信托，促进集体经营性建设用地等生产要素的市场化流转。规范无形资产保护、评估、质押、登记、流转和托管的管理办法，开展知识产权和版权等资产证券化试点。积极探索巨灾保险产品、碳排放权产品证券化，研究推出巨灾债券、碳债券等创新型债权类产品。

三、提高金融市场开放程度，加速构建跨境资本自由流动机制

（十一）深化深港两地金融合作。

推动建立深港两地常态化协调工作机制，探索编制深港金融合作长效性框架方案或工作规划，全方位深化两地在金融市场、机构、人才等领域的合作。支持香港人民币离岸中心建设，增加境外人民币流通规模、留存数量和可接受度。争取进一步放宽香港各类金融企业到前海设立机构和开展业务的准入要求，加快组建两地合资的全牌照证券公司，探索两地创新型要素市场合作发展的新模式。尝试两地金融产品的互认买卖和金融从业资格互认。探索建立"深港交易通"系统，通过联网交易等方式加速两地证券市场融合。大力推动深圳企业和金融机构

到香港发行人民币债券，支持更多深圳企业到香港上市。探索香港保险机构在深圳服务内地居民的可行路径，通过跨境再保、分保等渠道引导香港人民币保险资金参与前海开发建设。率先构建具有中国特色、符合国际惯例的金融运行规则和制度体系，提升深圳金融国际化水平。

（十二）推动跨境人民币业务创新。

加快推动人民币信贷资产跨境转让、跨国公司人民币资金池、第三方支付机构跨境电子商务等业务创新，支持符合条件的企业集团开展双向人民币资金池业务试点。争取率先开展个人跨境人民币结算试点，便利人民币通过个人渠道跨境流动。全面拓宽参与跨境人民币贷款业务的企业类型、贷款用途和境外主体范围，继续推动境外项目人民币贷款业务创新，率先探索跨境电子商务出口企业人民币货款回流。扩大深圳保险机构跨境人民币再保险业务规模，探索放开保险资产管理机构赴港发行设立人民币投资基金。充分发挥深圳金融结算系统作用，完善人民币跨境使用的系统支撑。

（十三）加快离岸金融业务创新。

探索在前海建立本外币在岸、离岸账户，实现分账核算管理，离岸账户与境内在岸账户之间产生的资金流动视同跨境业务管理，离岸账户与境外账户、境内非居民账户和其他离岸账户之间的资金可自由划转。支持银行业机构开展离岸业务，支持有离岸经营资格的银行在前海设立离岸分部，直接办理非居民人民币业务。鼓励在前海发展离岸保险、离岸基金等业务。

（十四）推进外汇管理改革创新。

争取上级监管部门支持，推动将直接投资项下外汇登记及变更登记下放银行办理，适时开展外商投资企业资本金意愿结汇试点。在前海探索资本项下外汇额度管理创新，尝试对跨境流动资金实施轧差管理。创新现行企业外债管理模式，鼓励跨国公司设立全球性或区域性资金管理中心，深化跨国公司总部外汇资金集中运营管理试点。争取在前海开展人民币国际贸易结算中心外汇管理试点。争取尽快开展个人境外直接投资试点，推动前海合格境内投资者境外投资试点工作，开展包括直接投资、证券投资、衍生品投资等各类境外投资业务。积极研究基金产品、私募股权产品、信托产品等金融资产的跨境交易，扩大资本项下资金境内外投资的广度和深度。

（十五）构建前海国家级金融开放创新平台。

尽快落实国务院批复前海开发开放的系列政策，全力支持前海创造性地承担建设国家金融业对外开放试验示范窗口的战略使命，勇于担当新时期突破性改革重任。积极争取国家各项重大改革创新政策率先在前海探索实施。争取在前海实现跨境直接投资按规定与前置核准脱钩，推动跨境信贷、发债、投资等主要资本项目领域的全面开放。依托前海全面深化深港合作，加大对台湾、澳门以及东盟、亚太等地区的开放与合作力度。建立境内外金融机构落户的投资发展平台，全力打造人民币投融资枢纽、新型财富管理中心和国际再保险交易中心，吸引境内外各类金融机构集聚发展，支持前海建设国际一流的金融特色功能区。

四、拓宽产融结合新路径，实现金融与实体经济的有效对接

（十六）加快科技金融服务体系建设。

加强科技金融专营机构建设，争取设立专业化的中小企业发展银行、科技银行，推动各商业银行设立支持中小企业发展的科技支行。探索开展高新技术企业风险信贷，引导金融机构开展知识产权质押贷款、股权质押贷款等业务，积极争取开展信贷债权转股权试点。支持金融机构发行面向社会投资人的高新技术企业定向资产管理、信托、集合理财计划等产品，促进民间资本支持高新技术企业发展。完善科技金融联盟功能，支持金融机构与创业投资、产业投资基金等实现投贷联动。创新知识产权交易模式，加快建设知识产权交易市场。大力发展科技保险，完善高科技企业风险分担机制。

（十七）规范互联网金融发展。

出台专项政策，统筹规划互联网金融孵化基地和产业园，加大对网络第三方支付和众筹等互联网金融业态的支持力度，争取设立互联网银行、互联网证券公司和互联网保险公司，加快培育互联网金融龙头企业。通过探索第三方资金托管等模式，建立互联网金融行业管理规范。成立互联网金融行业自律组织，打造具有国际影响力的互联网金融论坛，推动行业健康发展。引导金融机构与互联网企业的深度合作，构建深圳互联网金融产业链联盟，加快形成传统金融与创新金融互补发展的良性格局。支持设立提供数据存储及备份、云计算共享服务、大数据挖掘和服务、销售结算服务的机构，完善互联网金融的配套支持体系。

（十八）推进金融支持实体经济。

推动金融业加大对战略性新兴产业、现代服务业和未来产业的支持力度，优先保障重点工程和创新项目等资金需求。鼓励设立产业并购基金，支持企业通过产业并购实现转型升级。推动开发供应链金融、航运金融、贸易融资、订单质押等创新金融产品和业务。支持发展消费金融和汽车金融，促进消费升级。加强对各类投融资平台的风险控制，引导其更好服务地方经济社会发展。加快推进市级保障房投融资平台建设，缓解保障性住房建设的资金难题。引导金融机构加大对教育、医疗卫生、养老、慈善公益事业等领域的金融支持力度。鼓励保险机构参与社会养老产业发展，积极争取个人延税型养老保险试点。鼓励发展绿色信贷，建立健全碳排放交易市场功能和环境污染责任保险等制度。扶持更多的低碳环保企业上市，构建绿色金融服务体系。

（十九）完善社区金融服务体系。

强化社区金融服务，支持广泛设立社区金融服务网点，鼓励在特定社区内设立独立运营且主要为社区小微企业、居民、商户提供个性化金融服务的社区银行，重点支持创业带动就业项目。支持专业市场运营机构、产业链核心企业、行业协会和商会等依托自身资源，发展特色小微金融服务机构。支持小额贷款公司通过同业拆借、资产证券化等方式拓宽融资渠道，创新服务模式。鼓励商业银行开展适合小微企业融资特点的应收账款质押贷款、租金收入质押贷款、小额循环贷款和无抵押贷款等业务。大力推动实施中小企业贷款联保增信计划，建立中小企业贷款联保增信平台。支持金融机构发行小微企业专项金融债，积极发展小微企业贷款保证保险和信用保险。

（二十）扶持融资租赁产业发展。

鼓励设立融资租赁公司和金融租赁公司，支持融资租赁公司、金融租赁公司在前海设立单机、单船、大型设备等项目子公司和功能创新平台公司，开展航空器（材）、船舶和大型设备租赁业务。支持融资租赁产业通过跨境人民币贷款、股权融资、债权融资等方式拓宽融资渠道。推动融资租赁业务创新试点，建立融资租赁资产交易平台，鼓励开发覆盖债权与股权、场内与场外、标准与非标准融资租赁产品，大力发展融资租赁资产交易市场。

（二十一）打造国际财富管理中心。

进一步深化外资股权投资创新试点，积极探索外资股权投资企业在资本金结汇、投资、基金管理等方面的新模式。大力发展私募股权基金、风险投资基金、天使基金、并购基金、对冲基金等机构，积极吸引全球主权财富基金、养老基金、捐赠基金等以深圳为中心投资布局。利用特区立法权，探索在前海建立保护投资者利益的国际通行保密制度。探索家族信托和慈善公益信托运行模式，支持财富传承和公益事业发展。鼓励发展高端理财业务，推动构建包括投资基金、银行理财产品、信托计划、专项资产管理计划、债权投资计划、第三方财富管理等多元产品的"大资产管理"格局。

（二十二）大力发展金融服务外包。

加快建设有助于金融服务外包产业发展的基础设施、投资环境和公共信息服务平台。鼓励金融机构开发适合金融服务外包产业特点的创新金融产品，加大对金融服务外包企业的金融支持。大力发展商业保理业务，鼓励港澳服务提供者以中外合资经营企业、中外合作经营企业或者外资企业形式，设立外商投资商业保理企业。研究推出商业保理公司外部融资、风险分担等方面的创新政策，鼓励开展调查、催收、管理、结算、融资、担保等一系列综合业务，尽快形成市场完善、功能齐全、服务高效的商业保理服务体系。

五、建立健全金融监管创新和协同工作机制，营造国际一流的金融发展环境

（二十三）加强组织领导。

成立深圳市金融改革创新工作领导小组，市政府主要领导任组长，驻深金融监管机构和各相关部门参加，建立健全跨行业、跨部门的联动工作机制，加强统筹协调、整体推进和监督落实，协调重大金融项目和改革创新政策落地实施，监控创新业务风险，处置区域性金融风险事件。

（二十四）推动监管创新。

探索金融监管权限下移，减少审批层级，积极争取上级监管部门将部分机构准入、业务创新、产品审查、高管核准等职能授权深圳属地监管部门，实施靠前监管。争取率先在深圳开展保险法人机构属地化监管试点。探索金融混业监管的可行路径，争取在前海推动设立专门监管机构并率先实现金融混业监管。逐步理顺地方金融事权，探索完善地方政府对创新金融的监管服务模式，明确地方金融监管协调功能，充实加强工作力量。

（二十五）集聚金融人才。

启动实施国际金融人才战略，推动建立市区联动的金融人才支持体系，加大金融行业人才安居支持力度，培养和引进一批具有全球视野和创新意识的高端金融人才。整合高校、科研院所和金融机构资源，加快建设与国际接轨的金融创新人才培训基地。鼓励各金融机构、研究机构设立金融博士后工作站。探索设立金融特色学院，组建金融创新研究智囊机构，打造有影响力的金融智库。推动建立中央金融监管部门、大型金融机构与地方政府干部双向挂职交流常态机制。

（二十六）优化发展环境。

充分发挥产业政策的激励作用，鼓励各区设立金融工作部门，采取个性化措施支持辖区金融产业发展。探索组建金融控股平台，孵化培育各类创新型金融机构，配合推进地方金融产业规划实施。进一步优化金融产业空间布局，满足金融产业用地需求。打造知名财经媒体品牌，创办具有国际影响力的高端金融论坛。

（二十七）完善社会信用体系。

以征信系统建设为切入点，加强部门信息互通共享、信用披露和信用分类评级等工作，健全信用信息查询和应用制度，加快推进信用信息有序规范开放，强化失信惩戒制度。鼓励各类社会资本发起设立新型征信机构，培育发展信用服务市场。规范发展信用评级市场，建立和扶持一批企业信用评级机构。规范发展适应金融改革发展需要的会计、审计、法律、资产评估、资信评级的中介体系。

（二十八）健全金融风险防控机制。

加强地方政府与金融监管部门工作协调，加快构建部门联动、综合监控、分级管理的金融风险防范处置工作体系。鼓励发挥金融领域专业纠纷调解机构的作用，支持投资者通过调解、仲裁以及民事诉讼等方式维护合法权益。推动加快行业自律组织建设，强化行业自律监督和规范发展。深入开展金融法制宣传，加强投资者教育和消费者权益保护，推进将投资者教育纳入国民教育体系试点工作。完善金融执法体系，严厉打击非法集资、非法证券、内幕交易、非法外汇、非法支付结算等各类非法金融活动，严守不发生系统性、区域性金融风险底线，努力构建金融安全区。

各区（新区）、各部门要高度重视金融业在全市经济社会发展中的战略支柱作用，将金融改革创新的各项任务纳入责任目标，落实责任，积极主动提供政策支持与服务，全力为金融业改革创新发展创造良好环境。市金融工作部门要会同驻深金融监管机构，抓紧制定相关工作方案和实施细则，积极争取上级监管部门支持，全力推动各项政策措施加快落实，不断增创新时期深圳经济特区金融业改革创新发展新优势。

深圳市人民政府

2014 年 1 月 6 日

天津市高级人民法院关于审理动产权属争议案件涉及登记公示问题的指导意见（试行）

津高法发〔2014〕1 号

  为了平等保护合同当事人的合法权益，维护交易秩序，推动社会诚信体系的建立完善，在审理动产权属争议案件中，正确适用法律妥善解决纠纷，根据《中华人民共和国物权法》、《中华人民共和国合同法》、《中华人民共和国担保法》、《中华人民共和国商业银行法》，结合中国人民银行《应收账款质押登记办法》（中国人民银行令【2007】第 4 号）、津高法【2011】288 号《天津市高级人民法院关于审理融资租赁物权属争议案件的指导意见》（试行）和天津市人民政府办公厅津政办发【2013】21 号《天津市人民政府办公厅关于转发市金融办人民银行天津分行拟定的天津市动产权属登记公示查询办法（试行）的通知》相关精神与审判实际，制定本指导意见。

  第一条 【定义】本意见所称信贷征信机构是指中国人民银行征信中心，登记机构是指中国人民银行批准设立的动产融资登记服务机构。

  第二条 【应收账款质押登记】信贷征信机构为应收账款质押法定登记机关。当事人约定以应收账款出质的，应当依法在信贷征信机构办理出质登记，信贷征信机构出具的权利登记凭证具有权属证明的法律效力。

  有关权利人、利害关系人通过信贷征信机构查询应收账款质押信息，所取得的查询证明，人民法院应予以确认。

  第三条 【融资租赁登记】融资租赁交易的出租人以信贷征信机构出具的权利登记凭证，证明其已完成融资租赁物权属登记公示；相关权利人、利害关系人以信贷征信机构出具的查询证明，证明其在受让该租赁物或以租赁物设定抵押权、质权等权利时，已尽到审慎注意义务的，人民法院应依据《天津市高级人民法院关于审理融资租赁物权属争议案件的指导意见（试行）》的相关规定，依法予以确认。

  第四条 【委托公示】法定登记机关依据《天津市动产权属登记公示查询办法（试行）》第三章规定委托登记机构对动产抵押、权利质押信息公示的，当事人签订抵押、质押合同后应依法向法定登记机关办理登记。人民法院依照相关法律规定对登记行为的效力予以确认。

第五条 【查询证明效力】登记机构接受委托对登记信息予以公示的，登记机构的公示行为具有法律效力。相关权利人、利害关系人以登记机构出具的查询证明，证明动产抵押、权利质押权属状况的，人民法院应予以确认。

如果法定登记机关登记的原始信息与登记机构公示的信息不一致的，应以法定登记机关记载为准。

第六条 【委托登记】法定登记机关依据《天津市动产权属登记公示查询办法（试行）》第四章委托登记机构受理当事人申请办理登记并公示的，该委托行为所产生的法律后果应由法定登记机关承担。

第七条 【自愿登记】法律、行政法规未规定动产权属法定登记机关的，当事人可自愿到登记机构申请办理登记，该登记行为对双方当事人具有约束力。

第八条 【适用范围】本意见在天津市辖区范围内试行。

本意见施行后，出现新的法律、行政法规和司法解释与本意见不一致时，按照法律、行政法规和司法解释执行。

本意见自下发之日起施行。

天津市高级人民法院

2014 年 1 月 9 日

关于印发《关于推进前海湾保税港区开展融资租赁业务的试点意见》的通知

深府金发〔2014〕3号

各有关单位:

经市政府同意,现将《关于推进深圳前海湾保税港区开展融资租赁业务的试点意见》印发你们,请遵照执行。

特此通知。

附件:《关于推进深圳前海湾保税港区开展融资租赁业务的试点意见》

深圳市金融办

深圳市经贸信息委

深圳市人民政府金融发展服务办公室

2014年1月16日

附件

关于推进深圳前海湾保税港区开展融资租赁业务的试点意见

根据《前海深港现代服务业合作区总体发展规划》中"支持设立融资租赁公司、汽车金融公司、消费金融公司以及小额贷款公司等有利于增强市场功能的机构"的有关精神,落实《国务院关于支持深圳前海深港现代服务业合作区开发开放有关政策的批复》(国函〔2012〕58号)中"支持前海试点设立各类有利于增强市场功能的创新型金融机构,探索推动新型要素交易平台建设,支持前海开展以服务实体经济为重点的金融体制机制改革和业务模式创新"的相关内容,支持深圳前海湾保税港区探索融资租赁业务创新试点,现提出本市支持前海开展融资租赁业务试点意见如下:

一、市场准入方面

（一）允许金融租赁公司、外商投资融资租赁公司、内资试点融资租赁公司在前海湾保税港区设立租赁项目子公司并开展融资租赁业务（含融资性租赁和经营性租赁），并按一般公司设立流程在市场监督管理局办理登记注册手续，不设最低注册资本金限制。

二、海关政策方面

（二）认定注册地址在前海湾保税港区红线范围内的融资租赁公司或租赁项目子公司为前海湾保税港区内企业，享受保税港区政策。

（三）允许注册在前海湾保税港区的融资租赁公司或租赁项目子公司，进口空载总量 25 吨以上的客货运飞机，并租给境内航空公司时，可参照《海关总署关于加强对国内航空公司进口飞机减免税管理的通知》（署税发〔2011〕88 号）规定，选择由融资租赁公司与境内航空公司共同向海关出具承诺保证书的方式提供担保。

（四）对注册在前海湾保税港区的融资租赁公司或租赁项目子公司，经国家有关部门批准从境外购买并租赁给国内航空公司使用的空载总量 25 吨以上的客货运飞机，其承租人可以采取航空公司报关、租赁公司报备的方式享受国家相关规定的优惠税率。

（五）允许注册在前海湾保税港区的融资租赁公司以及租赁项目子公司，从境外购入飞机、船舶或大型设备实行保税监管，并办理有关进境备案手续，租赁给境内区外企业时，由境内承租人按照租赁方式分期缴纳进口关税和进口环节增值税。允许选择由融资租赁公司与境内承租人共同向海关出具承诺保证书的方式提供税款担保。

（六）在深圳宝安国际机场划定临时飞机跑道和专用区域，用于为以租赁方式进口的飞机办理入境手续及停靠。

三、跨境融资政策方面

（七）支持并协助注册在前海的融资租赁公司或租赁项目子公司，在能够提供完备的购买飞机、船舶或大型设备的交易材料，证明业务具有真实性背景的前提下，向国家有关部门申请，通过债权、股权等方式引入跨境外币资金。

（八）支持注册在前海的融资租赁公司或租赁项目子公司，从香港经营人民币业务的金融机构引入跨境人民币资金，拓宽其融资渠道。

备注：文中所称"租赁项目子公司"，指的是融资租赁公司为隔离风险而设立的飞机、船舶、大型设备等 SPV（特殊目的公司）。

中国（上海）自由贸易试验区商业
保理业务管理暂行办法

中（沪）自贸管〔2014〕26号

第一章 总则

第一条 为鼓励和促进中国（上海）自由贸易试验区（以下称"自贸试验区"）商业保理业务的健康发展，扩大自贸试验区内信用服务业对外开放，防范信用风险，规范经营行为，根据《国务院关于印发中国（上海）自由贸易试验区总体方案的通知》（国发〔2013〕38号）、《商务部关于商业保理试点有关工作的通知》（商资函〔2012〕419号）、《商务部关于商业保理试点实施方案的复函》（商资函〔2012〕919号）、《商务部办公厅关于做好商业保理行业管理工作的通知》（商办秩函〔2013〕718号）、《中国（上海）自由贸易试验区管理办法》、《中国（上海）自由贸易试验区外商投资企业备案管理办法》、《中国（上海）自由贸易试验区外商投资准入特别管理措施（负面清单）（2013年）》和相关法律法规的相关规定，制定本办法。

第二条 本办法所称的商业保理业务是指供应商与保理商通过签订保理协议，供应商将现在或将来的应收账款转让给保理商，从而获取融资，或获得保理商提供的分户账管理、账款催收、坏账担保等服务。

商业保理业务是指非银行机构从事的保理业务。

第三条 本办法所称从事商业保理业务的企业，是指在自贸试验区内设立的内外资商业保理企业和兼营与主营业务有关的商业保理业务的内外资融资租赁公司。金融租赁公司从事商业保理业务按金融行业主管部门要求执行。

中国（上海）自由贸易试验区管理委员会（以下简称"自贸试验区管委会"）是自贸试验区商业保理行业主管部门。

第四条 商业保理企业应当符合下列条件：

（一）企业投资者应具有经营商业保理业务或相关行业的经历。

（二）企业的投资者应具备开展保理业务相应的资产规模和资金实力，有健全的公司治理结构和完善的风险内控制度，近期没有违规处罚记录。

（三）企业在申请设立时，应当拥有两名以上具有金融领域管理经验且无不良信用记录的高级管理人员。

（四）企业应当以公司形式设立。注册资本不低于 5000 万元人民币，且全部以货币形式出资。

（五）有完善的内部控制制度，包括但不限于风险评估、业务流程操作、监控等制度。

（六）兼营商业保理业务的融资租赁公司除满足上述条件外，还需符合融资租赁公司设立的规定。

第五条 从事商业保理业务的企业可以开展以下业务：

（一）进出口保理业务；

（二）国内及离岸保理业务；

（三）与商业保理相关的咨询服务；

（四）经许可的其他相关业务。

融资租赁公司可申请兼营与主营业务有关的商业保理业务，即与租赁物及租赁客户有关的上述业务。

第六条 从事商业保理业务的企业不得从事下列活动：

（一）吸收存款；

（二）发放贷款或受托发放贷款；

（三）专门从事或受托开展与商业保理无关的催收业务、讨债业务；

（四）受托投资；

（五）国家规定不得从事的其他活动。

第二章　设立与变更

第七条 从事商业保理业务的企业的设立或变更按以下程序办理：

（一）新设从事商业保理业务的内资保理公司、已设立的内资融资租赁公司申请兼营与主营业务有关的商业保理业务的，向自贸试验区工商分局提出申请，自贸试验区工商分局征询自贸试验区管委会意见后办理注册登记手续。

（二）新设从事商业保理业务的外资保理公司，先向自贸试验区管委会提出申请，在取得自贸试验区管委会出具的备案证明后，到自贸试验区工商分局办理注册登记手续。

（三）新设及已设外资融资租赁公司申请兼营与主营业务有关的商业保理业务的，向自贸试验区管委会提出申请，由自贸试验区管委会出具批准文件，企业凭批准文件及批准证书向工商部门办理注册登记手续。

第八条　设立从事商业保理业务的企业，除提交法定申请材料之外，还应提交以下材料：

（一）风险评估、监控等风险控制制度规定；

（二）经营商业保理业务或相关行业经历的证明材料；

（三）管理人员及风险控制部门人员资历证明；

（四）投资各方经会计师事务所审计的最近一年的审计报告。

第九条　除融资租赁公司兼营与主营业务有关的商业保理业务以外的商业保理公司应当在名称中加注"商业保理"字样。

第三章　资金管理

第十条　从事商业保理业务的企业可以通过银行和非银行金融机构和股东借款、发行债券、再保理等合法渠道融资，融资来源必须符合国家相关法律、法规的规定。

为防范风险，保障经营安全，从事商业保理业务企业应做好信用风险管理平台开发工作，企业风险资产一般不得超过净资产总额的 10 倍。风险资产按企业的总资产减去现金、银行存款、国债后的剩余资产总额确定。

第十一条　从事商业保理业务的企业须在中国人民银行征信中心应收账款质押登记公示系统进行网上注册，在经营过程中须将每笔受让的应收账款在该系统中登记，并取得初始登记凭证。如发生应收账款登记变更、注销情况后，商业保理企业应及时在该系统中登记，并取得变更、注销登记凭证。

第十二条　从事商业保理业务的企业应当委托自贸试验区内已加入国际性保理企业组织的银行作为存管银行，并在该银行开设商业保理运营资金的专用账户。从事商业保理业务的企业只能使用专用账户开展日常的商业保理业务。

专用账户内资金使用范围和要求待自贸试验区相关改革措施明确后再行调整或补充。

第十三条　从事商业保理业务的企业应当与存管银行签订资金管理协议，明确双方的权利、义务和责任。

从事商业保理业务的企业应当在协议签署后的 5 个工作日内向自贸试验区管委会报送协议副本、基本账户和专用账户的信息资料。

存管银行应将相关存管制度报送自贸试验区管委会，并按规定对从事商业保理业务企业的资金账户和账户内资金使用情况实施管理。

第十四条　存管银行应指定专人负责商业保理企业专用账户的资金管理与支付结算、审核资料等具体工作；建立商业保理企业融资、放款、还款等资金进出台账，并与商业保理企业定期核对。

存管银行可以向商业保理企业收取管理费用，收费标准由存管银行与商业保理企业自行约定，但不得违反国家相关规定。

<h2 align="center">第四章　经营监管与风险防范</h2>

第十五条　从事商业保理的企业必须按规定登录商务部商业保理业务信息系统进行信息填报，填报内容包括公司注册信息、高管人员资质、财务状况、业务开展情况、内部管理制度建设情况等。新注册企业应于成立后 10 个工作日内完成基本信息填报，之后应于每月、每季度结束后 15 个工作日内完成上一月度、季度业务信息填报。信息填报情况将作为商业保理公司合规考核的重要指标。

从事商业保理的企业需做好重大事项报告工作，于下述事项发生后 5 个工作日内，登录信息系统向行业主管部门报告，并配合行业主管部门实施监督检查：

（一）持股比例超过 5% 的主要股东变动；

（二）单笔金额超过净资产 5% 的重大关联交易；

（三）单笔金额超过净资产 10% 的重大债务；

（四）单笔金额超过净资产 20% 的或有负债；

（五）超过净资产 10% 的重大损失或赔偿责任；

（六）董事长、总经理等高管人员变动；

（七）减资、合并、分立、解散及申请破产；

（八）重大待决诉讼、仲裁。

第十六条　从事商业保理的企业应当建立有效的法人治理结构，健全内控机制，依法合规经营，有效防范风险，切实做到自主经营、自我约束、自负盈亏、自担风险。

第十七条　从事商业保理的企业受让的应收账款必须是在正常付款期内。原则上不能受让的应收账款包括：

（一）违反国家法律法规，无权经营而导致无效的应收账款；

（二）正在发生贸易纠纷的应收账款；

（三）约定销售不成即可退货而形成的应收账款；

（四）保证金类的应收账款；

（五）可能发生债务抵消的应收账款；

（六）已经转让或设定担保的应收账款；

（七）被第三方主张代位权的应收账款；

（八）法律法规规定或当事人约定不得转让的应收账款；

（九）被采取法律强制措施的应收账款；

（十）可能存在其他权利瑕疵的应收账款。

第十八条 从事商业保理的企业在经营中不符合规定的，应责令改正；情节严重，由相关部门依法进行处罚；构成犯罪的，依法追究刑事责任。

第十九条 自贸试验区管委会负责对区内从事商业保理业务企业的管理和监督，并对企业的制度建设、内控机制、合规经营、融资管理、账户设置等情况进行定期或不定期现场检查和非现场检查。

根据监管需要，自贸试验区管委会有权要求企业提供专项资料，或约见其董事、监事、高级管理人员进行监管谈话，要求其就有关情况、问题进行说明并作整改。

存管银行应监督企业资金运作，发现违反国家法律法规或存管协议的，不予执行并立即向自贸试验区管委会报告。

第五章 附则

第二十条 本办法实施过程中如遇国家和上海市颁布新规定，按新规定再行调整。

第二十一条 本办法自发布之日起实施，有效期 2 年。

广州市人民政府办公厅印发《关于促进广州市服务业新业态发展若干措施》的通知

穗府办〔2014〕7号

各区、县级市人民政府，市政府各部门、各直属机构：

《关于促进广州市服务业新业态发展的若干措施》已经市政府14届101次常务会议审议通过，现印发给你们，请认真贯彻执行。执行中遇到问题，请径向市发展改革委反映。

广州市人民政府办公厅
2014年2月20日

关于促进广州市服务业新业态发展的若干措施

为贯彻落实市委、市政府关于推进新型城市化发展、建设创新型城市、鼓励全民创业的决策部署，推动我市产业结构优化升级，现结合实际，提出加快发展服务业新业态措施如下：

一、重点领域和发展方向

（一）健康服务业。加快落实《国务院关于促进健康服务业发展的若干意见》（国发〔2013〕40号），鼓励社会资本大力发展医疗服务、健康管理、健康保险以及相关服务。支持各类社会资本举办非营利医疗机构，落实非营利性医疗机构税收优惠政策，落实民办非营利性机构享受与同行业公办机构同等待遇。落实对社会办医疗机构在社保定点、专科建设、职称评定、等级评审、技术准入等方面与公立医疗机构同等待遇的政策。支持各类市场主体从事家庭服务业，鼓励发展家政服务、养老服务、社区照料服务、病患陪护服务等业态。依法放宽外商投资家庭服务业出资数额和出资方式限制，支持社会力量参与公办养老服务设施的运营。（牵头单位：市发展改革委，配合单位：市卫生局、人力资源和社会保障局、外经贸局、民政局）

（二）互联网金融服务业。出台互联网金融发展规划和扶持政策。支持新设立或新迁入的基于互联网的第三方支付机构、网络信贷、金融电商、商业保理、互联网金融门户等互联网金融机构，以及具有互联网金融交易的要素机构在穗发展。加快建设互联网金融功能区。以天河中央商务区、广州国际金融城、广州开发区为重点，加快建设国家科技金融功能区，打造互联网金融中心。加快建设互联网金融产业园和基地。拓展互联网金融发展空间，形成互联网金融产业聚集态势。鼓励和推动传统金融机构通过互联网金融转型升级。鼓励互联网金融机构对中小微企业开展融资支持。加强对互联网金融企业的规范和管理。（牵头单位：市金融办，配合单位：市发展改革委、经贸委、科技和信息化局、外经贸局）

（三）产业设计服务业。发展以产品设计、平面设计、时尚设计、建筑设计、系统设计、创意设计为主的产业设计服务，鼓励"设计＋品牌"、"设计＋科技"、"设计＋文化"等商业模式和新业态发展。突出研发设计服务对提升产业创新能力的关键作用，鼓励研发设计机构由提供单一设计服务向提供综合性解决方案延伸。建立支持产业结构调整的研发设计服务体系。鼓励动车、汽车制造等优势制造业企业将设计服务分离出来，向专业化方向发展，并向智能设计、品牌设计等高端领域延伸。发挥广州国际设计周在凝聚整合国际设计资源中的作用，搭建设计企业与产业对接的桥梁。建立国际资源支撑体系和开放式公共服务平台，提升我市研发设计产业联盟服务水平。（牵头单位：市经贸委，配合单位：市发展改革委、科技和信息化局）

（四）软件和信息技术服务业。依托广州超级计算机中心，加快建设广州城市大数据信息资源库，培育咨询、云计算、物联网和移动互联网等信息服务。大力推进移动互联网与传统行业融合，打造食品、餐饮、娱乐、航空、汽车、金融、家电等传统行业、物流行业、企业的移动互联网推广服务平台。加快提升移动游戏、移动广告、移动电子商务、移动视频等业务模式流量变现能力，推动移动增值业务的发展。推进不同品牌、类型的移动终端互联互通，大力发展移动互联网大数据挖掘，促进信息消费服务。推动电子信息产业制造企业由单纯提供产品向提供综合解决方案和信息服务转变。积极推进移动互联网产业基地和移动互联网应用研究院建设。（牵头单位：市科技和信息化局，配合单位：市发展改革委、经贸委）

（五）现代物流服务业。推广应用智能化管理、电子结算等物流系统技术，大力推进物流公共信息服务平台建设，大力发展现代仓储业、城市配送和第三方物流，完善航运要素交易和港口散货交易等服务功能。制定农产品冷链物流发展规划，建立以加工企业为核心、产供销一体化的农产品冷链物流体系，以物流配送中心为核心，发展区域内农产品短途冷链物流体系，利用第三方物流发展跨区域的农产品长途冷链物流体系。加快推进冷链物流基地建设，依托骨干农产品批发市场改造建设一批冷链物流基地，推进农超对接，鼓励大型零售企业建设冷链物流基地。对冷链物流企业的基础设施建设、标准化建设、技术应用、市场经营给予政策支持。（牵头单位：市经贸委，配合单位：市发展改革委、交委、农业局）

（六）电子商务服务业。大力推进国家电子商务示范城市建设，着力完善电子商务交易、市场信息规范管理与监测环境，培育电子商务经营主体和平台，加快电子商务产业集聚区和电子商务物流基地建设，构建电子商务物流体系。推进电子商务领域电子发票试点工作，逐步推动电子发票应用。大力发展移动电子商务，完善电子商务公共服务支撑体系，推进电子商务诚信环境建设，加快制定电子商务服务标准及服务商规范标准。大力推进跨境贸易电子商务服务试点，抓紧出台实施细则，推动我市外贸转型升级。（牵头单位：市经贸委，配合单位：市发展改革委、科技和信息化局、外经贸局、交委、工商局）

（七）检验检测服务业。构建面向战略性新兴产业、优势传统产业、进出口货物贸易和服务贸易、安全发展和民生民计的检验检测服务体系。加快推进检验检测机构市场化运营，提升专业化服务水平。重点发展面向设计开发、生产制造、售后服务全过程的分析、测试、检验、计量等服务，培育第三方的质量和安全检验、检测、检疫、计量、认证技术服务。推进广州国家质检中心基地、国家检验检测高技术服务业集聚区建设，吸引国内外知名机构入驻，培育覆盖产品质量检验检测、计量校准、纺织纤维检验检测等多领域、具有先进水平的检验检测集群。（牵头单位：市质监局，配合单位：萝岗区、南沙区政府，市发展改革委）

（八）节能环保服务业。突出市场培育，鼓励并积极培育第三方组织或机构开展节能环保方面的设计、建设、改造和运行管理等服务。推进全市各级行政机关、事业单位和社会团体等公共机构采用合同能源管理方式实施节能改造，推动重点用能单位委托节能服务公司开展节能设计、改造和运行管理等服务。鼓励优势企业通过兼并、联合、重组等方式实行规模化、品牌化、网络化经营，鼓励大型重点用能单位组建专业化节能服务公司对外提供节能服务，鼓励环保处理设施的市场化运营，加强技术研发、服务创新和人才培养。建立节能环保服务信息平台，组织合同能源管理项目及环境治理项目对接活动，督促用能单位按规定配备能源计量器具。建立碳盘查、碳审核及碳资产管理第三方服务平台，促进广东省碳交易试点的顺利开展。积极探索我市"城市矿产"的开发利用，鼓励支持我市"城市矿产"的龙头企业发展壮大。（牵头单位：市发展改革委，配合单位：市经贸委、环保局、建委等）

（九）人力资源服务业。制定实施人力资源服务业发展意见。抓住南沙新区列为"全国人才管理改革试验区"契机，建立完善行业产学研合作示范机制和投融资服务联动机制。围绕广州人才资源服务产业园等项目，开发相关配套工程。鼓励有条件的区（县级市）和单位推行"人力资源服务绿卡"制度，向经认定的相关服务机构发放"绿卡"，在有关事项审批和资格申请等方面给予绿色通道服务。充分发挥各级政府和企业的积极性，加快培育、壮大各类人力资源市场主体。依法放开外商投资人力资源服务的出资数额和出资方式限制。支持各类主体进一步做好人事代理、人才招聘、人才培训、人才信息网络等人力资源市场化配置的基础性服务。鼓励开发人力资源管理咨询、高级人才访聘、劳务派遣、人才测评、绩效考评、薪酬设计等高端人力资源服务项目。（牵头单位：市人力资源和社会保障局，配合单位：萝岗区、南沙区政府，市人才工作局，发展改革委）

（十）融资租赁服务业。制定融资租赁业发展意见，加快培育各类融资租赁主体，引进外商在广州设立融资租赁公司。鼓励具备实力的制造业企业成立厂商系融资租赁公司，或与大型央企联合组建金融租赁公司，争取成立更多的中外合资融资租赁公司。推动融资租赁参与地铁、城市公交、公共医疗、污水处理等重大基础设施建设，参与政府部门公车改革以及老城区企业搬迁改造，争取国家政策支持，吸引金融租赁公司在白云机场综合保税区、南沙保税港区等海关特殊监管区域内设立项目公司，开展飞机、船舶、邮轮游艇等大型设备租赁业务，促进我市航空、船舶、邮轮、游艇产业和航运金融业发展。（牵头单位：市经贸委，配合单位：市发展改革委、外经贸局、金融办，广州空港经济区管委会、南沙开发区管委会）

二、政策措施

（一）加强服务业新业态扶持引导。

1. 加强服务业新业态研究和跟踪服务，由市服务业发展领导小组办公室（设在市发展改革委）统筹，每个行业领域牵头部门负责制定实施新业态培育计划，加强行业跟踪研究，加大对新业态代表企业政策扶持、政务服务和招商力度（各行业主管部门负责）。研究制定服务业新业态企业的认定办法。（牵头单位：市发展改革委）

（二）建立公开、透明、平等、规范的市场准入制度。

2. 探索实施"负面清单"管理模式。开放社会公共服务，清理与法律法规相抵触、制约各类资本进入服务业的规定和程序。实行环保设施运营资质许可制度，推行烟气脱硫设施特许经营，加大对医学公共卫生服务、食品安全、优生优育等领域的开放力度，鼓励民营资本进入，积极扶持民营企业参与政府采购。（牵头单位：各行业主管部门）

（三）培育市场需求。

3. 在十大服务业新业态领域开展应用示范，培育新业态服务市场需求。（牵头单位：各行业主管部门）

4. 加大政府采购新业态服务的落实力度，拓展政府采购新业态服务的领域，鼓励政府部门将可外包的信息技术服务、检验检测服务和人力资源服务等业务发包给新业态服务企业，实现服务提供主体和提供方式多元化。（牵头单位：各行业主管部门）

（四）用地支持。

5. 对列入市重点项目计划的新建服务业项目取得国有建设用地使用权，可以分期缴纳土地出让金，签订土地出让合同后 1 个月内缴纳出让价款的 50%，余款在 1 年内缴清。（牵头单位：市国土房管局）

6. 在符合规划的基础上，鼓励用地单位在不改变用地主体、不重新开发建设等前提下，充分利用工业厂房、仓储用房、传统商业街等存量房产兴办研发设计、文化创意、健康服务等现代服务业。（牵头单位：市国土房管局，配合单位：市规划局）

7. 对新业态企业用地，在符合产业方向，明确产业用地类型的前提下，可采用挂牌方式出让，实现"以项目找土地"，提高土地资源开发效能。（牵头单位：市国土房管局，配合单位：市规划局）

（五）资金支持。

8. 加大对服务业新业态的财政扶持，并在市战略性主导产业发展资金中，放宽申报市专项资金项目的固定资产投资比例，支持企业"软投入"等方面，为服务业新业态企业拓宽资金支持渠道。（牵头单位：市发展改革委，配合单位：市财政局）

9. 创新新业态企业融资服务方式，推动成立"小微企业合作社"，创新"无担保、无抵押、批量化"的信用授信模式，充分利用产业投资基金，缓解融资难问题。（牵头单位：市经贸局，配合单位：市金融办）

10. 对被认定为广州市总部企业的，按广州市总部经济政策给予财政奖励。（牵头单位：市发展改革委，配合单位：市经贸委、外经贸局、金融办、财政局）

11. 积极落实"营改增"政策，对新业态企业因"营改增"而增加的税负情况进行合理分析评价，按照有关规定落实过渡性财政扶持政策。（牵头单位：市财政局，配合单位：市国税局、地税局）

（六）加快发展生产性服务业。

12. 支持制造业企业加快生产基地向外转移，增设投资运营中心、研发中心、财务中心、采购中心等功能，将现有生产基地提升为总部基地。（牵头单位：市经贸委，配合单位：市外经贸局）

13. 鼓励制造业企业将研发、物流、人力资源服务等服务环节分离出来，设立生产性服务企业。对分离出来形成的服务业企业，工商部门要按照公司注册资本登记制度改革的要求，及时办理工商注册，依法免缴房产税、城镇土地使用税和堤围防护费。（牵头单位：市工商局，配合单位：市地税局、国税局）

14. 引导和鼓励相关制造业企业向我省东西两翼、粤北山区梯度转移，对产业转移的企业，鼓励其将总部、研发设计、现代物流及销售等高附加值的产业链留在我市，进一步优化产业结构和区域布局。（牵头单位：市经贸委）

15. 大力推进服务业新业态集聚区和园区建设。提高集约节约用地水平，引导新业态企业集聚发展，建设一批新业态产业园区。打造 2～3 个集机器人整机、关键零部件制造及集成应用的产业集聚区及专业基地，并配套建设成果孵化、研发检测、认证认可、教育培训及金融租赁等公共服务平台。积极推进广州南站开展省市共建省级大中型骨干企业公共服务平台和华南大中型骨干企业新业态经济总部基地。推进广州国际生物岛国家"千人计划"生物医药创新创业示范园区建设。（牵头单位：市经贸委，配合单位：番禺区、萝岗区政府，市发展改革委）

（七）引进和培养服务业人才。

16. 积极落实"千人计划"等人才计划，多渠道引进国内外高素质、复合型的现代服务业人才。支持驻穗高校、科研机构与现代服务业企业合作建立实训基地，支持各类教育培训机构开展高技能人才再培训、再教育，为服务业新业态企业人才职称评定提供便利。（牵头单位：市人才工作局，配合单位：市人力资源和社会保障局）

17. 探索设立专业孵化器，为拥有技术、创意的人才提供创业投资服务，鼓励以创新服务品牌、创作成果和研发成果等无形资产入股创业。（牵头单位：市科技和信息化局，配合单位：市发展改革委）

18. 鼓励海内外各类服务业高级人才来穗创业和工作，在入户、职称评定、社会保险、医疗卫生及子女就学等方面落实优惠政策。（牵头单位：市人才工作局，配合单位：市发展改革委、卫生局、人力资源和社会保障局、教育局）

（八）充分发挥行业协会作用。

19. 行业协会要加强对市场和本行业的调研，及时捕捉市场动态，向政府反映企业诉求，为政府出台相关扶持政策提供决策依据。（牵头单位：各行业协会）

20. 对于行业的标准修订、培训认证、行业统计、制定行规行约，举办展览与研讨等工作，政府加强对行业协会的政策指引，可委托行业协会开展，全程引导、指导、监督。（牵头单位：各行业协会）

21. 建立健全政府—协会—企业三方联席会议制度，由行业主管部门牵头，定期组织会议研究、交流。（牵头单位：各行业主管部门，配合单位：各行业协会）

（九）提高新业态的社会认知度。

22. 充分认识服务业新业态对于促进我市经济发展的重要意义，邀请新闻媒体加大对新业态发展的宣传报道，组织新业态骨干企业开展专题推介活动。（牵头单位：各行业主管部门，配合单位：市委宣传部、各行业协会）

23. 建立统计指标体系。加快完善服务业新业态统计指标体系，健全信息发布制度。（牵头单位：市统计局）

广州市人民政府办公厅秘书处

2014 年 2 月 25 日

浙江省商务厅《关于〈浙江省人民政府办公厅关于加快融资租赁业发展的意见〉（征求意见稿）公开征求意见的通知》

为进一步支持融资租赁业发展，充分发挥融资租赁在推进全省创新创业和实体经济发展中的支撑作用，经省政府同意，我厅代拟了《浙江省人民政府办公厅关于加快融资租赁业发展的意见》（征求意见稿），现征求社会公众意见，征求意见时间为 3 月 7 ~ 16 日，反馈意见请以书面或电子文档形式发送省商务厅市场建设处，联系人：戴振海；联系电话：87050571 – 87057594；传真：0571、87058237；电子邮箱：daizhenhai@ zcom. gov. cn。

附件：《浙江省人民政府办公厅关于加快融资租赁业发展的意见》（征求意见稿）

浙江省商务厅

2014 年 3 月 6 日

附件

浙江省人民政府办公厅关于加快融资租赁业发展的意见

（征求意见稿）

为进一步支持融资租赁业发展，充分发挥融资租赁在现代融资服务体系中的功能和作用，强化中小企业融资支撑，推进全省创新创业和实体经济发展，现就加快融资租赁业发展提出如下意见：

一、重要意义

融资租赁是集融资与融物、贸易与技术服务于一体的现代商业模式，在缓解中小企业融资困难、推动经济转型升级、带动装备制造与应用、提高对外开放水平等方面具有独特作用，已经成为我国现代服务业的新兴领域和重要组成部分。作为与实体经济联结最为紧密的融资手段，融资租赁在欧美发达国家被誉为"朝阳产业"及"新经济的促进者"，国内发达省市也正在加快发展。我省融资租赁业曾经领跑全国，在服务民营经济、服务中小企业、服务基础建设等领域发挥了重要作用。但是，面对周边省市融资租赁业加快发展态势，我省还存在行业认知度不高、政策体系不完善、市场渗透率偏低、业务模式及服务领域拓展不够等突出问题。在当前全省深入实施四大国家战略举措、加快发展方式转变、大力推进创新型省份建设的重要时期，进一步加快发展融资租赁业，充分发挥其在产融结合、"机器换人"等方面的独特作用，对于以民营经济和中小企业为特征的浙江经济而言，具有重要的战略意义和现实作用。

二、总体目标

围绕"产融结合、实业强省"的目标要求，建立完善融资租赁扶持政策体系，积极培育市场主体及其相关机构，逐步拓宽服务领域，有效控制行业风险，不断提升融资租赁业发展水平和在全省经济社会发展中的重要地位。力争到 2017 年，形成一批品牌知名度高、市场竞争力强、经营方式创新的融资租赁骨干企业，全省融资租赁业的市场渗透率达到 7% 以上，全行业融资租赁资产规模占全国比重达到 10% 以上，融资租赁成为全社会投融资体系中的重要组成部分。

三、主要任务

（一）加强行业规划引导。围绕全省经济发展战略布局融资租赁业发展，鼓励融资租赁发展较快的地区发挥优势，加快形成融资租赁业发展集聚区。加强重点经济发展区块的融资租赁服务，尤其是对"四大国家战略举措"的支撑和促进作用。支持工业制造、大型工程及基础建设等具有产业背景的大型企业和服务运营商、各类投资机构等非厂商机构进入融资租赁行业，促进投资主体多元化。

（二）培育融资租赁企业队伍。鼓励各地吸引国内外投资者来我省设立融资租赁企业，支持融资租赁企业在省内设立特殊项目公司。引导具有特殊功能的区域如各类保税港区设立融资租赁机构，加快形成融资租赁集聚效应。支持省内融资租赁企业通过兼并重组、增资扩股，形成一批规模大、竞争优势突出、业务拓展能力强的骨干企业，提高融资租赁行业整体实力。

（三）促进产融结合产业联动。鼓励融资租赁企业支持我省重点培育产业，优先开展节能环保、信息技术、高端装备制造、新能源、新材料、生物医药等新兴产业融资租赁业务，加大对科技型企业、中小微型企业的融资力度。鼓励融资租赁企业发展基础设施租赁业务，参与供电、供水、供气、污水处理等基础设施和铁路、电信、电力、水利工程等基础产业建设。鼓励融资租赁企业优先采购浙江制造设备作为标的物，带动我省装备制造业发展，实现产业联动。

（四）创新融资租赁经营模式。鼓励融资租赁企业依托产业背景集中发展优势业务领域，突出经营特色，实现差异化发展。加快业务创新，借鉴发达国家经验，支持采用包括离岸业务、单体项目公司业务、跨境租赁业务、出口设备保税租赁业务等多种业务模式开展融资租赁业务，提升企业发展能力。引导融资租赁企业优化产品组合、交易结构、租金安排、风险控制等设计，创新盈利模式，提升服务水平。

（五）拓宽融资租赁企业融资渠道。引导融资租赁企业增加中长期资金来源，规避资金风险。支持融资租赁企业运用保理、上市、发行债券、信托、基金等方式拓宽融资渠道，降低融资成本。鼓励企业组建特别项目公司（SPV），通过资产证券化等方式盘活租赁资产，创新融资模式。鼓励融资租赁企业加强与银行、信托等金融机构合作。支持设立融资租赁产业基金，引导民间资本加大投入。

（六）提高企业风险防范能力。指导融资租赁企业加强风险控制体系和内控管理制度建设，建立健全客户风险评估机制，增强风险防范能力。强化资产管理能力，积极稳妥发展售后回租业务，严格控制经营风险。建立市场预警机制，定期发布行业发展报告，加强信息引导。推动融资租赁信用担保体系建设，支持融资性担保公司开展融资租赁债权担保业务，鼓励保险公司开发租赁保险产品。

（七）加快融资租赁相关产业发展。研究出台鼓励政策，加快建立程序标准化、规范化、高效运转的租赁物与二手设备流通市场，完善融资租赁资产退出机制。支持在我省设立融资租赁相关的中介服务机构，带动为融资租赁业提供专业咨询、技术服务、鉴定评估、资产交易等服务的相关服务业发展。

四、保障措施

（一）加强组织领导。

各地各有关部门要充分认识融资租赁业对于促进我省经济社会发展的重要意义，要把发展融资租赁业作为支持实体经济、推进创新创业的重要手段，多途径提升融资租赁业的社会认知度。省政府建立融资租赁业发展部门联席会议制度，由省商务厅牵头负责行业促进政策体系建设和协调解决行业发展中的重大问题。

（二）优化发展环境。

1. 强化服务意识。各地各部门要强化服务，优化发展环境，为引进、设立融资租赁企业及其开展合法业务提供政策支持与服务便利。

2. 完善融资租赁相关登记公示制度。融资租赁企业与承租人签订租赁合同、开展租赁业务，就租赁物申请相关权属登记的，登记部门应当依法及时办理；国家未有明确登记机关的，在全国融资租赁企业管理信息系统及中国人民银行征信中心融资租赁登记公示系统中办理融资租赁物权属状态的登记公示，有关部门要做好相关服务；融资租赁企业根据融资租赁合同等依法申请土地、房屋抵押和股权质押登记的，登记部门可以参照金融机构的抵、质押方式办理抵、质押登记等有关手续，为相应的融资租赁债务提供担保。

3. 建立健全融资租赁行业信用体系。融资租赁行业的交易信用信息纳入企业诚信建设体系范畴，完善承租企业信用数据库，探索推动接入中国人民银行征信系统试点；允许融资租赁企业使用政府、银行等相关信用数据库，建立良好的市场秩序。

（三）加大财税政策支持。

1. 引导融资租赁行业加快发展。鼓励各地支持新设融资租赁企业，支持运转规范、实力雄厚的融资租赁企业增资扩股，并对业绩突出的融资租赁企业给予一定的财政奖励。省商务促进专项资金将融资租赁行业纳入支持范围，引导融资租赁企业为省内企业转型升级、节能减排和环境整治等重点领域提供融资租赁服务。

2. 鼓励企业融资租赁先进设备。引导融资租赁支持实体经济发展，对企业通过融资租赁方式实施的技术改造项目，有关部门要提高对设备融资租赁的扶持力度，优先安排技改贴息资金等。

3. 支持计提风险准备金。融资租赁企业应于每年年度终了对承担风险和损失的资产计提风险准备金。对于正常业务，风险准备金额原则上不得低于风险资产期末余额的 1%；对于风险业务，比照金融租赁公司五级分类法分类分级并提取相应的风险准备金。融资租赁企业发生的资产损失，可按相关规定在税前扣除。

（四）加大金融支持。

1. 研究设立省级融资租赁商业保理公司、融资租赁担保公司和融资租赁产业基金，支持融资租赁公司开展商业保理业务。

2. 支持融资租赁企业通过上市、在浙江股权交易中心挂牌融资、发行债券、信托等方式，拓宽直接融资渠道。支持融资租赁公司通过信托方式融资、转让租赁资产。鼓励融资租赁企业通过资产证券化等方式盘活租赁资产。支持融资租赁公司通过短期外债融通外汇资金，利用中长期外债拓展融资渠道。支持保险企业用债权、股权或者债权转股权等方式投资融资租赁业。各有关部门和监管机构要在外债指标、资金使用、统计监测等方面给予支持。

3. 银行、信托、保险、担保等机构要加强与融资租赁企业合作，开发租赁保理、供应商租赁等创新型产品，增强融资租赁业的金融服务功能。

（五）加强行业组织和人才队伍建设。充分发挥省租赁业协会作用，支持协会研究搭建包括融资租赁资产交易、资产登记、行业诚信等功能的行业综合服务信息平台。大力支持行业协会开展信息咨询、统计分析、预测预警、培训教育、经验推广、业务交流等工作，增强行业协会在行业自律、监督、协调、服务等方面的功能。加强人才队伍建设，研究建立从业人员职业资格制度，积极推动省内高等院校设立融资租赁专业，支持融资租赁机构在我省建立人才培训、培养基地，支持我省相关院校与境内外金融专业培训机构合作建立融资租赁人才培训基地、开设相关专业课程，为全省融资租赁业提供智力、人力支持。

天津市食品药品监督管理局关于《医疗器械经营企业许可证》审批事项的补充通知

津食药监流通〔2014〕77号

各分局、滨海新区局：

随着我市经济建设的发展，医疗器械融资租赁作为一种新的医疗器械经营模式应运而生。为进一步规范医疗器械融资租赁审批工作，根据原国家食品药品监督管理局《医疗器械经营企业许可证管理办法》（局令15号）、《关于融资租赁医疗器械监管问题的答复意见》（国食药监市〔2005〕250号），结合融资租赁的行业特点和本市实际，现就其审批的有关事项明确如下：

一、相关主体

（一）申请主体：具有融资租赁资质的企业可以申请医疗器械融资租赁许可。

（二）审批主体：天津市食品药品监督管理局负责受理审批医疗器械融资租赁许可事项。

二、资料审查

对于融资租赁企业申请医疗器械融资租赁许可的，除须按照医疗器械经营企业许可要求提交有关资料外，还应当提交融资租赁的企业资质证明文件（复印件），否则将不予受理；法律法规另有规定的从其规定。

融资租赁企业申请医疗器械融资租赁许可时，应承诺"对采购的医疗器械质量负责"，并提交相应承诺的书面材料。

三、验收标准

对申请医疗器械融资租赁的企业的验收标准原则上按照《天津市医疗器械

经营企业检查验收标准》的规定执行，但在质量管理机构与人员、设施设备和质量管理文件等方面，可以根据融资租赁的特点对部分检查项目作为合理缺陷处理。

（一）质量管理人员：申请医疗器械融资租赁的企业应配备具有医疗器械相关专业，熟悉国家有关医疗器械管理的法规、规章的质量管理人员。

（二）相关设施设备：申请医疗器械融资租赁的企业应具有固定的场所和与医疗器械融资租赁活动相适应的设施设备，可以不单独设立仓库。

（三）质量管理文件：申请医疗器械融资租赁的企业的质量管理文件可以不受验收标准中规定的款项所限，但要审查其是否与其经营实际相适应，能否对融资租赁的医疗器械实施全程可追溯。其质量管理文件至少要包括质量管理人员的质量职责；采购、进货验收管理制度；不合格医疗器械管理制度；质量跟踪、溯源制度；质量事故报告、投诉制度等以及上述制度需要的管理记录。

四、涉及许可的其他事项

（一）医疗器械融资租赁的《医疗器械经营企业许可证》的有效期为 5 年，从发证之日起计算。

（二）医疗器械融资租赁的《医疗器械经营企业许可证》的"经营范围"描述除应执行《国家食品药品监督管理局器械司关于医疗器械经营企业许可证管理有关问题的通知》（食药监械函〔2013〕4 号）的相关规定外，还应加注括号并在括号内统一加注："仅限融资租赁大型医用设备。"

五、日常监管

对医疗器械融资租赁的企业的日常监管由企业所在地区县食品药品监管部门负责，每年进行不少于 1 次现场或书面检查；若发现企业存在涉嫌违法、违规经营医疗器械的行为，应及时依法查处并将该行为及对该行为的处理情况抄报市局。

本通知自印发之日起执行。

天津市食品药品监督管理局

2014 年 3 月 10 日

山东省人民政府办公厅关于贯彻国办发〔2013〕108号文件加快我省飞机租赁业发展的意见

鲁政办发〔2014〕16号

各市人民政府，各县（市、区）人民政府，省政府各部门、各直属机构，各大企业，各高等院校：

加快发展飞机租赁业，对于扩大航空公司运力规模、提升航空服务能力、推动飞机制造业转型升级以及优化金融资源配置具有重要意义。为贯彻落实《国务院办公厅关于加快飞机租赁业发展的意见》（国办发〔2013〕108号）精神，进一步提升航空服务能力，优化资源配置，经省政府同意，现结合我省实际，就加快飞机租赁业发展提出以下意见：

一、积极发展飞机租赁公司。引进国内外有实力的飞机租赁公司到我省设立分公司，或与我省有关企业成立股份制飞机租赁公司。推动航空运输企业、飞机制造企业、金融机构、有关企业成立股份制飞机租赁公司。积极引进开展飞机租赁业务的外商投资融资租赁企业，对符合引进重大利用外资奖励政策项目的单位给予奖励。各级、各部门要在公司核准注册、税收、进出口配额、中介服务等方面给予大力支持。

二、飞机租赁企业可直接订购进口飞机。有关部门按照职能分工，依照有关规定对飞机租赁企业订购和进口国外飞机进行独立审查并办理相关手续。

三、落实财税政策。根据《财政部　国家税务总局关于将铁路运输和邮政业纳入营业税改征增值税试点的通知》（财税〔2013〕106号），租赁企业一般贸易项下进口飞机并租给国内航空公司使用，符合"有形动产租赁服务"中"有形动产经营性租赁"税目，属于营业税改征增值税试点范围。自2013年8月1日起，飞机租赁企业订购进口飞机可凭取得的进口环节增值税抵扣凭证申请抵扣增值税进项税额。2013年8月1日前购进的进口飞机提供的经营租赁服务，试点期间可以选择按照简易计税方法计算缴纳增值税。

积极做好支持飞机租赁业发展的相关财税工作。省财政部门要积极落实国办发〔2013〕108号文件关于"租赁企业一般贸易项下进口飞机并租给国内航空公司使用的，享受与航空公司进口飞机同等税收优惠政策。暂定五年内免征飞机租赁企业购机环节购销合同印花税"的税收优惠政策。

四、搞好金融服务。鼓励各金融机构根据飞机租赁业特点和企业资金运转周期，按照风险可控和商业可持续的原则，加强金融产品和服务方式创新，为飞机租赁企业生产经营提供融资、结算、理财、咨询等综合性金融服务。支持符合条件的飞机租赁企业拓宽融资渠道，通过发行金融债券、企业债券、短期融资券、中期票据以及资产证券化等措施筹措资金。支持符合条件的飞机租赁企业上市、挂牌。鼓励股权投资基金、创业投资基金等进入飞机租赁业，加快飞机租赁业发展。飞机租赁企业应及时投保飞机及航空保险，有效防范意外风险，促进飞机租赁行业健康平稳发展。

五、加强风险防控。飞机租赁公司订购飞机，必须确保飞机满足营运人所在国民航当局对飞机的适航性要求。飞机租赁公司须具备一定数量的熟知适航法规和维修制造经验的民航专业人员，以保证航空器租赁业务顺利开展。飞机租赁公司订购使用过的飞机，航空专业人员应熟知飞机的持续适航规章，并能鉴定飞机性能，确保飞机能够"保质保价"地交付使用。

飞机租赁公司必须具备一定数量的安全专业人员，对飞机运行风险、航空公司运行风险和安全绩效进行评估，控制租赁公司的投资风险。

六、完善配套专业服务。推动建立融资租赁行业协会，搭建飞机租赁企业之间沟通交流的平台，在信息、资金、人才、法律、会计、保险等方面进行有效的交流与合作，促进飞机租赁业健康快速发展。加快建立和拓展飞机交易市场，逐步扩大飞机租赁业务。

七、大力发展支线航空运输和通用航空业。鼓励飞机租赁企业租赁国产飞机，开展城际支线航空运输；在符合低空飞行的机场，联合金融机构、飞机制造企业，组成股份制公司，形成城际航空飞行航线，充分利用低空空域资源，积极发展通用航空业务，促进航空运输和通用航空协调发展。

山东省人民政府办公厅

2014 年 3 月 27 日

泉州市财政局　泉州市经济贸易委员会关于印发《泉州市技术改造专项资金管理规定》的通知

泉财企〔2014〕119 号

各县（市、区）、泉州开发区、泉州台商投资区财政局、经贸（经济、科经）局：

为了进一步规范市级技术改造专项资金的使用管理，推动我市工业企业转型升级，根据我市实际，对《泉州市企业挖潜改造资金使用管理暂行规定》（泉财企〔2011〕46 号）进行修订。现将修订后的《泉州市技术改造专项资金管理规定》印发给你们，请遵照执行。执行中有何问题，请及时向我们反映。

泉州市财政局
泉州市经济贸易委员会
2014 年 3 月 27 日

泉州市技术改造专项资金管理规定

一、总则

（一）为推进民营企业"二次创业"，加快实施泉州市民营企业转型升级行动计划和五年千项重点技术改造工程、鼓励企业实施技术改造项目，规范和加强市级技术改造专项资金管理，发挥政府资金的引导、扶持作用，提高资金的经济、社会和环境效益，特制订本规定。

（二）专项资金的使用应当遵循"诚信、公正、公开、择优、专款专用"的原则，并按照市级重点技术改造项目申报、专家评审、专项资金申报、现场核查、公示、资金下达、项目监管等程序进行管理。

（三）本规定所称的市级技术改造专项资金（以下简称"专项资金"），是由市本级财政统筹安排的专项资金，主要用于补助我市企业实施的技术改造项目，主要方式分为无偿补助、贷款贴息和设备融资租赁补助三种。

1. 以企业自有资金为主投资的项目，一般采用无偿补助方式，对企业技术改造项目实施期限内（一般不超过 2 年）购买生产性设备和技术的投资额（扣除增值税）按比例给予补助，并设定最高补助限额；

2. 以银行贷款为主投资的技术改造项目，一般采用贷款贴息方式，对企业技术改造项目实施期限内（一般不超过 2 年）银行贷款实际发生额（以购买生产性设备和技术的投资额（扣除增值税）为上限）按一定比例给予贴息，贴息率最高不超过当期银行中长期贷款利率，并设定最高补助限额；

3. 企业租赁使用融资租赁公司购入生产设备的项目，一般采用设备融资租赁补助方式，以企业技术改造项目实施期限内（一般不超过 2 年）已签订的融资租赁合同为依据，按照融资租赁合同中设备投资额（扣除增值税、融资租赁费用）按比例给予补助，并设定最高补助限额。

项目实施企业申请当年度泉州市专项资金时只能选择以上一种补助方式。

（四）专项资金优先扶持的项目：

1. 首家购买国内外先进重大技术装备项目。支持对经认定为行业内首家引进国内外单条生产线或单台（套）先进重大技术装备，达一定金额的技术改造项目。

2. 产学研成果转化项目。鼓励市级以上企业技术中心研发新产品和新技术并产业化、企业对外开展产学研活动合作生成的科技成果产业化、省级鉴定水平为国内领先以上（含）的新产品产业化项目。

3. 重点行业共性产品技术改造项目。重点行业共性产品及关键配套件升级改造项目。扶持主业突出、技术先进、核心竞争力强的大公司、大集团通过技术改造实现行业内共性产品做大做强，提升与主导产品配套关键件的工艺技术水平的项目。

4. 产品附加值提升改造项目。改进工艺、增加品种、提升质量、提高附加值和效益、增强市场竞争力的技术改造项目。

（五）相关单位职责分工：

市经贸委负责发布泉州市当年度重点产业投资导向，会同市财政局受埋市级重点技术改造项目申报，建立当年度市级技术改造重点项目库，发布专项资金申报指南，受理专项资金项目申报并组织专家评审；会同市财政局开展拟扶持项目现场考核、公示；会同市财政局下达项目扶持资金，对项目实施情况进行跟踪问效、监督检查和绩效评价。

市财政局参与受理市级重点技术改造项目申报，参与建立当年度市级技术改造重点项目库、发布专项资金申报指南、受理专项资金项目申报并组织专家评审；会同市经贸委开展拟扶持项目现场考核、负责办理专项资金拨付手续；会同审计、监察、经贸等部门对资金使用情况进行追踪问效、监督检查。

各县（市、区、管委会）经贸部门和财政部门联合负责区域内项目征集汇总、初步审查和筛选上报工作，并按照有关规定或市财政、经贸部门要求对项目执行和资金落实情况进行监督、检查和情况上报。

二、市级重点技术改造项目申报

（六）每年由市经贸委会同财政局根据市委市政府确定的当年度经济发展目标和泉州市重点产业投资导向，按照企业自愿申报、县（市、区、管委会）经贸和财政部门联合推荐的原则进行项目征集，并建立当年度市级重点技术改造项目库。

（七）市级重点技术改造项目申报条件：

1. 在泉州市范围内办理工商注册登记并在市国税局、地税局登记、纳税的独立法人，申报其所实施的技术改造项目；

2. 符合当年度泉州市重点产业投资导向要求，总投资规模 2000 万元以上（含），并已在工业投资主管部门办理备案（核准）；

3. 项目实施企业上年度纳税额需达到以下标准：市本级、泉州经济技术开发区、泉州台商投资区、鲤城区、丰泽区、洛江区、泉港区的企业，纳税额不低于 50 万元（含）；其他县（市）的企业，纳税额不低于 100 万元（含）；

4. 企业财务管理制度健全，能及时、准确报送财务信息资料。

（八）申报市级重点技术改造项目应提交以下材料：

1. 泉州市市级重点技术改造项目情况表；

2. 泉州市市级重点技术改造项目汇总表；

3. 工商部门营业执照；

4. 工业投资主管部门出具的项目备案（核准）文件；

5. 税务部门出具的项目实施企业上一年度的纳税证明；

6. 上年度企业财务报告（经近三年行业诚信档案中无不良执业记录的会计（审计）师事务所出具的审计报告，需附防伪码）。

（九）县（市、区、管委会）所属项目实施企业向同级经贸主管部门和财政部门申报；市属项目实施企业向市经贸委、财政局直接申报，也可由各行业协会推荐后，按照属地原则递交。各县（市、区、管委会）经贸部门会同同级财政部门对辖区内项目统一征集、筛选、汇总，并按本规定审核后，联合上报市经贸委、财政局。

三、专家评审

（十）市经贸委会同财政局共同负责确定评审专家的资格和条件后，由市经贸委纪检监察室从泉州市企业技术进步专家库中按专业进行随机抽取，成立评审专家组。由评审专家组对申报当年度市级重点技术改造项目进行评审。

（十一）评审专家组的组建：

1. 评审专家组设组长、副组长各一名；

2. 每个项目评审专家应不少于 5 人；

3. 评审专家组成员一般应具有中级以上职称（含中级职称）或相当职务；具有较深学术造诣、知识面较广、业务能力强、作风民主、办事公正，在任期间有时间和精力参加评审活动；

4. 评审专家组成员应由财务、技术、管理等方面专家组成，且专业结构配置合理；

5. 为保证评审工作的公正性，与参审项目有直接关系的人员不得参加本年度项目评审。

（十二）有下列情况之一的，取消专家评审资格：

1. 已多年不从事原专业并对本专业最新情况不熟悉的；

2. 连续两次无故不参加评审的；

3. 在评审中有收受贿赂等违法行为的；

4. 评审专家自己提出退出申请，并经市经贸委和财政局同意的。

（十三）评审专家的权利：

1. 因工作需要有权阅读国家、省和市的有关文件；

2. 有权了解评审项目的进展情况和要求提供必要的资料；

3. 必要时，评审专家组成员可要求对项目进行现场考察和质询。

（十四）评审专家组评审内容：

1. 评审专家组召开会议对申报材料进行审查，逐一填写《泉州市重点技术改造项目库专家评审意见表》，并提出综合评审意见，综合评审意见应包含以下内容：项目实施企业经济能力总体评判，对所评项目按重点扶持项目、一般扶持项目和淘汰项目提出归类建议，重点推荐项目和一般推荐项目纳入当年度市级技改专项资金推荐申报名单，淘汰项目则不纳入。

2. 评审专家组负责提出当年度拟纳入市级重点技术改造项目库项目名单和拟推荐申报当年度专项资金项目名单。

（十五）邀请市经贸委纪检监察室、市财政局对专家评审过程进行监督。在评审过程中因接受贿赂、挟私报复等原因，有明显不公正行为的，将依法追究责任。

四、专项资金申报

（十六）市经贸委会同财政局确认：

1. 当年度市级重点技术改造项目库项目名单；

2. 当年度专项资金申报通知。

以上文件将以书面形式反馈给各县（市、区、管委会）经贸和财政部门。由县（市、区、管委会）经贸、财政部门通知企业进一步补充提交相关资料。

（十七）申报专项资金需补充材料：

1. 企业资金申请报告。内容包括企业生产经营及效益基本情况、技术改造项目实施情况、预计投产时间及投产后预期效益等，篇幅控制在 2000 字以内。

2. 泉州市级企业技术改造专项资金申请表。

3. 经市经贸委统一委托的省发布优选库内会计（审计）师事务所出具的企业购置主要生产性设备或技术的专项审计报告（需附防伪码）。

4. 项目实施期内购置主要生产性设备和技术、有效票据复印件。

5. 资金承诺函。

6. 根据有关规定应提交的相关文件、资料。

（十八）有下列情形之一的项目实施企业不安排专项资金扶持：

1. 因涉嫌严重违法行为正在被有关行政部门调查或被行政处罚后未逾两年的；

2. 近三年内在承办各级政府财政补助项目中有严重违法、违约行为的；

3. 除另行规定外，已获得上年度、当年度国家级、省级、市级财政资金累计达 80 万元以上（含）的；

4. 尚有承办财政资金补助项目需验收，但未及时组织验收或鉴定的。

（十九）申报专项资金项目上报流程参照本规定第（八）条。

五、现场核查

（二十）各县（市、区、管委会）经贸和财政部门正式上报专项资金项目后，市经贸委应会同财政局组成现场核查小组，对拟扶持企业进行现场核查，提出现场核查意见。根据核查意见，市经贸委联合财政局制定专项资金项目安排计划，并征求市政府经济顾问组意见。

（二十一）现场核查中若有下列情形之一的，将直接取消企业专项资金扶持资格。情节严重的将列入黑名单，两年内不予申报专项资金。

1. 现场核查中实际情况与企业申报材料严重不符的；
2. 无正当理由拒绝，阻挠现场核查，情节恶劣的；
3. 无正当理由拒绝提供购置主要生产性设备和技术、银行贷款实际发生额有效票据原件的。

六、公示

（二十二）专项资金拟扶持项目名单应在具有一定影响力的公众媒体上向社会公示，公示时间为 7 个工作日。

（二十三）公示过程中，对专项资金项目安排存在异议的，可向市经贸委和财政局反映。经核实，对发现不应给予专项资金扶持情况的，取消该项目扶持资格。

七、专项资金下达

（二十四）市经贸委联合财政局将年度专项资金项目安排计划以正式文件下达。企业收到专项资金后，应按照《企业财务通则》（财政部第 41 号令）第二十条的相关规定进行财务处理。

（二十五）市经贸委会同财政局从每年获得专项资金扶持项目中筛选一批具有产业特色、社会和经济效益良好的技术改造项目，给予通报表彰，并向全社会广泛宣传，以资金扶持和精神鼓励相结合的方式最大程度地调动企业争先技术改造的主动性和积极性。

八、专项资金监督管理

（二十六）市经贸委、市财政局要加强专项资金的追踪问效，采取定期或不定期形式对专项资金进行检查，主要检查专项资金使用情况，专项资金实施产生的经济和社会效益等方面内容。

（二十七）项目申报、专家评审、监督评价等环节产生的聘请专家、委托中介机构等管理费用及项目公示费用在专项资金中列支。其中项目申报、专家评审、监督评价等环节产生的聘请专家等管理费用按不超过资金总额3‰控制。

（二十八）申请并取得扶持资金的项目承办单位有以下情形者，将根据《财政违法行为处罚处分条例》（国务院令〔2004〕427 号）及有关法律、法规、规章进行查处。并对有关责任人员，追究相应的行政或法律责任。

1. 采取各种不正当手段骗取项目资金的；
2. 擅自改变资金用途、挪作他用的；
3. 无正当理由拒绝有关部门依法监督检查，情节恶劣的；
4. 除不可抗力外，项目因故撤销的。

九、附则

（二十九）本规定自发布之日起施行，由市财政局会同市经贸委负责解释，《泉州市企业挖潜改造资金使用管理暂行规定》（泉财企〔2011〕46 号）同时停止执行。

附件：《泉州市重点技术改造项目库专家评审意见表》

泉州市财政局办公室
2014 年 3 月 27 日印发

附件

泉州市重点技术改造项目库专家评审意见表

项目单位	
项目名称	
项目指标	在□内填写√
是否符合《泉州市 201×年重点产业投资导向》	是□　　否□

续表

项目总投资是否在 2000 万元以上	是□ 否□		
项目建设期内（一般不超过 2 年）技术及 设备投资是否在××万元以上	是□ 否□		
税收	市（区）属□	县（市）属□	税收额度不够□
技术水平	先进□	一般□	落后□
社会效益	显著□	较明显□	不明显□
经济效益	好□ 不好□	是否列入市龙头企业目录	是□ 否□

综合评审意见：

签名：

年 月 日

福建省人民政府关于加强企业融资服务八条措施的通知

闽政〔2014〕17号

各市、县（区）人民政府，平潭综合实验区管委会，省人民政府各部门、各直属机构，各大企业，各高等院校，各金融机构：

为进一步加大金融对实体经济的支持力度，努力缓解企业融资难、融资贵，促进企业健康发展，经研究，提出以下八条措施。

一、加强政银企沟通协调

各市、县（区）政府要及时掌握当地企业运营和资金需求情况，加强企业融资服务。各级各有关部门要引导企业通过盘活资产，增加有效抵押物，帮助企业解决因信贷资金期限错配、短贷长投造成的暂时性资金周转困难；尽可能帮助企业解决因权证不全导致的质押能力不足问题，对权证办理中应缴交的费用应区分具体情况，尽可能采取缓缴、减缴等措施予以支持；对企业因跨地区、跨行业投资导致资金周转困难的，可帮助引入有实力的企业进行重组整合，有效盘活企业资产和信贷资金，银行要根据其重组整合情况采取发放并购贷款、调整信贷期限等措施予以支持，实现银企双赢。

二、加强不良贷款风险监控

各设区市政府应按月及时报告本地区金融运行风险监测情况及所采取的防范处置措施，省金融办、福建银监局、厦门银监局要进一步加强对银行的风险监测，及时处置风险性苗头。加强重点风险企业的分类处置，对已欠息或逾期贷款本金3000万元以上的企业，各级金融风险应急处置工作领导小组要及时关注，会同相关银行"一企一策"化解风险，帮助企业渡过难关，避免形成新的不良贷款。其中，逾期1亿元以上的由省企业资金应急处置联席会议会同所在地政府负责跟踪协调；逾期 5000 万元以上的由各设区市政府领导挂钩跟踪协调。支持各银行通过贷款重组、不良资产打包转让等措施处置不良贷款，降低不良贷款率。省金融办、福建银监局和省法院要建立定期沟通协调机制，各设区市金融风险应急处置工作领导小组应主动配合当地法院，加快司法程序，推动银行加快核销不良贷款。

三、保持企业信贷规模稳定

各银行业金融机构应认真贯彻落实中央关于金融支持实体经济发展的一系列政策措施，切实加大对企业的信贷支持力度。按照可持续发展的要求，进一步加强信贷资金的组织和调度，盘活存量，优化结构，努力推动信贷规模的平稳增长，多渠道满足实体经济的信贷需求。坚持风险防控和创新发展并重的原则，在创新发展中缓释信贷风险，进一步拓展信贷增长空间。根据企业项目属性和生产经营周期，积极开发金融产品，调整信贷期限，增加信贷投放，减轻企业短期融资压力。针对企业发展实际，创新信贷审批和还款方式，加快转贷、续贷的审批和放款速度，对能维持正常经营的企业，不能随意降低贷款额度、提高续贷门槛，更不能简单、随意抽贷、压贷，避免因不合理的信贷压缩，给正常经营的企业造成资金周转困难。发展农村普惠金融，加强对"三农"发展的信贷支持。

强化贷款风险共担机制，深入推进小微企业、海洋产业、企业技改和台资企业转型升级等"助保贷"、"万家小微企业成长贷款"、"微信贷"等贷款业务，推动相关银行建立直（专）营机构，简化贷款审批程序，降低贷款抵（质）押门槛，并给予贷款利率优惠。各市、县（区）政府可根据实际建立多种形式的贷款风险补偿机制，提高企业贷款的可获得性。完善涉农贷款财政奖励、农户小额贷款税收优惠和农村信贷损失补偿等政策。

充分发挥省级国库现金管理对银行信贷资金的撬动作用，在确保国库现金存款安全的前提下，通过对存贷比、信贷规模、重点项目融资、小微企业贷款、增信支持等指标进行考核评价，择优选择国库现金管理代理银行，推动银行增加信贷投放。

四、增强应急资金的保障能力

省财政将根据现有省级企业应急资金使用情况，给予必要的资金支持，以增强该资金的应急周转能力。各市、县（区）政府也要建立企业应急资金，为基本面较好，但还贷资金暂时出现困难的企业提供"过桥"资金周转。要制定企业应急资金使用办法，严格企业应急资金的管理，增强资金使用透明度，确保应急资金安全。

五、成立政府主导的融资担保机构

将省再担保公司改制为政府主导的融资担保机构，主要为地方政府主导的设区市担保公司提供再担保或分保等多种担保服务，同时，为发展前景良好、缺少有效抵押物企业的发债、股权融资、信贷等提供直保、增信等服务；省财政增资10 亿元，将省再担保公司注册资本金增加至 17 亿元，将政府主导的融资担保机构代偿率的容忍度提高到 3%。调整融资性担保公司风险补偿金补偿方式，建立政府主导的省级融资担保机构年度资金补偿制度。各设区市和平潭综合实验区都要成立一家政府主导的融资担保机构，省、市两级政府主导的融资担保机构要加强协作，提升联动效应。省金融办要会同省经信委抓紧制定监管办法，加强对省、市两级政府主导的融资担保机构的业务指导和监督管理，杜绝地方政府的干预行为，确保公司的独立评审和市场化运作。

六、发挥小额贷款公司和海峡股权交易中心的作用

支持引导小额贷款公司规范发展，成立省级小额再贷款公司，为省内小额贷款公司提供再贷款、信贷资产转让等融资服务。各银行业金融机构要加强与省级小额再贷款公司的合作，适当扩大授信规模。鼓励省内小额贷款公司通过增资扩股、引入战略投资者，优化法人治理结构、增强内控管理，提升金融服务能力。支持小额贷款公司通过海峡股权交易中心开展股权融资、发行私募债、转让信贷资产，拓宽小额贷款公司融资渠道。省金融办要会同省经信委抓紧出台省级小额再贷款公司管理办法；省经信委要加强小额贷款公司的监管，进一步引导省内小额贷款公司规范发展。

用好用活"小微企业发债增信资金池"资金，在为企业发债增信的基础上，为省内企业通过海峡股权交易中心发行私募债券、股权质押融资、融资租赁、资产证券化等提供增信服务；省财政根据使用情况，逐步扩大"小微企业发债增信资金池"规模。鼓励各设区市参与设立"小微企业发债增信资金池"子基金，为本地区企业融资提供增信支持。支持各金融机构在海峡股权交易中心开展金融活动，通过资产证券化等方式盘活存量信贷资源；鼓励各类投资基金优先将海峡股权交易中心挂牌企业纳入投资范围；支持政府主导的融资担保公司为在海峡股权交易中心挂牌企业融资提供担保服务。海峡股权交易中心要加强组织引导、完善配套服务。

七、鼓励企业发债融资

进一步加强我省与银行间市场交易商协会和证券交易所的合作，推动相关企业发行企业债、公司债、中小企业私募债、中小企业集合票据、短期融资券、中期票据等。力争保障房私募债和市政建设项目票据发行取得突破。积极帮助企业解决发债所需的增信、担保等问题，由相关专项资金予以扶持。鼓励各市、县（区）政府设立直接债务融资发展基金，为企业发行区域集优票据提供增信支持，批量推动企业发债融资。鼓励保险资金通过债权投资等形式参与省内重点项目建设和企业转型升级。

八、强化融资租赁和信托资金对企业的支持

加快制定促进我省融资租赁业发展的政策措施，对融资租赁公司售后回租业务中承租方出售资产的行为，不征收增值税和营业税；对承租人出售资产的行为，不确认为销售收入；对融资性租赁的资产，仍按承租人出售前原账面价值作为计税基础计提折旧；对以融资租赁方式获得的租赁设备，视同技术改造项目，按技术改造补助政策给予支持。开展农机金融租赁服务，创新抵（质）押担保方式，发展农村产权交易市场。鼓励融资租赁公司探索开展融资租赁与风险投资相结合、租赁债权与投资股权相结合的风险租赁业务。支持信托公司与银行、担保机构等合作，发行各类中小企业信托产品和资金信托计划；鼓励信托公司以固有资金参与私人股权投资信托，并通过信托计划对未上市企业股权、上市公司限售股等进行投资。

福建省人民政府

2014 年 4 月 21 日

莆田市人民政府关于加强企业
融资服务措施的通知

各县（区）人民政府（管委会），市直有关单位，各金融机构：

为进一步加大金融对实体经济的支持力度，缓解企业融资难、融资成本高的状况，促进企业健康发展，根据《福建省人民政府关于加强企业融资服务八条措施的通知》（闽政〔2014〕17号）精神，经研究，制定以下措施。

一、实行政银企联动

各县（区、管委会）要按照属地管理要求，及时掌握辖区内企业运营和资金需求情况，加强企业融资服务。各级各有关部门要引导企业通过盘活资产，增加有效抵押物，帮助企业解决因信贷资金期限错配、短贷长投造成的暂时性资金周转困难；尽可能帮助企业解决因权证不全导致的质押能力不足问题，对权证办理中应缴交的费用应区分具体情况，尽可能采取缓缴、减缴等措施予以支持；引进外部优质企业、战略投资者或国有企业，对出现不良贷款的破产或濒临破产企业进行并购重组，维持企业正常生产，银行要根据其重组整合情况采取发放并购贷款、调整信贷期限等措施予以支持，实现银企双赢。强化融资租赁和信托资金对我市企业的支持，对融资租赁公司售后回租业务中承租方出售资产的行为，不征收增值税和营业税；对承租人出售资产的行为，不确认为销售收入；对融资性租赁的资产，仍按承租人出售前原账面价值作为计税基础计提折旧；对以融资租赁方式获得的租赁设备，视同技术改造项目，按技术改造补助政策给予支持。

二、加强信贷风险防控

各县（区）人民政府（管委会）要按照"属地管理、分级负责"原则，抓好辖区内困难企业资金应急处置工作，组织企业开展自救工作，加强财务资金管理，做好企业职工及借贷纠纷维稳等工作；要相应成立企业资金应急处置工作机构，发现风险苗头要及时处置并报告。市银监局要进一步加强对银行风险的排查和监测，做到早发现、早报告、早介入、早协调、早处置；要加强重点风险企业的分类处置，会同相关银行"一企一策"化解风险，通过增加担保企业的授信，开通绿色通道，尽快实现担保代偿等方式，切断担保链避免引起担保企业的债务风险，防止波延形成新的不良贷款。市金融风险应急处置工作领导小组要支持各银行通过贷款重组、不良资产打包转让等措施处置不良贷款，配合法院加快司法程序，推动银行加快核销不良贷款，降低不良贷款率。

三、稳定企业信贷规模

各银行业金融机构应认真贯彻落实中央及省里关于金融支持实体经济发展的一系列政策措施，切实加大对企业的信贷支持力度。按照可持续发展的要求，进一步加强信贷资金的组织和调度，盘活存量、优化结构，努力推动信贷规模的平稳增长，多渠道满足实体经济的信贷需求。坚持风险防控和创新发展并重的原则，在创新发展中缓释信贷风险，进一步拓展信贷增长空间。根据企业项目属性和生产经营周期，积极开发金融产品，调整信贷期限，增加信贷投放，减轻企业短期融资压力。针对企业发展实际，创新信贷审批和还款方式，加快转贷、续贷的审批和放款速度，对能维持正常经营的企业，不能随意降低贷款额度、提高续贷门槛，更不能简单随意抽贷、压贷，避免因不合理的信贷压缩，给正常经营的企业造成资金周转困难。积极发展农村普惠金融，加强对"三农"发展的信贷支持。

充分发挥市级财政存量资金对银行信贷资金的撬动作用，在确保财政性资金安全的前提下，通过对存贷比、信贷规模、重点项目融资、小微企业贷款、增信支持等指标进行考核评价，根据考评结果对财政性存款给予倾斜，推动银行增加信贷投放。

四、提高应急保障水平

一是由市、县（区、管委会）共同设立一定规模的企业周转应急保障资金，专项用于为基本面较好，但还贷资金暂时出现困难的企业提供"过桥"资金周转。由市金融办、经贸委等部门制定企业应急资金使用办法，实行封闭运行，严格企业应急资金的管理，增强资金使用透明度，确保应急资金安全。二是成立由市政府主导的融资担保机构，为发展前景良好、缺少有效抵押物企业的发债、股权融资、信贷等提供直保、增信等服务。市经贸委要加强对市政府主导的融资担保机构进行业务指导和监督管理，确保公司的独立评审和市场化运作。

五、建立风险共担机制

深入推进"助保贷"、"万家小微企业成长贷款"、"微信贷"等贷款业务，推动相关银行建立直（专）营机构，简化贷款审批程序，降低贷款抵（质）押门槛，并给予贷款利率优惠，提高企业贷款的可获得性。一是继续实行"一个行业、一个协会、一个政策、一个资金池"，总结推广海洋渔业和电商专项风险补偿资金的做法，鼓励各行业协会、行业龙头企业共同参与建立多种形式的贷款风险补偿机制。二是市政府已建立 1000 万元增信资金，与工商银行开展小微企业成长贷款业务，相关部门要抓紧开展万家小微企业成长行动，切实为小微企业提供增信支持。

六、鼓励场外市场融资

根据《国务院关于全国中小企业股份转让系统有关问题的决定》（国发〔2013〕49 号）和《福建省人民政府办公厅关于推进海峡股权交易中心建设的若干意见》（闽政办〔2014〕22 号）等文件要求，制定我市推动非上市企业进入场外市场挂牌融资意见，推进我市非上市企业进入场外市场。

七、推动企业发债融资

进一步加强与银行间交易商协会和证券交易所的合作，推动相关企业通过发行企业债、公司债、中小企业私募债、中小企业集合票据、短期融资券、中期票据等扩大直接融资规模。积极帮助企业解决发债所需的增信、担保问题，根据发行债券的规模按比例设立直接债务融资发展基金，为企业发行区域集优票据提供增信支持，批量推动企业发债融资。

八、积极争取金融支持

一是各金融机构积极向上级银行争取对我市信贷倾斜，确保信贷投放存量的稳定，并增加对我市信贷支持，重点帮扶诚信守法、产品市场前景好、盈利能力强的企业。二是市农商行要积极增加贷款规模，提升监管等级。三是努力争取上级支持对提供联保互保的企业债务进行切割管理，对运转正常的企业联保担保责任暂缓追偿，尽量不影响企业正常生产经营，不妨碍其他银行的续贷、转贷业务，把短期债务转为中长期债务。

莆田市人民政府
2014 年 5 月 16 日

宿迁市政府关于促进融资租赁业发展的意见

宿政发〔2014〕85号

各县、区人民政府，市各开发区、新区、园区、景区管委会，市各有关部门和单位：

为认真贯彻落实市委、市政府《关于近两年深化改革的若干要点》（宿发〔2014〕1号）精神，推动我市融资租赁业发展，建设多层次金融服务体系，为实体经济提供融资支持，加快地方经济发展，现就促进融资租赁业发展提出如下意见：

一、总体发展目标

以政策扶持促培引、以优化环境促发展，全力打造淮海经济区融资租赁中心，力争2014年融资租赁机构设立取得实质性突破，争取培引融资租赁机构3~5家，到2016年融资租赁机构数量达到10家以上，年融资租赁业务总量突破500亿元。

二、加大培引力度

加大各类融资租赁机构招引力度，吸引国内外融资租赁机构在我市设立总部或分支机构；鼓励市内外各类社会资本及境外资本以独资、控股、参股等方式在我市投资设立金融租赁、融资租赁、经营性租赁及租赁业中介服务等机构。

三、强化政策扶持

（一）机构设立奖励。凡在市区新设或迁入的金融租赁公司和融资租赁公司法人机构，由工商注册地受益财政部门给予一次性资金补助。在约定期限内，对注册资本在10亿元以上的，累计实现净利润3亿元的补助2000万元；注册资本在 5 亿元以上 10 亿元以下的，累计实现净利润达 2 亿元的补助 1500 万元；注册资本在 2 亿元以上 5 亿元以下的，累计实现净利润达 1 亿元的补助 1000 万元。以上补助在注册资本到位后 3 年内实现约定净利润的即可兑现。

（二）办公用房补助。凡在市区新设或迁入的金融租赁公司和融资租赁公司法人机构及分支机构，在本市区购建的自用办公用房，根据面积由受益财政按 500 元/平方米标准分 5 年予以补贴，每年补贴 20%，累计补贴不超过 500 万元。对其按照缴纳契税扣除征收手续费后的全额实行等额奖励。对租用的办公用房每年按房屋租金的 50% 给予补贴，连续补贴 5 年。若实际租价高于市场平均房屋租金的，按市场平均房屋租金价格水平计算。

租赁机构在享受补贴期间，若将受补贴的办公用房出（转）租、出售、改变用途的，则停止补贴，并按比例追偿前期支付的补贴资金。如确因提高房屋利用效率而需出（转）租出售的，则按比例退回所享受的补贴资金。

（三）上缴税收奖励。凡在市区新设或迁入的金融租赁公司和融资租赁公司法人机构，自开业年度起，前三年按其净入库税收（企业所得税、增值税）以下留成部分实际金额由受益财政实行等额奖励、后三年实行减半奖励。

（四）高管人员奖励。对新设的融资租赁公司的董事长、总经理及其他全职在宿工作的高级管理人员（原则上不超过 5 人）所缴纳的个人所得税地方留成部分的实际金额，自其在我市缴纳个人所得税年度起，前三年由受益财政实行等额奖励、后三年实行减半奖励。

（五）引进人才补助。市区融资租赁企业从市外全职引进的紧缺急需专业人才，在宿工作并签订 3 年以上劳动合同的具有全日制博士学位（或正高职称）、硕士学位（或副高职称）以及"985"高校本科毕业生纳入"宿迁英才计划"，按照"宿迁英才计划"人才补助标准给予相应补贴。

四、营造发展环境

（一）建立联席会议制度。建立市融资租赁工作联席会议制度，由市政府分管领导召集，市金融办牵头，市商务、财政、工商、人行、银监、国税、地税等相关部门参加，研究协调融资租赁发展中的有关问题。市商务局负责帮助申请人做好融资租赁公司或分支机构的设立申报工作，宿迁银监分局负责帮助申请人做好金融租赁公司或分支机构的设立申报工作，市工商局负责帮助办理工商注册登记手续，人民银行宿迁市中心支行负责银租合作相关工作，市财政局、国税局、地税局、金融办做好优惠政策落实及兑现工作。市各有关部门和单位要结合自身职能，密切配合，共同推进我市融资租赁业发展。

（二）优化服务。对新设、引进融资租赁机构，我市在资金引入、公司登记等各方面简化手续，提供"一站式"注册审批服务。将融资租赁业明确为全市支持和重点发展的行业，帮助推介优质项目，搭建与银行、担保、保险等金融机构合作平台，做大做强融资业务，切实提供优质服务。

（三）设立融资租赁业发展基金。为推动融资租赁业发展，市、区设立融资租赁业发展基金，主要用于融资租赁机构引进设立等补助，促进融资租赁机构的健康快速发展。

本意见由市金融办负责解释，自公布之日起施行。

宿迁市人民政府

2014 年 5 月 28 日

深圳市"营改增"试点实施工作指引（之九）（节选）

二、有形动产融资性售后回租业务发票的开具

按照《关于融资性售后回租业务中承租方出售资产行为有关税收问题的公告》（国家税务总局 2010 年第 13 号）、《财政部　国家税务总局关于将铁路运输和邮政业纳入营业税改征增值税试点的通知》（财税〔2013〕106 号，附件 2）规定，试点纳税人提供融资性售后回租服务开具发票的操作规定如下：

（一）融资性售后回租业务中承租方出售资产的行为，不属于增值税和营业税征收范围，不征收增值税和营业税。承租方开具增值税普通发票不需办理免税备案手续，在增值税纳税申报时不需申报该项销售额。

（二）承租方为自开票企业，可自行开具增值税免税普通发票。

（三）承租方为代开发票企业，可按照本条第四款规定的资料向主管税务机关申请代开增值税免税普通发票。

（四）承租方申请代开增值税免税普通发票或自开票企业申报异常审核时，应提供以下资料：

1. 提供融资性售后回租服务的合同；

2. 标的物设备购进的发票或相关证明；

3. 标的物设备按固定资产管理入账的相关证明（个人除外）。

浙江省经济和信息化委员会关于在海宁市等4个县（市）开展中小企业融资租赁试点工作的通知

浙经信企资〔2014〕266号

各市、县（市、区）经信委（局）：

为进一步拓宽我省中小企业融资渠道，缓解企业融资困难，推动企业转型升级，经研究，决定在海宁市、海盐县、苍南县、永康市4个县（市）开展中小企业融资租赁试点工作。现就做好试点工作通知如下：

一、制定试点工作方案。试点县（市）要组织开展摸底调查，深入了解和掌握当地中小企业融资需求，制定融资租赁试点工作实施方案，研究推动融资租赁工作的具体政策，搭建对接平台。

二、加强宣传推广。加大融资租赁业务的宣传，通过开展培训、现场会等多种方式，进一步提高中小企业对融资租赁融资方式的认识，努力帮助企业拓宽融资渠道。

三、做好经验总结。试点县（市）对试点工作取得的成绩、存在的问题以及有关对策和建议，要及时进行总结并上报我委企业融资处。

请试点县（市）高度重视，切实把推动中小企业开展融资租赁业务作为缓解中小企业融资难、融资贵的重要探索，创新工作方法，为在全省推广提供经验。

（联系人：徐顺爱，电话：0571－87055250）

浙江省经济和信息化委员会

2014年6月16日

珠海市人民政府关于促进科技
金融发展的实施意见

珠府〔2014〕72 号

横琴新区管委会，各区政府（管委会），市府直属各单位：

为深入贯彻落实党的十八届三中全会精神，促进科技金融发展，推进自主创新，加快经济转型升级，根据《广东省人民政府办公厅关于促进科技和金融结合的实施意见》、《中共珠海市委关于全面深化改革的实施意见》等文件，结合珠海实际，制定本实施意见。

一、深刻认识促进科技金融发展的重要意义

（一）促进科技金融发展是我市深入实施和实现国家战略、推进粤港澳紧密合作的需要。《珠江三角洲地区改革发展规划纲要（2008～2020 年)》明确将珠海定位为珠江口西岸核心城市，《横琴总体发展规划》将横琴定位为"一国两制"下探索粤港澳合作新模式的示范区、深化改革开放和科技创新的先行区、促进珠江口西岸地区产业升级发展的新平台。促进科技金融发展，有利于发挥横琴通关制度创新和金融创新先行先试，以及高新区科技创新资源相对集中的优势，聚合珠三角的资源、产业、科技优势，吸引国外和港澳的人才、资金等优质资源，推进粤港澳融合发展，并通过高新技术的转移、扩散和外溢效应，促进珠三角和内地传统产业的技术改造和优化升级。

（二）促进科技金融发展是提高自主创新能力、加快建设创新型城市的需要。党的十八大明确提出实现创新驱动发展战略。科学技术是第一生产力，金融是科学技术发展的第一推动力，科技创新和产业化离不开金融的支持。当前，我市正在推进创新型城市建设，促进科技金融发展，构建多层次、多渠道、多元化的科技金融体系，有利于以资本为带动和支撑，吸引技术、知识、人才等创新驱动要素向我市集聚，使我市形成雄厚的科技实力、较强的创新能力和明显的科技产业优势，加快实现创新驱动发展和建设创新型城市。

（三）促进科技金融发展是推动经济加快转型升级和提质增效的需要。当前，我市正在加紧构建"三高一特"现代产业体系，努力优化经济结构，实现产业转型升级。就全球产业革命而言，每一次产业革命的兴起无不源于科技创新，成于金融创新。促进科技金融发展，有利于缓解科技型企业特别是中小型科技企业"融资难"问题，引导金融资源向科技领域配置，加快科技创新步伐，加速科技成果转化及产业化，提高企业技术创新能力，发展壮大我市高新技术产业和战略性新兴产业；同时，通过促进科技金融发展，推动金融业创新发展机制、金融产品和相关服务，提升金融业服务实体经济的能力和水平，拓宽金融业发展空间，通过科技创新和金融创新"双擎"驱动，加快我市产业转型升级和经济发展方式转变。

二、科技金融发展的目标和原则

（四）科技金融发展目标。科技金融的总体发展目标是：以市场为导向，以产业为支撑，以科技创新和金融创新为动力，促进政产学研资紧密合作，将珠海建成科技金融环境一流、科技与金融对接机制成熟高效、科技与金融资源集聚规模效应显著的科技金融排头兵。具体工作目标是：到 2017 年，我市科技金融业务规模及科技企业境内外上市数和融资额在"十一五"基础上翻一番，股权（创业）投资企业突破 400 家，科技（型）支行、科技保险支公司、科技融资担保公司及科技小额贷款公司等科技金融机构齐全，科技金融产品和服务丰富，新能源、新材料、生物技术和新医药、智能电网、节能环保、新一代信息技术和软件、新能源汽车、航空、软件与集成电路设计、海洋工程装备等高新技术产业的金融服务覆盖面和满足度大幅提升，科技金融创新水平和服务能力跻身全省前列。

（五）科技金融发展基本原则。坚持市场导向，创新体制机制，强化市场配置资源的决定性作用；坚持政策引领，创新科研资金管理模式，通过财政投入，撬动更多的社会资源，引导各类金融机构和民间资金参与科技创新；坚持需求带动，加强资源整合，强化金融服务的系统创新；坚持产融结合，促进良性互动，实现科技产业与金融产业的共赢发展；坚持先行先试，深化改革开放，发挥横琴新区"金融大平台"和高新区"高新技术产业主战场"的辐射作用，加强两区联动以及科技创新和金融创新的对接。

三、建立和完善科技金融服务体系

（六）鼓励设立科技（型）支行或专营部门。支持珠海农商行、浦发银行珠海分行等银行机构，设立科技（型）支行或专营部门，实行专门的信贷管理与考核机制，采用"专业人员、专业机构、专门机制"策略，由专业化的团队和科技金融复合型人才研究市场、研究企业，为科技型企业提供针对性的服务。（高新区管委会牵头，珠海银监分局、市金融工作局配合）

（七）支持设立科技小额贷款公司。支持珠海金融投资控股有限公司（以下简称珠海金控）、省粤科集团等发挥国有企业资本引领和示范带动作用，在高新区发起设立科技小额贷款公司。鼓励我市上市公司、科技型企业、创业投资企业等投资兴办科技小额贷款公司，支持科技型中小企业发展。鼓励科技小额贷款公司采取贷款和投资相结合的经营方式，支持科技型企业发展。（高新区管委会牵头，市金融工作局、珠海金控配合）

（八）支持设立科技融资担保公司。支持珠海金控发起设立科技融资担保公司，引导社会资金参与设立科技融资担保公司，支持科技型企业发展。鼓励和吸引大型担保公司到我市设立科技担保事业部，为科技型企业的信用贷款提供担保，解决科技型企业因抵押物不足导致融资难的问题。（高新区管委会牵头，市金融工作局、珠海金控配合）

（九）鼓励发展科技保险专营机构。支持有条件的保险公司设立科技保险支公司或科技保险业务部，专门开展科技保险服务，并实行专门的考核管理办法。鼓励保险公司在保费收入中安排一定比例资金，专门用于充实科技保险偿付准备金，促进科技保险业务扩大和发展。（高新区管委会牵头，市金融工作局、市保险业协会配合）

（十）支持设立科技融资租赁机构。支持设立科技融资租赁机构，为我市科技型企业提供融资租赁服务。鼓励科技融资租赁机构开展业务创新、不动产租赁业务、跨境租赁业务，支持科技融资租赁机构在珠海产权交易中心、广东金融资产交易中心等交易市场上公开进行租赁资产交易。（高新区管委会牵头，横琴新区管委会、市金融工作局、珠海金控配合）

（十一）支持珠海金控建成政策性科技金融大平台。支持珠海金控完善经营管理机制，在原有业务基础上，积极设立科技小贷、科技融资担保、科技融资租赁、天使投资、知识产权交易等科技金融机构，开展科技金融创新业务，提升科技金融业务核心竞争力和影响力，建成我市科技金融创新发展的主渠道、主平台和主力军。（珠海金控牵头，横琴新区、高新区管委会、市金融工作局配合）

四、加快推进科技金融产品创新

（十二）完善科技信贷管理机制。鼓励银行业金融机构完善科技企业贷款利率定价机制，充分利用贷款利率风险定价和浮动计息规则，根据科技型企业成长状况，动态分享相关收益。完善科技贷款审批机制，通过建立科技贷款绿色通道等方式，提高科技贷款审批效率。通过借助科技专家咨询服务平台，利用信息科技提升评审专业化水平。完善科技信贷风险管理机制，探索设计专门针对科技信贷风险管理的模型，提高科技贷款管理水平。完善内部激励约束机制，建立中小科技企业信贷业务拓展奖励办法，落实授信尽职免责机制，有效发挥差别风险容忍度对银行开展科技信贷业务的支撑作用。（珠海银监分局牵头、各金融机构配合）

（十三）丰富科技信贷产品体系。在有效防范风险的前提下，鼓励银行与创业投资、证券、保险、信托等机构合作，创新交叉性金融产品，建立和完善金融支持科技创新的信息交流共享机制和风险共控合作机制。全面推动符合科技企业特点的金融产品创新，逐步扩大仓单、订单、应收账款、产业链融资、股权质押、知识产权质押贷款的规模。鼓励探索以贷款和投资相结合的方式支持科技型企业发展。（珠海银监分局牵头、各金融机构配合）

（十四）大力发展知识产权质押融资。支持金融机构扩大质押物范围，开发知识产权质押融资新品种，开展以知识产权组合为基础的资产管理、信托等业务。引导金融机构建立知识产权质押融资综合授信模式，扩大质押融资规模，降低融资成本和风险。支持保险机构开发与知识产权相关的保险业务。引导创业投资、担保、银行、保险等机构为知识产权的孵化、经营、转让、许可等提供组合式的创新金融服务。鼓励服务机构开展知识产权价值评估和交易业务，支持中小企业与服务机构对接，开展知识产权托管业务。（市知识产权局、市金融工作局牵头，人民银行珠海中心支行、高新区管委会等配合）

（十五）推动科技保险产品创新和科技担保业务发展。支持高新区开展科技保险试点和"国家专利保险试点"工作。鼓励保险机构开发自主创新首台（套）产品（设备）推广应用、融资以及人员保障类等适合科技型企业的保险产品，丰富科技保险服务。建立完善担保、再担保、反担保机制，支持科技融资担保机构进一步开发适合科技型企业的担保新品种。通过共享项目资源、探索使用认股权证等方式建立担保与创投业务协同机制，促进科技融资性担保机构与创投机构合作。（高新区管委会牵头，市金融工作局、市保险协会配合）

（十六）推动互联网金融产业发展。抓住互联网金融发展的机遇，支持我市互联网金融产业发展。优化工商注册流程，大力支持互联网金融企业在我市注册设立。引导互联网金融企业在我市聚集发展，加强对互联网金融企业的孵化和服务；鼓励互联网企业开展科技与金融相结合的技术创新和商业模式创新；鼓励和推动金融机构通过互联网开展包括跨境理财等方面的业务创新。（横琴新区管委会牵头，高新区管委会、市金融工作局配合）

五、构建和利用多层次资本市场支持科技型企业发展

（十七）继续推动科技型企业上市。建立科技型企业上市后备资源库，稳步有序扶持企业上市。大力发展科技中介服务机构，加强对拟上市科技型中小企业的分类指导和培育。引导民营科技型中小企业进行股份制改造，建立现代企业制度，完善公司治理。在权益明确、发展用地保障、申报科技和产业化项目等方面对后备上市科技型企业给予优先支持，推动符合条件的企业在主板、中小板、创业板以及境外上市。鼓励已上市的科技企业通过再融资、兼并重组做大做强。（市金融工作局牵头，相关单位配合）

（十八）重点推动科技型企业上"新三板"。强化对科技型企业上市工作的分类指导和培育，支持和鼓励具备条件的科技型企业在全国中小企业股份转让系统（新三板）挂牌。支持新三板挂牌的企业，在符合沪、深交易所交易条件下进行转板。（市金融工作局牵头，相关单位配合）

（十九）探索建立科技型企业产权交易市场。依托广东金融资产交易中心、珠海产权交易中心等交易平台，探索开展区域性非上市科技型企业产权交易，推动建立知识产权交易中心，依法合规开展企业产权和股权交易、科技成果和知识产权转让、相关抵质押物流转和处置。完善有利于知识产权流转的服务和监管机制，搞活市场交易，增加科技型企业融资选择，拓宽创业投资基金退出渠道。鼓励非公开上市的科技型企业通过股权质押、知识产权质押等方式进行融资。（横琴新区管委会牵头，市知识产权局、市金融工作局、珠海金控等配合）

（二十）鼓励科技型企业利用债券市场融资。支持科技型企业通过发行企业债、公司债、短期融资券、中期票据、中小企业集合票据、中小企业集合债券、小微企业增信集合债券、中小企业私募债等产品进行融资。鼓励和支持相关部门通过优化工作流程，提高发行工作效率，为科技型企业发行债券提供融资便利。对符合条件的科技型企业发行直接债务融资工具的，鼓励中介机构适当降低收费。继续推动并购债、可转债、高收益债等产品发展，支持科技型企业滚动融资，行业收购兼并和创投公司、私募基金投资和退出。（人民银行珠海中心支行、高新区管委会、市发改局牵头，相关单位配合）

六、着力培育、发展天使投资和创业投资

（二十一）加快设立发展种子基金和科技孵化基金。依托现有的市创业投资引导基金，大力发展政策性种子基金。积极引导社会资本设立科技孵化基金，加

强对科技企业孵化器的金融支持，支持公共服务平台建设。鼓励各区、各有关单位采取参股、设立专项资金等方式，引导高等院校、科研院所、科技园区以及社会资本加大对孵化体系投入。（高新区管委会牵头，市科工贸信局、市教育局及相关单位配合）

（二十二）加大对大学科技园区的金融支持。鼓励银行、股权投资基金等金融机构加大对大学科技园区建设的支持力度，进一步发挥大学园区科技和人才资源丰富的优势，发挥大学园区科技创新领军作用，促进企业、科研机构和高等院校之间建立技术联盟和产业联盟，加快火炬中心南方基地、清华科技园科技孵化基地、南方可视化工业设计中心等平台建设。（市教育局、高新区管委会牵头，市金融工作局、市科工贸信局等单位配合）

（二十三）引导创业投资机构投资科技型企业。在横琴新区建立创业投资机构集聚区，吸引境内外创业投资机构入驻。加强与国内外知名创业投资机构及行业组织合作，建立长效合作机制，定期举办创业投资机构和科技型企业对接活动。进一步发挥国有创业投资机构的政策性功能，促进其加大对种子期和初创期高科技企业的投资力度。（市金融工作局牵头，横琴新区、高新区管委会、市财政局配合）

（二十四）设立天使投资基金。依托珠海市创业投资引导基金和其他国有创投基金，引导境内外企业、社会团体、个人在横琴新区和高新区设立天使投资基金，专门投向我市初创期科技型中小企业。支持天使投资机构向我市科技型中小企业投资，对获得天使投资的企业，鼓励国有创投资本进行跟进投资。（高新区管委会牵头，横琴新区管委会、市金融工作局、珠海金控配合）

七、完善促进科技和金融结合的其它配套政策

（二十五）加强高新区"科技金融试点示范"建设。支持高新区加快推进科技金融创新试验区建设，鼓励开展金融政策和体制创新，加大专项资金扶持力度，引导科技和金融资源更好更快地向产业领域配置，打造"科技金融创新发展示范区"。及时总结和推广试点经验，支持有条件的镇、工业园等产业集聚区结合自身实际，促进科技和金融结合。（高新区管委会牵头，相关部门配合）

（二十六）加强科技金融信用体系建设。以市企业融资增信平台为基础，进一步完善平台功能，加强科技型企业信用信息的收集、整合及运用，引导金融机构与科技型企业通过珠海市企业融资增信平台实现融资对接，改善科技型企业融资服务。进一步完善"四位一体"和"成长之翼"融资服务模式，加强和改进对科技型中小企业的支持。（人民银行珠海中心支行、市科工贸信局牵头，市金

融工作局等相关部门配合）

（二十七）加强科技金融服务集聚区建设。支持高新区建设科技金融广场，吸引金融机构、律师、注册会计师、资产评估、信息咨询等中介机构进驻，逐步建成集融资服务、评估、咨询、法律、财务、担保、培训等多功能为一体的科技金融服务中心，增强聚集效应和放大效应，形成完整的融资服务链，为处于不同成长阶段的中小科技型企业提供多层次、立体化、全过程的融资服务。（高新区管委会牵头，市金融工作局、市科工贸信局配合）

（二十八）加强政银企对接。由政府部门组织并提供场地，各类金融机构提供服务，企业深度参与，定期举办政策解读会、科技金融集市、创业咖啡、项目深度剖析沙龙、项目融资辅导营等多种形式的科技与金融对接活动，形成务实有效的常态化的科技金融对接机制，打造我市科技金融对接活动的服务品牌。（高新区管委会牵头，市金融工作局、珠海银监分局、人民银行珠海中心支行配合）

（二十九）突出区域特色，加强区域联动。发挥横琴金融创新集聚区的辐射作用，加强横琴新区与高新区的有效对接，鼓励横琴新区各类金融机构在高新区设置服务机构，引导横琴新区金融资本优先投向高新区的产业、孵化器、加速器等。建立两区之间的联席会议及信息通报制度，形成长效对接机制。（横琴新区牵头，高新区管委会、市金融局等配合）

（三十）加强珠港澳合作联动。发挥珠海毗邻港澳的地理优势和横琴的国家战略定位优势，利用粤港澳合作机制和珠澳金融合作机制，加强与港澳的联动，吸引港澳科技、资金、人才资源进入珠海，借力港澳合作促进科技金融发展。（横琴新区管委会牵头，市金融局等相关部门配合）

（三十一）建立健全鼓励科技金融发展的政策体系。梳理、整合财政支持科技和金融发展的资金，出台支持科技金融专营机构、科技保险业务、天使投资、创业投资、知识产权质押贷款、互联网金融等发展的配套资金扶持办法。创新财政资金投入机制，综合运用引导基金、专项补贴、风险补偿、贷款贴息等多种资金扶持方式激励和引导金融机构开展科技金融业务，发挥财政资金杠杆作用，撬动更多金融资本支持鼓励科技型企业特别是中小科技型企业的发展。扶持资金由市区两级分担，以区级资金投入为主。具体配套政策由市财政局牵头统筹，各相关部门制定。（市财政局牵头，市科工贸信局、市金融工作局、高新区管委会、横琴新区管委会等配合）

八、加强组织领导和统筹协调，营造促进科技金融发展的良好环境

（三十二）构建促进科技金融发展三级工作架构。成立市促进科技金融发展领导小组（以下简称"领导小组"），统筹相关部门资源，协调落实科技金融政策和相关重大事项，形成上下联动、协同推进的工作格局。领导小组组长由市长担任，副组长由分管副市长担任，横琴新区、高新区管委会、市发改局、市科工贸信局、市财政局、市金融工作局、市国税局、市地税局、市工商局、人民银行珠海中心支行、珠海银监分局、市保险行业协会主要负责人为成员，不定期召开碰头会议。领导小组办公室设在市金融工作局，负责日常工作。成立市科技金融综合服务中心，作为全市科技金融的综合性对外服务平台。为尽快启动，更好地利用和集中资源，由珠海市生产力促进中心加挂珠海市科技金融综合服务中心牌子，并承担珠海市科技金融综合服务中心的职责任务。采用政府购买服务、财政对具体活动及项目予以资助等多种形式，为科技金融综合服务中心开展工作提供人、财、物支持。（市金融工作局、市科工贸信局牵头，相关部门配合）

（三十三）引进培养科技金融创新人才。大力实施科技金融人才战略，结合《关于"蓝色珠海高层次人才计划"的实施意见》、《珠海市高层次人才创新创业资助办法》的实施，吸引国内外高端科技和金融人才来我市创业。探索与发达国家及港澳台地区建立科技金融人才交流培养机制，加大科技金融人才培养和引进力度。鼓励高等院校建立科技金融教育、培训和研究基地，加强科技金融相关学科建设，提高科技金融人才培养水平。落实和完善扶持政策，进一步完善对科技金融人才的激励机制。（横琴新区、高新区管委会牵头，相关部门配合）

（三十四）加大宣传力度。各有关部门、金融机构和新闻单位要积极组织开展促进科技与金融结合的理论研讨及经验交流，创新发展思路、破解发展难题。广泛宣传促进科技和金融结合的重要意义，大力宣扬新机制新举措，推广好经验、好典型，不断把我市促进科技和金融结合工作引向深入。（市金融工作局、市科工贸信局牵头，相关部门配合）

珠海市人民政府
2014 年 7 月 2 日

关于印发《武汉市中小工业企业融资租赁项目补贴暂行办法》的通知

各区（开发区）经信局（经发局、企业服务局）、财政局，各有关单位：

为进一步缓解中小企业融资难、融资贵问题，充分发挥财政资金引导作用，市经信委、市财政局联合制定了《武汉市中小工业企业融资租赁项目补贴暂行办法》。现印发给你们，请遵照执行。

武汉市经济和信息化委员会
武汉市财政局
2014 年 7 月 28 日

武汉市中小工业企业融资租赁项目补贴暂行办法

第一章 总 则

第一条 为加大向融资性租赁公司租赁设备的我市工业企业的扶持力度，减轻企业融资租赁负担，根据《市人民政府关于切实缓解企业融资困难促进工业经济又好又快发展的若干意见》（武政〔2011〕66 号）精神，制定本办法。

第二条 武汉市中小工业企业融资租赁项目补贴（以下简称项目补贴），是由市中小企业（民营经济）发展专项资金安排，专项用于对我市规模以上中小工业企业向租赁公司发生融资性租赁的费用进行的补贴。

第三条 本办法所称的中小工业企业，是指在武汉市依法设立的、符合《关于印发中小企业划型标准规定的通知》（工信部联企业〔2011〕300 号）中规定的工业类中小企业。

第二章 资金使用范围及标准

第四条 项目补贴采用无偿资助的方式，对我市规模以上中小工业企业当年发生的融资租赁项目，按当年融资租赁费的 20% 给予一次性补助，单户企业补助总额不超过 50 万元。

第五条 符合本办法第三条规定且达到以下条件的中小工业企业可申请补贴资金：

（一）具有独立法人资格；

（二）财务管理制度健全，及时向同级财政、经信部门报送财务、经营信息；

（三）经济效益及发展前景良好；

（四）会计信用和纳税信用良好，企业上一年度上缴税金总额在 10 万元（含）以上。

第三章 资金的申请、受理、审核及拨付

第六条 企业申请补贴时，应提交以下资料：

（一）营业执照、工商登记证、税务登记证、法定代表人身份证复印件；

（二）融资租赁项目业务凭证原件及复印件：与融资租赁机构合作协议、租赁合同、租金发票、租赁设备到货（收货）确认函、设备购买发票等（验原件，留存复印件）；

（三）上年度经会计师事务所审计的审计报告复印件；

（四）上年度企业上缴税金证明复印件；

（五）加盖企业公章的《武汉市中小工业企业融资租赁项目补贴申请表》。

以上材料须按 A4 纸型制作并装订成册。

第七条 申报及推荐。申报企业按要求向所属区区级经信部门报送材料，各区经信部门会同区财政局对申报项目进行审核推荐，将符合申报条件的项目汇总报送至市经信委、市财政局。

第八条 审核及拨付。市经信委会同市财政局对企业申报材料进行联合审核。审核通过后，市财政局会同市经信委提出资金分配方案并下达资金计划，办理资金拨付。

第四章 监督检查

第九条 企业在项目申报及资金使用过程中，有提供虚假资料、骗取资金等违规行为，一经查实将追回已经拨付的资金；涉嫌犯罪的，依法追究相关法律责任。

第十条 企业收到专项补贴后，应按照《企业财务通则》（财政部令 41 号）第二十条的相关规定进行财务处理。

第五章　附则

第十一条　本办法由市财政局、市经信委负责解释。

第十二条　本办法自发布之日起开始实施。

关于印发《横琴新区促进融资租赁业发展试行办法》的通知

珠横新办［2014］36号

区直各部门：

《横琴新区促进融资租赁业发展试行办法》经区管委会同意，现印发给你们，请认真贯彻执行。执行过程中遇到问题，请径与区财金事务局联系。

横琴新区管委会办公室
2014 年 8 月 26 日

横琴新区促进融资租赁业发展试行办法

第一条 为大力发展融资租赁业，鼓励融资租赁机构在横琴新区集聚与发展，根据《国务院关于横琴开发有关政策的批复》、《广东省建设珠江三角洲金融改革创新综合试验区总体方案》、《横琴总体发展规划》及《国务院办公厅关于加快飞机租赁业发展的意见》等有关规定和政策，结合横琴新区实际，制定本办法。

第二条 本办法所称融资租赁机构，是指依法注册、经营的金融租赁公司、外商投资租赁公司、内资融资租赁公司及其分支机构和租赁项目子公司。

本办法所称租赁项目子公司，是指融资租赁机构为隔离风险而设立，从事飞机、船舶、大型设备等融资租赁业务的项目子公司。

本办法所称设备，是指生产设备、通信设备、医疗设备、科研设备、检验检测设备、工程机械设备、办公设备等各类设备。

第三条 在横琴新区设立或引进的融资租赁机构，适用本办法。

第四条 成立金融创新工作小组（简称工作小组），统筹推进融资租赁业发展工作。工作小组由区管委会分管副主任担任组长，成员包括区统筹发展委员会、区产业发展局、区财金事务局、区国税局、区地税局、区工商局、区金融服务中心等单位主要领导。工作小组办公室设在区金融服务中心，负责日常工作。

第五条 区管委会每年在总部企业发展奖励资金中安排一部分资金作为融资租赁业发展专项奖励资金，用于推进融资租赁产业集聚，扶持落户融资租赁机构发展。

第六条 鼓励在横琴新区设立融资租赁机构，支持引进融资租赁机构落户横琴新区。

支持融资租赁机构在横琴新区设立租赁项目子公司并开展融资租赁业务。允许外商投资租赁公司、内资融资租赁公司设立租赁项目子公司按一般公司设立流程在区工商局办理登记注册手续，不设最低注册资本金限制。

第七条 鼓励融资租赁机构开展飞机、船舶、游艇及其发动机、零部件租赁等航运金融业务。

鼓励融资租赁机构利用互联网金融技术，开展线上融资租赁业务。支持融资租赁机构与银行、信托、保险、担保、证券等机构合作开发租赁保理、供应商租赁、租赁信托、租赁保险、租赁担保、租赁资产转让和房地产信托投资基金（REITS）等创新型产品，增强融资租赁业的金融服务功能。

鼓励融资租赁机构探索开展融资租赁与风险投资相结合、租赁债权与投资股权相结合的风险租赁业务。支持融资租赁机构以租金、租赁物残值、承租企业股权作为主要收益，为企业提供融资、管理、技术、财务、法律等综合型增值服务。

鼓励融资租赁机构开展与主营业务有关的商业保理业务。

第八条 鼓励融资租赁机构按照相关规定开展不动产租赁业务，参与重大基础设施、城市基础设施等重大工程建设。

第九条 支持融资租赁机构开展跨境融资租赁业务，从国内外购买船舶、飞机、海工设备、医疗器械及其发动机、零部件等国家鼓励进出口的设备，租赁给境内外企业使用。

鼓励融资租赁机构在境外设立租赁项目子公司，开展境外或跨境融资租赁业务。支持融资租赁机构开展境外融资租赁业务。

融资租赁机构开展境外融资租赁业务的，不受现行境内企业境外放款额度限制，在按规定到注册地外汇管理局办理融资租赁对外债权登记手续后可直接到融资租赁机构所在地银行开立境外放款专用账户，用于保留对外融资租赁租金收入。

第十条 鼓励融资租赁机构开展国产飞机租赁业务。

第十一条 支持金融租赁公司进入银行间市场，调剂资金头寸和临时性资金余缺；支持融资租赁机构通过上市和发行金融债券、企业债券、公司债券、短期融资券、中期票据等方式，扩大融资规模；支持融资租赁机构通过信托、私募投资基金等方式融资；支持融资租赁机构通过证券公司、基金公司和信托公司等以特定化的财产或财产权利为基础发行资产支持证券，进行融资；支持融资租赁机构通过短期外债融通外汇资金，利用中长期外债拓展融资渠道；鼓励保险、证券、私募投资基金等机构采用债权、股权等方式投资融资租赁机构。

支持融资租赁机构在珠海产权交易中心、广东金融资产交易中心等交易市场上进行租赁资产交易、转让，为投资者合理退出创造机制。

支持融资租赁机构采用复合式供应链融资、产业链融资、商业圈融资和企业群融资等方式拓宽融资渠道。

第十二条 鼓励融资租赁机构为珠海市企业提供融资服务，推动珠海市"三高一特"产业发展。鼓励融资租赁机构购买珠海市企业研发生产的先进设备，促进企业发展，提升企业自主创新能力。

第十三条 鼓励设立支持中小微企业采用融资租赁进行融资的担保机构，扩大融资租赁机构面向中小微企业的业务规模。

第十四条 争取国家税收政策支持，允许融资租赁机构从境外购入飞机、船舶、游艇及其他与生产有关的大型设备实行保税监管，并办理有关进境备案手续，租赁给境内外企业时，由原购入机构按照租赁方式分期缴纳进口关税和进口环节增值税，或在租赁期限届满前一次性缴纳全额税款，涉及许可证件管理的，同时向海关提交相关许可证件；租赁物在租赁期间应当接受海关监管，购入时应当按照海关规定提供税款担保。

第十五条 融资租赁机构一般贸易项下进口飞机并租给国内航空公司使用的，享受与航空公司进口飞机同等税收优惠政策。

第十六条 融资租赁机构开展飞机租赁业务的，自 2014 年 1 月 1 日起至 2018 年 12 月 31 日止，暂免征收购机环节购销合同印花税。

允许银行及其他金融组织开展融资租赁业务签订的融资租赁合同，按照融资租赁合同所载租金总额计征印花税时适用借款合同万分之零点五的印花税率。

第十七条 在融资租赁机构工作的香港、澳门居民享受《广东省财政厅关于在珠海市横琴新区工作的香港、澳门居民个人所得税税负差额补贴的暂行管理办法》规定的优惠政策。

在融资租赁机构工作的其他境内外居民（香港、澳门居民除外），符合《珠海经济特区横琴新区人才开发目录》规定的，享受《珠海经济特区横琴新区特殊人才奖励办法》规定的优惠政策。

对不符合本条前两款规定的融资租赁机构高级管理人员，可参照《横琴新区促进总部经济发展办法》的有关规定执行。

第十八条 金融租赁公司应于每年年度终了对承担风险和损失的资产计提一般准备金，一般准备金额原则上不得低于风险资产期末余额的 1.5%。融资租赁机构发生的损失，可按照《中华人民共和国企业所得税法》的有关规定在税前据实扣除。

融资租赁机构租赁的机器设备符合技术进步使产品更新换代较快等规定条件，并确需加速折旧的，可采用缩短折旧年限方法计算，但最短折旧年限不得低于规定的 60%；或者采用双倍余额递减法或年数总和法计算。

第十九条 对在横琴新区注册、经营的融资租赁机构，按照其对横琴新区经济社会发展贡献情况给予奖励：

（一）自第一个纳税年度起，前两年按照其缴纳企业所得税、营业税形成横琴新区年度财力贡献总额的 100% 给予奖励；后三年按照其缴纳企业所得税、营业税形成横琴新区年度财力贡献总额的 60% 给予奖励。

（二）自第一个纳税年度起，连续两年按照其缴纳增值税形成横琴新区年度财力贡献总额的 50% 给予奖励。

（三）对横琴新区内政府物业和商业物业售后回租业务，按照融资租赁机构购买环节和原业主回购环节缴纳契税形成横琴新区年度财力贡献总额的 100% 给予奖励。因特殊情况，售后回租业务未能实施，物业所有权未转移到原业主的，融资租赁机构应全额退还已经获得的奖励资金。

（四）融资租赁机构开展跨境融资业务的，按照其为境外主体代扣代缴的预提企业所得税形成横琴新区年度财力贡献给予下列奖励：

1. 50 万元人民币以上的，按贡献额的 30% 予以奖励。

2. 150 万元人民币以上的，按贡献额的 40% 予以奖励。

3. 300 万元人民币以上的，按贡献额的 50% 予以奖励。

符合珠海市相关规定的融资租赁机构，可申请相关奖励资金。

第二十条 注册资本全额到位的融资租赁法人机构，在横琴新区租赁自用办公用房的，按照实际租赁面积连续 3 年给予房租补贴，房租单价补贴标准为房屋租金市场价的 30%（最高不超过 30 元/平方米），最高补贴面积不超过 1000 平方米。在横琴新区无自用办公用房，购买横琴新区自用办公用房（不包括附属设施和配套用房）的，按其购买自用办公用房所缴纳契税形成横琴新区地方财力贡献总额的 80% 给予补贴，最高补贴面积不超过 1000 平方米。享受购房补贴的办公用房 5 年内不得对外租售。

第二十一条 鼓励融资租赁机构引进精英人才。对在融资租赁机构工作、符合条件的精英人才，享受精英人才安居保障政策。

第二十二条 重点引进大型融资租赁机构。对符合创新金融总部企业条件的融资租赁机构，经认定，享受《横琴新区促进总部经济发展办法》规定的优惠政策。

第二十三条 符合本办法规定的融资租赁机构申请本办法第十九条第一款和第二十条规定的奖励资金或补贴资金的，应当向区金融服务中心提交申请。区金融服务中心受理后 15 个工作日内出具初审意见，并及时提交区发展总部经济工作领导小组办公室（简称区总部办）审定。区金融服务中心根据区总部办审定的结果，向融资租赁机构出具书面通知。

区管委会每年 7 月核算上年度经区总部办审定的融资租赁机构的经济社会发展贡献，符合本办法规定的，原则上一个月内兑现奖励政策。有关数据统计时间为每年度的 1 月 1 日至 12 月 31 日。

第二十四条 区财金事务局支持相关预算单位在项目建设、设备采购中采用各类融资租赁模式进行融资，在符合国家政策的前提下，将相关资金列入年度部门预算。鼓励负债率高的企业通过融资租赁方式减少负债，实现资产轻量化经营，改善生产经营状况。

第二十五条 区相关部门应简化办事程序，为融资租赁机构办理相关手续开辟绿色通道，并提供下列跟踪服务：

（一）项目论证的信息、政策、法律等咨询服务。

（二）为融资租赁机构注册提供全程服务，协调完成工商注册、外商投资许可、税务、质量技术监督、外管、海关、检验检疫、边检、海事等登记手续。

（三）在融资租赁机构经营过程中，为项目运作提供法律、财税、会计和融资等咨询服务，协助完成项目运作。

（四）保守商业秘密。

第二十六条 鼓励融资租赁机构的高级管理人员在横琴新区工作和发展，可按照横琴新区户口迁移管理有关规定，优先协助办理横琴新区户籍迁入申请。

第二十七条 融资租赁机构的高级管理人员（含非本地户籍）子女，申请就读我区义务教育阶段学校的，由区教育部门统筹协调，优先安排入学；申请就读市内区外义务教育阶段学校的，区管委会协调市、区教育部门统筹就近安排入学。

第二十八条 对融资租赁机构的高级管理人员、高级技术人员、高端专业人士提供出入境便利，优先协助办理因公出国（境）申请。积极协助融资租赁机构聘用的外籍高级管理人员、高级技术人员、高端专业人士及其家属办理 1 至 5 年居留许可。

第二十九条 对符合办理粤港、粤澳两地车牌条件的融资租赁机构申请办理粤港、粤澳车牌的，优先协助办理。

第三十条 区金融服务中心不定期组织各类金融论坛、学术研讨会、新产品展示会、座谈会等多种形式的交流活动，支持创建金融品牌，创新金融业务，促进融资租赁机构发展。

第三十一条 鼓励在横琴新区设立融资租赁相关的中介服务机构，为融资租赁业的发展提供会计、法律、政策咨询、资产评估、资产交易、商务服务等配套服务。

第三十二条 鼓励成立融资租赁行业协会，加强融资租赁行业信用体系建设。建立健全融资租赁行业信用体系，将融资租赁行业的交易信用信息纳入企业诚信建设体系范畴，完善信用数据库应用，建立良好的市场秩序。

区金融服务中心指导融资租赁行业协会推进联合增信，加强融资租赁机构的合作互助，探索将融资租赁行业的交易信用信息纳入珠海市企业融资增信平台。

第三十三条 融资租赁机构应当依托适宜的租赁物开展业务，不得转借银行贷款和相应资产，按照相关规定和要求，定期向区金融服务中心报告经营情况，并及时如实向相关部门报送有关信息。

第三十四条 融资租赁机构及相关人员已享受珠海市或者横琴新区相关优惠政策的，不再享受本办法规定的优惠政策。同一奖励项目既适用本办法又适用珠海市或者横琴新区其他相关规定的，可自行选择适用优惠政策，从优享受，但不得重复享受。

第三十五条 本办法自发布之日起实施，由横琴新区管委会负责解释。

广州市人民政府办公厅关于加强融资租赁企业风险防范工作的通知

穗府办函〔2014〕126号

各区、县级市人民政府，市政府各部门、各直属机构，各融资租赁企业：

融资租赁业被誉为"新经济的促进者"，是重要的融资工具。各有关单位要把发展融资租赁业作为当前促进经济发展的重点工作，通过发展融资租赁业为更多的优质产业提供有力的资金支持。为促进我市融资租赁业健康发展，规范融资租赁企业（本通知所称融资租赁企业是指外商投资融资租赁公司、内资试点融资租赁公司和金融租赁公司）的经营行为，防范经营风险，根据商务部《融资租赁企业监督管理办法》（商流通发〔2013〕337号）、《外商投资租赁业管理办法》（商务部令2005年第5号）及银监会《金融租赁公司管理办法》（银监会令2014年第3号）的有关规定，经市政府同意，现就加强融资租赁企业风险防控工作通知如下：

一、严格遵守国家有关管理办法，依法经营

（一）提高企业风险防控能力。融资租赁企业应具备与其业务规模相适应的资产规模、资金实力和风险管控能力。应当建立完善的内部风险控制体系，形成良好的风险资产分类管理制度、承租人信用评估制度、事后追偿和处置制度以及风险预警机制等。

（二）规范业务开展范围。除金融租赁公司可以吸收非银行股东3个月（含）以上定期存款外，其他融资租赁企业不得从事吸收存款、发放贷款、受托发放贷款等金融业务。严禁融资租赁企业借融资租赁的名义开展非法集资活动。

（三）强化租赁物权属登记。按照国家法律规定，租赁物的权属应当进行登记。我市融资租赁公司在开展融资租赁业务时，应按照《中国人民银行征信中心融资租赁登记规则》的规定，在中国人民银行征信中心融资租赁登记公示系统如实办理融资租赁登记，公示融资租赁合同中载明的融资租赁物权属状况，避

免因融资租赁物占有与所有分离导致的租赁物权属冲突。融资租赁公司应对登记内容的真实性、完整性和合法性负责。融资租赁企业不应接受承租人无处分权的、已经设立抵押的、已经被司法机关查封扣押的或所有权存在其他瑕疵的财产作为售后回租业务的标的物。融资租赁企业在签订售后回租协议前，应当审查租赁物发票、采购合同、登记权证、付款凭证、产权转移凭证等证明材料，以确认标的物权属关系。

二、开展行业自律，促进行业良性发展

支持广州融资租赁产业联盟（以下简称产业联盟）以及其他相关行业组织加强行业自律和依法维护行业权益，配合有关部门进行行业监督管理。

（一）建立融资租赁行业信息管理平台。依托产业联盟以及其他相关行业组织建立广州融资租赁行业信息管理平台，健全、完善行业信息统计体系，即时反馈市场信息和行业预警，市经贸委、外经贸局、金融办、国税局、地税局、工商局、人力资源和社会保障局和广州海关、国家外汇管理局广东省分局等各相关职能部门可提供相关数据，通过该管理平台实现信息共享，开展扁平化管理，有效地监督行业发展。同时，各相关职能部门为纳入管理平台的融资租赁企业提供绿色服务通道，引导融资租赁企业使用管理平台。

（二）积极推进行业自律公约。在广州范围内从事融资租赁的出租方、承租方、供货方企业必须遵守行业自律公约，共同推进行业自律，创造行业良好发展环境。任何单位和个人均有权向产业联盟以及其他相关行业组织检举会员企业违反行业自律公约的行为，产业联盟以及其他相关行业组织可根据检举开展调查，对违反行业自律公约、存在不良行为的企业、产业联盟以及其他相关行业组织可在行业内通报批评，并通过会刊、杂志、网站等媒体向社会披露不良信用信息和违规、违法行为，向有关部门提出采取依法处理措施的建议。

三、加强部门联动，提高监管效率

（一）明确部门职责。市经贸委、外经贸局、金融办等相关主管部门根据相关规定负责并配合省级商务主管部门、银监部门加强对融资租赁行业的监管。按照"谁批设机构，谁负责风险处置"的原则，市经贸委负责配合省级商务主管部门开展全市内资试点融资租赁公司监管和风险处置；市外经贸局负责配合省级商务主管部门开展全市外商投资融资租赁公司监管和风险处置；市金融办负责配合广东银监局开展全市金融租赁公司监管和风险处置。

（二）加强行业动态管理。内资试点融资租赁公司和外商投资融资租赁公司应当按照商务部的要求使用全国融资租赁企业管理信息系统，及时如实填报有关数据。融资租赁企业变更名称、异地迁址、增减注册资本金、改变组织形式、调整股权结构等，企业通报省级主管部门的同时，及时向市级相关主管部门和产业联盟以及其他相关行业组织通报。

（三）及时上报行业发展情况。在日常监管中，各市级有关部门应当重点对融资租赁企业是否存在非法集资、超范围经营等违法行为进行严格监督管理，对融资租赁企业违反规定和不配合监管等行为，一经发现应及时提交省级相关部门依法处理。

广州市人民政府办公厅

2014 年 9 月 10 日

广州市人民政府办公厅关于加快推进融资租赁业发展的实施意见

穗府办〔2014〕52号

各区、县级市人民政府,市政府各部门、各直属机构:

为贯彻落实市委、市政府关于加快产业转型升级、抢占经济制高点的决策部署,推动融资租赁业(包括外商投资融资租赁公司、内资试点融资租赁公司和金融租赁公司)快速发展并成为我市重要的金融主导产业,促进产融结合,经市人民政府同意,现提出如下实施意见:

一、总体思路和目标

(一)总体思路。围绕广州走新型城市化道路的总体要求,加快广州区域金融中心建设,紧抓全国融资租赁业加速发展的战略机遇,发挥融资租赁与实体经济的互促共赢作用,依托广州融资租赁产业联盟,推动我市制造业和服务业龙头企业,融资租赁企业和相关行业组织做大做强,提高我市重大基础设施建设、先进制造业、现代服务业三大领域融资租赁渗透率,构建完善的融资租赁法律保障体系,稳步推动我市融资租赁业集聚发展,助推我市产业转型升级。

(二)总体目标。到2016年底力争形成若干个千亿级的融资租赁产业集聚区,培育2~3家注册资本超过50亿元以上融资租赁龙头企业和设立100家以上融资租赁企业,全市融资租赁业的市场渗透率达到5%以上。通过3年时间夯实我市融资租赁业基础,优化融资租赁业发展环境,努力使我市成为华南区域融资租赁集聚中心、中国融资租赁第三极,助力提升我市区域金融中心地位。

二、促进产融结合,加大融资租赁对我市三大领域的渗透

(三)推动融资租赁业与基础设施建设有机结合。鼓励对于已建成的基础设

施通过售后回租的方式，盘活存量资产和沉淀资金，减轻财政压力。鼓励融资租赁企业开展地铁、机场、高速公路、高速铁路、污水处理、垃圾处理等基础设施设备的融资租赁业务。在同等条件下，鼓励采用融资租赁方式解决基础设施建设设备的资金问题。力争至 2016 年底，通过融资租赁方式累计为城市基础设施建设提供千亿元以上的资金支持。

（四）推动融资租赁业助力我市先进制造业转型升级。促进融资租赁与我市汽车、精细化工、电子信息、装备制造、轨道交通、船舶、工业机器人等制造业的深度融合，发挥融资租赁的资金杠杆优势，迅速做强我市先进制造业。鼓励融资租赁企业加大对产业园区建设、循环化改造的融资支持，推进我市制造业入园入区、集聚化发展；鼓励制造业企业采取售后回租的方式，实现资产轻量化经营；鼓励我市优势制造业运用融资租赁扩大对外出口，依托保税港区，实施"走出去"战略，提升我市优质制造业的国际市场竞争力，出口货物符合出口退税政策的可给予相关支持；鼓励设立厂商系融资租赁公司，根据母体公司供应链，开展设计、生产、销售等一体化服务，推动制造业服务化；培育符合重点行业需求、有序、规范、高效的二手设备交易平台，建立二手设备的质量评估体系和信用评价体系，推动工程机械租赁业的进一步发展。

（五）推动融资租赁业与现代服务业互促共进。大力发展空运、航运、汽运等交通运输业的融资租赁服务。鼓励融资租赁企业开展新能源汽车业务，在白云机场综合保税区积极探索飞机融资租赁业务，支持各类符合条件的融资租赁公司设立项目子公司，支持安排利用外债指标规模，为广州白云机场综合保税区开展飞机融资租赁业务设立飞机租赁、维修的专用区域，鼓励开拓游艇、航运等行业相关的融资租赁业务。进一步推进我市国家服务业综合改革试点工作，积极推进我市教育、医疗、餐饮、检验检测等行业的融资租赁服务，促进我市服务业连锁化经营。通过融资租赁的方式做强一批服务业龙头企业，打造一批广州服务品牌，提升广州服务质量。

三、支持融资租赁业集聚发展

（六）推进广州融资租赁业集聚试验区建设。采取市、区共建模式，选择若干个行政区域开展广州融资租赁业集聚试验区（以下简称集聚区）建设，支持南沙申报全国统一融资租赁行业管理体制改革试点地区，鼓励有条件的集聚区建设融资租赁产业园区，符合条件的融资租赁产业园区可申报我市新业态集聚园区的资金扶持。在市政府的统筹指导下，各集聚区所在区（县级市）政府结合本区域的产业优势、政策优势等，开拓创新，制定各具特色的扶持政策，实现差异化发展，积极争取国家政策支持，努力打造融资租赁业的服务高地、成本洼地、政策和人才聚集地。

（七）引进和培育一批实力雄厚的融资租赁企业。鼓励培育大型混合所有制融资租赁企业，鼓励融资租赁公司推动金融电子网络平台建设，各集聚区积极引进国际和国内知名融资租赁公司在我市建立总部或设立子公司，加强对重点引进企业的招商引资，对招商企业可按照引进融资租赁企业的贡献大小予以奖励，调动社会各方的积极性。

四、优化融资租赁业发展的市场环境

（八）完善融资租赁产权登记和征信查询服务。我市融资租赁公司在开展融资租赁业务时，应按照《中国人民银行征信中心融资租赁登记规则》的规定，在中国人民银行征信中心融资租赁登记公示系统如实办理融资租赁登记，公示融资租赁物权利状况，避免因融资租赁物占有与所有分离导致的租赁物权属冲突。各金融机构及其他权利人在办理动产抵押、质押和受让等业务时，可登陆融资租赁登记公示系统查询相关标的物的权属状况。积极推进征信查询服务，方便在穗融资租赁企业全面了解客户信用状况。

（九）推广融资租赁仲裁。鼓励采用商事仲裁方式解决融资租赁法律纠纷，尽快出台我市融资租赁业仲裁指导意见，规范仲裁协议合同文本，成立专门针对融资租赁经济纠纷的仲裁员队伍，高效、公正地解决融资租赁合同纠纷问题，提高我市融资租赁业的风险防控能力。鼓励广州金融仲裁机构成为全国融资租赁仲裁中心，广州仲裁机构可通过降低仲裁成本，引导全国企业来广州金融仲裁院解决融资租赁法律纠纷。

（十）加快融资租赁中介服务机构发展。支持在我市设立融资租赁相关的中介服务机构，为融资租赁业务提供政策咨询、资产评估、资产交易等配套服务。支持会计、审计、律师、资产评估等中介服务机构加快发展，为融资租赁业发展提供配套服务。规范融资租赁中介服务机构的执业行为，提高专业水平和服务能力，形成功能完备的融资租赁中介服务机构体系。

（十一）加大宣传力度。各级政府部门要充分认识融资租赁业对实体经济的重要促进作用，加大对融资租赁业新兴商业模式的宣传报道，积极搭建产融互动平台，增强重点企业与融资租赁企业的交流互动，提高融资租赁产业的社会认知度。

五、建立融资租赁业风险防控体系

（十二）加强监管控制行业经营风险。严厉打击非法集资等违法行为。融资租赁的承租人和出租人应按照国际会计准则对融资租赁的会计核算和相关信息予以揭示。按照"谁审批，谁监管"的原则，融资租赁公司在每个季度结束后 15 天内向归口的市级监管机构报送企业运行数据，在每会计年度结束后 4 个月内向归口的市级监管机构报送年度审计报告。商务、金融主管部门分别按照商务部《融资租赁企业监督管理办法》（商流通发〔2013〕337 号）、《外商投资租赁业管理办法》（商务部令 2005 年第 5 号）和银监会《金融租赁公司管理办法》（银监会令 2014 年第 3 号）等相关规定加强监管。

（十三）鼓励融资租赁企业加大风险控制管理。支持融资租赁企业与保险、担保等金融机构进行合作，鼓励融资性担保公司开展融资租赁债权担保业务，鼓励保险公司针对中小企业、大型设备、现代服务业等租赁业务开发相应的保险产品，提高企业风险防控能力。

（十四）强化统计监测。加快完善融资租赁业统计指标体系，及时跟踪产业发展动态，健全信息发布制度。

六、加大对融资租赁业的扶持力度

2014 年起，每年在我市战略性主导产业发展资金中安排 9000 万元作为市扶持融资租赁产业奖励资金，试行 3 年，各集聚区所在区（县级市）政府可根据实际情况，加大资金扶持力度。市奖励资金主要用于融资租赁企业落户增资、效益贡献、项目补贴和平台建设等奖励；其中落户增资奖和效益贡献奖可由企业自主奖励给经营决策人员及其他相关人员。对我市经济有重大影响的项目，可根据情况进行专项支持，并相应调整上述资金分配比例。市经贸委会同市财政局、金融办、外经贸局做好扶持资金的项目申报、审核，报批和下达资金等工作，具体办法由市经贸委会同市财政局、金融办、外经贸局另行制定。

（十五）吸引融资租赁企业落户增资。各集聚区所在区（县级市）政府可结合自身实际，根据融资租赁企业实缴注册资本（新增资本金）的一定比例给予企业落户增资奖励。市财政对落户广州和增资扩股的融资租赁企业，根据实缴注册资本（新增资本金）规模排序，评选出 5 家落户增资奖，按照不高于企业实缴注册资本（新增资本金）1% 的标准对企业进行奖励，每家企业最高不超过 500 万元。通过促进融资租赁业跨越式发展，提升我市区域金融中心地位。

（十六）全面落实国家税收优惠政策。梳理国家有关扶持融资租赁业发展方面的各项优惠政策，汇编成册，出台税收政策操作指引，加强政策宣传解读力度，广泛宣传国家扶持融资租赁业发展的各项税收优惠政策，帮助融资租赁企业正确理解、充分用好相关政策，全面落实国家扶持融资租赁业发展的有关税收优惠政策。融资租赁企业中租赁机器设备符合技术进步和产品更新换代较快等规定条件的，并确需加速折旧的，提取折旧方经向主管税务机关进行优惠备案后，可采用缩短折旧年限方法计算。

（十七）设立融资租赁产业发展子基金。充分利用产业转型升级引导基金，以财政资金为引导，吸引社会资本共同成立融资租赁产业发展基金。基金实行"政府引导、市场化运作"原则，通过股权投资等方式，探索与企业共同设立融资租赁公司，通过融资租赁企业的杠杆放大效应，更有力地支持我市基础设施建设及实体经济发展。

（十八）支持融资租赁龙头企业做大做强。根据我市融资租赁企业当年的营业收入、资金投放额等方面的大小排序，每年度对广州融资租赁企业进行评审，前 2 名奖励 400 万元/家，第 3 名至第 6 名奖励 200 万元/家，第 7 名至第 10 名奖励 100 万元/家。对我市注册的内资试点和外商投资融资租赁企业可按租赁服务业的行业标准评定总部企业，符合条件的，按照《广州市人民政府关于印发加快发展总部经济实施意见及配套文件的通知》（穗府〔2013〕14 号）规定予以认定，认定后可享受总部企业的优惠扶持政策。支持融资租赁企业在境内外上市，有关部门按照《广州市人民政府办公厅关于进一步做好企业上市工作的意见》（穗府办〔2010〕29 号）中的规定，加强对重点拟上市企业的专业化、个性化、全过程跟踪指导服务。对当年业务总量达到一定规模的或新上市的融资租赁企业，各集聚区可按照业务规模大小给予奖励。

（十九）加大对融资租赁项目的支持。符合新业态扶持资金申报条件的，可按规定申报相关的资金支持。企业通过融资租赁购买的设备可视作固定资产投资，符合技术改造资金扶持条件的，可申报我市技术改造租息补贴等相关扶持政策。对租赁我市制造的工业机器人及成套设备的，按照有关规定申报资金补贴。对开展中小企业融资租赁业务的融资租赁公司，符合条件的，可申报中小企业担保体系建设专项资金中规定的风险准备金补贴。对为我市企业提供融资租赁服务的我市融资租赁企业，以不高于其项目设备购买价款的 0.5%（含 0.5%）作为补贴总额，融资租赁方、承租方分别按照补贴总额 80%、20% 的比例进行补贴，对于融资租赁企业购入我市先进制造企业生产的设备，按不高于合同金额的 0.5%（含 0.5%）给予融资租赁企业补贴，单个项目补贴上限不超过 500 万元。

（二十）加大政府服务力度。在条件成熟的情况下，对融资租赁企业的工商、税务、注册登记等事项实行并联审批、集中办理，建立首问首办责任制，明确办结时间及牵头部门职责，简化审批流程，加快审批效率，将融资租赁项目列入市政府绿色通道服务范围。

（二十一）简化外汇管理。根据《国家外汇管理局关于进一步改进和调整资本项目外汇管理政策的通知》（汇发〔2014〕2号），简化融资租赁类公司对外债权的外汇管理。鼓励跨境外币资金进入3年以上中长期融资租赁项目，对于投资中长期融资租赁项目的境外资金，简化审批流程，提高审批效率。鼓励有条件的行政区域，争取中央在外汇管理上给予先行先试的政策，鼓励发展跨境人民币贷款业务，推动离岸金融市场发展，鼓励商业银行为融资租赁企业提供快捷、便利的本外币结算服务，实施有弹性的外汇管制。

（二十二）加强平台建设和人才保障。鼓励社团组织、中介机构等社会各类机构建设融资租赁公共服务平台，根据我市融资租赁产业的需要及平台建设情况，评选5个服务平台项目进行奖励。一等次奖励1个，奖励200万元；二等次奖励2个，每个项目奖励100万元；三等次奖励2个，每个项目奖励50万元。加强国内外融资租赁人才的引进力度，符合条件的融资租赁企业高层管理人员和业务骨干可享受《广州市高层次金融人才支持项目实施办法（试行）》（穗金融〔2014〕83号）中的扶持政策；鼓励各集聚区根据实际制定引进融资租赁业人才的奖励措施；加强融资租赁人才培训，各集聚区可对培训服务机构给予经费补贴。

（二十三）加大土地资源支持。对各集聚区建设的融资租赁产业园区项目，取得国有建设用地使用权，可以按规定分期缴付土地出让金；鼓励用地单位在不改变用地主体、不重新开发建设等前提下，利用工业厂房、仓储用地、传统商业街等存量房产兴办融资租赁产业园区；对融资租赁企业用地，在符合产业方面、明确产业用地类型的前提下，可采用挂牌方式出让，提高土地资源开发效能。因业务发展需要在广州国际金融城通过公开出让方式以市场价格购地建设自用办公用房，按照自用建筑面积每平方米给予1000元的奖励。

七、组织保障

（二十四）建立融资租赁联席会议制度。充分发挥政府在融资租赁产业发展中的引领带动作用，成立由分管副市长任召集人，融资租赁业相关单位为成员单位的融资租赁联席会议制度，联席会议办公室设在市经贸委。定期召开相关协调会，采取"项目带动创新"的方式，在项目推进中发现瓶颈问题，针对该问题，积极争取国家和省的支持，在解决瓶颈问题后，实现流程贯通，完成功能创新。

对于事关全局的重大金融改革创新事项要及时报送市深化改革领导小组审议。

（二十五）加大对集聚区建设工作的统筹推进力度。各集聚区所在区（县级市）政府可加大对融资租赁业的扶持力度，根据本实施意见并参照国内融资租赁发达地区的做法，制定所在区（县级市）的产业扶持政策，对融资租赁企业因"营改增"而增加的税负情况进行合理分析评价，按照有关规定落实过渡性财政扶持政策，积极组织融资租赁相关企业、项目申报我市现有各财政专项扶持资金，设立专门的融资租赁产业发展领导机构和服务机构，落实各项保障措施和工作计划，明确工作目标和进度安排，并按时将工作进度报送联席会议办公室。联席会议办公室要加强对集聚区指导认定和统筹推进，对各集聚区融资租赁进展情况进行中期评估，根据实施情况对相关政策进行及时修改和完善。

（二十六）支持广州融资租赁产业联盟发挥积极作用。依托广州融资租赁产业联盟（以下简称产业联盟），建设我市融资租赁信息管理及融资租赁资产交易等平台，为我市融资租赁整个产业链提供综合性服务，主要推动融资租赁企业与重大项目、重要园区开展对接，提供融资租赁债权、产权交易，盘活中小企业应收账款，促进我市实体经济发展。产业联盟要加强对市场和本行业的调研，及时发现行业瓶颈问题，向政府反映企业诉求，为政府出台相关扶持政策提供决策依据。支持产业联盟参与集聚区建设，产业联盟在我市融资租赁信息管理及融资租赁资产交易平台建设、招商引资、专业人才培养、从业人员认证、行业信息统计等方面发挥积极作用的，可按规定给予相应的政府购买服务的资金支持。强化产业联盟在规范行业自律管理方面的作用，制定我市融资租赁业自律公约，建立融资租赁企业的评价体系，对企业进行专业评级，以评价结果为依据，实行差异化的服务及激励，促进融资租赁企业争优做强。

附件：工作任务分工表（略）

广州市人民政府办公厅
2014 年 9 月 10 日

河北省国家税务局关于营改增相关政策问题的解答（之四）（节选）

二、关于纳税人从事融资性售后回租业务，出租方及承租方发票开具问题

（一）根据《营业税改征增值税试点有关事项的规定》（财税〔2013〕106号），试点纳税人提供融资性售后回租服务，向承租方收取的有形动产价款本金，不得开具增值税专用发票，可以开具普通发票。

试点纳税人中的一般纳税人提供融资性售后回租服务（出租方），向承租方收取的有形动产价款本金，如出租方为增值税一般纳税人的，应使用防伪税控系统开具增值税普通发票，开具增值税普通发票税率栏填"零"，出租方为小规模纳税人，应开具普通发票。

（二）根据《营业税改征增值税试点有关事项的规定》（财税〔2013〕106号），融资性售后回租服务中向承租方收取的有形动产价款本金，以承租方开具的发票为合法有效凭证。

增值税一般纳税人接受融资性售后回租服务，如承租方为增值税一般纳税人的，应使用防伪税控系统向出租方开具增值税普通发票，开具增值税普通发票税率栏填"零"。承租方为小规模纳税人，应开具普通发票。

三、关于融资性售后回租服务中承租方出售资产行为是否确认应税销售额问题

根据《国家税务总局关于融资性售后回租业务中承租方出售资产行为有关税收问题的公告》（国家税务总局公告2010年第13号），融资性售后回租业务中承租方出售资产的行为，不属于增值税和营业税征收范围，不征收增值税。因此，融资性售后回租服务中承租方是增值税纳税人的，其向出租方开具的增值税普通发票（或普通发票）上注明的销售额，不作为纳税人销售额申报。

四、关于从事融资租赁的纳税人取得银行利息结算凭证是否作为扣除价款有效凭证问题

从事融资租赁的纳税人取得银行利息结算凭证，可以作为扣除价款的有效凭证。

五、关于从事融资租赁的纳税人取得的经济咨询收入征税问题

从事融资租赁的纳税人向承租方收取财务顾问等经济咨询收入，按鉴证咨询服务征收增值税。纳税人应准确划分租赁收入和经济咨询收入的销售额，不能准确划分的，从高适用税率计算缴纳增值税。

天津海关特殊监管区内开展融资租赁业务相关事宜公告

中华人民共和国天津海关公告 2014 年第 19 号

为规范天津海关特殊监管区域融资租赁业务的监管，根据《中华人民共和国海关法》和海关总署关于复制推广中国（上海）自由贸易试验区海关监管创新制度的有关要求，对天津海关特殊监管区内开展融资租赁业务相关事宜公告如下：

一、天津海关特殊监管区域是指天津港保税区、天津出口加工区、天津保税物流园区、天津东疆保税港区、天津滨海新区综合保税区等海关特殊监管区（以下简称特殊区域）。

二、开展融资租赁业务的企业应当符合以下条件：

（一）在特殊区域内设立开展融资租赁业务的企业或者开展融资租赁业务的企业在特殊区域内设立的项目子公司（以下统称"融资租赁企业"）；

（二）经相关政府主管部门批准，取得融资租赁业务资格；

（三）在特殊区域主管海关（以下简称"主管海关"）办理报关单位注册登记。

三、融资租赁企业作为出租人向境内外承租企业出租融资租赁货物，应当按照海关关于特殊区域货物监管的相关规定向主管海关办理申报手续。

四、融资租赁企业作为出租人向境内承租企业出租融资租赁货物的，境内承租企业应当提交以下材料向海关申报：

（一）相关政府部门批准购买融资租赁货物的批文（限于飞机等货物）；

（二）经海关审核，以减免税方式租赁出区进口的，提交相关减免税证明文件；

（三）许可证件；

（四）海关认为需要提交的其他材料。

五、融资租赁货物的税款计征方法按照《中华人民共和国进出口关税条例》和《中华人民共和国海关进出口货物征税管理办法》（海关总署令第 124 号）关于租赁进口货物的相关规定办理。

六、境内承租企业办理融资租赁货物进口担保的，可以申请使用《融资租赁货物保证书》（详见附件），向主管海关办理相关手续。

七、融资租赁企业应当每季度向主管海关报备融资租赁货物的租赁、租金支付等情况。

八、境内承租企业应当自融资租赁货物租期届满之日起 30 日内，按照《中华人民共和国海关进出口货物征税管理办法》（海关总署令第 124 号）关于租赁进口货物的相关规定，向海关办理留购、续租等相关手续。

本公告自公布之日起施行。

特此公告。

附件：融资租赁货物保证书（略）

天津海关

2014 年 10 月 22 日

河南银监局关于洛银金融租赁
股份有限公司开业的批复

豫银监复〔2014〕539号

洛银金融租赁股份有限公司：

你公司《关于洛银金融租赁股份有限公司开业的请示》（洛银〔2014〕367号）收悉。根据《金融租赁公司管理办法》（中国银监会令2014年第3号）、《非银行金融机构行政许可事项实施办法》（中国银监会令2007年第13号）的有关规定，现批复如下：

一、批准洛银金融租赁股份有限公司开业。该公司中文名称为"洛银金融租赁股份有限公司"，英文名称为"BOL Financial Leasing Co.，Ltd."；公司注册地为河南省洛阳市高新区滨河路30号火炬创新创业大厦。

二、批准该公司注册资本为6亿元人民币。各发起人以货币出资，该公司股东构成、出资额及出资比例如下：

（一）洛阳银行股份有限公司，出资35000万元人民币，出资比例58.33%；

（二）第一拖拉机股份有限公司，出资11000万元人民币，出资比例18.34%；

（三）洛阳中冶重工机械有限公司，出资9000万元人民币，出资比例15%；

（四）江苏乾融集团有限公司，出资5000万元人民币，出资比例8.33%。

三、批准公司经营以下业务：

（一）融资租赁业务；

（二）转让和受让融资租赁资产；

（三）固定收益类证券投资业务；

（四）接受承租人的租赁保证金；

（五）吸收非银行股东3个月（含）以上定期存款；

（六）同业拆借；

（七）向金融机构借款；

（八）境外借款；

（九）租赁物变卖及处理业务；

（十）经济咨询；

（十一）银监会批准的其他业务。

四、核准该公司以下董事和高级管理人员任职资格：

王建甫　董事长

李　飚　董事、总经理

刘洪涛　董事

姚卫东　董事

张亚楠　董事

叶晓明　董事

高　山　独立董事

孙连军　副总经理

谢轶君　副总经理

仇惠弟　总经理助理

王维汉　总经理助理

杨建栋　总经理助理

五、批准《洛银金融租赁股份有限公司章程》。

接此批复后，你公司应按照有关规定办理洛银金融租赁股份有限公司开业前的有关手续。

此复。

河南银监局

2014 年 12 月 15 日

2014年行业大事记

1月6日，深圳市政府发布 2013 年一号文件，题目为《深圳市人民政府关于充分发挥市场决定性作用　全面深化金融改革创新的若干意见》。文件对进一步发展融资租赁问题作出一些如关于跨境金融等新的规定，提出：争取尽快开展个人境外直接投资试点，推动前海合格境内投资者境外投资试点工作，开展包括直接投资、证券投资、衍生品投资等各类境外投资业务。

1月8日，作为首家获批在中国（上海）自贸试验区成立专业子公司的金融租赁公司，交银租赁依托自贸区区内单机单船公司，在中海工业（江苏）有限公司订造了 3 艘 9400TEU 集装箱船舶，以经营租赁方式长期光船租赁给全球第三大班轮公司达飞海运集团营运。这是交银租赁继成功完成自贸区第一单飞机融资租赁业务后操作的自贸区第一单船舶经营租赁业务。

1月10日，中国融资租赁企业协会成立大会在北京国际饭店如期召开，宣布中国融资租赁企业协会正式成立。协会由八十名理事、四十名常务理事、十四名副会长、两名常务副会长和一名会长、一名秘书长组成。

1月15日，哈尔滨银行发起的哈银租赁获得中国银监会批复，该行由此成为继北京银行之后全国第二家获此牌照的城商行，也是东北地区唯一拥有金融租赁牌照的城商行。

1月19日，中共中央、国务院印发了《关于全面深化农村改革　加快推进农业现代化的若干意见》。文件指出要鼓励邮政储蓄银行拓展农村金融业务。支持农业发展银行开展农业开发和农村基础设施建设中长期贷款业务，建立差别监管体制。增强农村信用社支农服务功能，保持县域法人地位长期稳定。积极发展村镇银行，逐步实现县市全覆盖，符合条件的适当调整主发起行与其他股东的持股比例。支持由社会资本发起设立服务"三农"的县域中小型银行和金融租赁公司。

1月21日，深圳市对外公布《关于推进前海湾保税港区开展融资租赁业务的试点意见》，意在落实国务院办公厅日前下发的《国务院办公厅关于加快飞机租赁业发展的意见》，打造深圳前海飞机租赁总部基地。意见指出，允许金融租赁公司、外商投资融资租赁公司、内资试点融资租赁公司在前海湾保税港区设立租赁项目子公司并开展融资租赁业务，允许注册的融资租赁公司或租赁项目子公司，进口空载总量 25 吨以上的客货运飞机。此外，还规定在深圳宝安国际机场划定临时飞机跑道和专用区域，用于为以租赁方式进口的飞机办理入境手续及停靠。

2月21日，央行上海总部发布《关于支持中国（上海）自由贸易试验区扩大人民币跨境使用的通知》，就人民币境外借款、双向人民币资金池、跨境人民币集中收付、个人跨境人民币业务等作出具体规范。

2 月 24 日，最高法院发布《关于审理融资租赁合同纠纷案件适用法律问题的解释》，该司法解释自 3 月 1 日起开始施行。业内普遍认为，司法解释的制定出台，将促进我国融资租赁法律制度的完善，并为融资租赁市场的发展提供有力司法保障。

2 月 25 日，比亚迪发布公告称，公司及控股子公司拟与具有相应资质的租赁公司，包括建信金融租赁有限公司、招银金融租赁有限公司、交银金融租赁有限责任公司等租赁机构合作开展经营租赁和融资租赁业务，其中融资租赁主要采用新购设备直接融资租赁和自有设备售后回租融资租赁两种方式。根据公告，公司及控股子公司开展经营租赁和融资租赁业务金额合计不超过 90 亿元，其中采用自有设备售后回租模式出售给租赁公司的自有设备净值不超过 90 亿元。

3 月 1~2 日，由中国租赁联盟、中国国际商会租赁委员会、复旦大学高级律师学院主办，德勤华永会计师事务所承办，上海锦祺金融顾问有限公司协办的 2014 年中国融资租赁高峰论坛暨"融资租赁合同纠纷司法解释"综合培训讲座在上海复旦大学举办。会上印发了《2013 中国融资租赁蓝皮书》。培训期间，融资租赁合同纠纷司法解释起草人、最高人民法院民二庭雷继平审判长对最新出台的司法解释作了长达 6 小时的权威解读；上海自贸区领导发布了最新的自贸区与融资租赁发展的信息；中国租赁联盟召集人、经济学家杨海田介绍了中国融资租赁业现状和面临的问题。

3 月 3 日，财政部、国家税务总局发布《关于飞机租赁企业有关印花税政策的通知》，规定自 2014 年 1 月 1 日起至 2018 年 12 月 31 日止，暂免征收飞机租赁企业购机环节购销合同印花税。

3 月 13 日，银监会发布《金融租赁公司管理办法》，修订完善了金融租赁公司准入条件、业务范围、经营规则和监督管理等内容。

3 月 17 日，天津海事局按照《天津东疆保税港区国际船舶登记制度创新试点方案》，完成了第一例国际船舶登记手续的办理，并为天津招银重装设备租赁有限公司所属"海洋石油 289"轮颁发了船籍港为"天津东疆"的船舶所有权证书。这标志着我国第一艘国际登记船舶落户天津东疆保税港区。

3 月 18 日，华远租赁有限公司在天津滨海新区东疆保税港区设立的第一家租赁子公司华远永达（天津）租赁有限公司完成注册，也是第 20 家在东疆设立实际租赁业务平台的内资试点融资租赁公司。

3 月 19 日，中电投融和（上海）融资租赁有限公司在中国（上海）自由贸易试验区挂牌成立。该公司是融和控股和上海电力共同出资成立的一家全国性融资租赁公司，注册资本 5000 万美元。

3 月 22~23 日，由中国租赁联盟，中国国际商会租赁委员会主办，天津市租赁行业协会承办的"融资租赁司法解释和税收政策研修班"在津举行，有关管理部门、租赁企业、南开大学和天津商业大学融资租赁专业研究生等 200 多人参加。期间，融资租赁合同纠纷司法解释起草人、最高人民法院民二庭雷继平审判长对最新出台的司法解释作了权威解读；106 号文起草者、财政部税政司流转税处处长谭崇钧对 106 号文解读并答疑；张稚萍律师对雷继平审判长的政策解读进行讲评。

3 月 26 日，华夏银行股份有限公司会议决议公告，拟同意核定华夏金融租赁有限公司关联交易授信额度 60 亿元人民币，业务范围包括资金融出类业务、同业担保类业务。授信有效期 1 年，信用方式、额度共用。

3 月 26 日，由国电资本控股公司与龙源雄亚公司共同发起的国电融资租赁有限公司正式完成了工商注册登记。该公司注册资本金 15 亿元，注册地为天津市东疆保税港区，营业管理总部在北京。

3 月 28 日，河南中原高速公路股份有限公司发布公告称，公司作为承租人，拟与建信金融租赁有限公司签订融资租赁合同，将京港澳高速公路漯河至驻马店段的路面固定资产及公路附属设施等资产以售后回租方式，向建信租赁公司融资人民币 120000 万元。

3 月底，随着昆仑租赁将 10 亿元资金一次性划转到浙江杭浦高速公路有限公司，嘉通集团杭浦融资租赁业务宣告成功。该笔融资业务，是嘉通集团继申嘉湖高速公路、杭州湾北接线向银行系统金融租赁公司融资后，第一次向央企采用融资租赁方式进行融资。

4 月 5 日，内蒙古包钢钢联股份有限公司监事会发布公告称，包钢股份将以售后回租方式租赁高炉碳砖、石灰石分解炉等进口设备。同时公司与卓越国际租赁有限公司就该笔融资租赁业务在进出口银行北京分行申请无追索权售后回租保理业务，融资额度为 7 亿元，融资期限 5 年，利率为人民币同期银行贷款基准，每半年等额还本金付息。

4 月 8 日，博鳌亚洲论坛 2014 年年会举办主题为"小微金融：亚洲的创新与实践"的分论坛，中国民生银行行长洪崎在论坛上发布了由民生银行和《博鳌观察》联合出品的《小微金融发展报告 2014》。

4 月 9 日，吉峰农机发布公告称，公司拟与信达租赁签订《厂商融资租赁业务合作协议》，共同开展面向全国终端客户的农机类产品融资租赁业务合作。公告表示，该项业务范围包括由吉峰农机代理销售的农业机械设备的融资租赁业务。信达租赁提供的融资租赁服务的融资额度即合作规模不超过 30000 万元，为期一年，本公司根据相关合同承担设备回购责任。

4 月 10 日，北京国资融资租赁股份有限公司正式在京成立。北京国资融资租赁公司由市国资公司联合国资香港、金融街资本运营中心、北京市中小企业信用再担保公司及京国发股权投资基金共同设立的外商投资融资租赁公司，注册资本为人民币 9 亿元，是目前市国资委系统注册资本规模最大的融资租赁企业。

4 月 16 日，国务院总理李克强主持召开国务院常务会议，分析研究第一季度经济形势，部署落实 2014 年深化经济体制改革重点任务，确定金融服务"三农"发展的措施，会议指出要培育农村金融市场，开展农机金融租赁服务，创新抵（质）押担保方式，发展农村产权交易市场。

4 月 16 日，联合光伏集团有限公司宣布与中国金融租赁有限公司签订一份战略合作协议，中金租赁将向联合光伏提供不少于人民币 100 亿元之意向性融资租赁业务总额。

4 月 23 日，台湾第一金控旗下一银租赁公司转投资的"一银租赁（厦门）有限公司"在厦门两岸金融中心揭牌。一银租赁（厦门）有限公司是厦门首家台资租赁公司。

4 月 24 日，人民银行、银监会、证监会、保监会、外汇局联合印发了《关于规范金融机构同业业务的通知》，《通知》为金融机构规范开展同业业务开了"正门"，支持金融机构加快推进资产证券化业务常规发展，积极参与银行间市场的同业存单业务试点，提高资产负债管理的主动性、标准化和透明度。

4 月 27 日，亿嘉控股集团在北京与智融（天津）融资租赁有限公司签署战略合作协议，顺利达成 120 亿元国际资金合作意向。这次合作的主要业务项目范围，将锁定在地方基础设施建设、新能源改造、"三农"产业投资、企业设备租赁等方面。

4 月 30 日，国务院总理李克强主持召开国务院常务会议。会议要求，进一步加快出口退税进度，保证及时足额退税，适时扩大融资租赁货物出口退税试点范围。

5 月 4 日，在李克强总理对埃塞俄比亚进行国事访问期间，工银金融租赁有限公司与埃塞俄比亚航空公司签署了合作备忘录。根据该签署的备忘录，工银租赁将为埃塞俄比亚航空公司机队提供强有力的融资和租赁支持，为埃塞俄比亚航空提供 B737 机队和 B787 机队融资租赁、售后回租、商业贷款等一揽子方案及工银租赁自身的波音 B737 订单飞机经营租赁等。

5 月上旬，宁波银行公告称，公司股东会审议通过了关于设立金融租赁公司的议案，同意公司作为唯一发起人出资设立金融租赁公司，注册资本为 10 亿元人民币。会议授权董事会并同意由董事会授权管理层办理设立金融租赁公司有关事宜。

5 月 12 日，中银航空租赁发布消息称，伊比利亚航空已成功接收由中银航空租赁公司交付的全部 12 架空客系列飞机，其中 8 架为新型 A330 - 300 飞机，4 架为新型 A320 飞机。全部 12 架飞机从 2013 年 2 月至 2014 年 4 月陆续交付给了伊比利亚航空。

5 月 14 日，国务院总理李克强主持召开国务院常务会议，部署包括加快融资租赁在内的生产性服务业重点和薄弱环节发展促进产业结构调整升级。

5 月 22 日，东疆保税港区管委会与中海汇金（天津）融资租赁有限公司和中国能源工程公司签约，两大融资租赁项目成功落户。东疆保税港区相关负责人透露，来自北京企业已占东疆企业总数的 30%～40%，其资金量占到了东疆企业总资金量的 60% 左右。

5 月 26 日，招银金融租赁获取上海银监局同意增资 20 亿元注册资本的批复，在总行相关部门的积极支持下，注册资金已于 28 日及时到账。至此，招银租赁注册资金达到 60 亿元。

5 月 28 日，上海自贸区举行融资租赁产权交易平台启动仪式。自贸区管委会常务副主任戴海波为自贸区融资租赁产权交易平台揭牌。海航资本、远东租赁、国金租赁等 10 家大型融资租赁公司分别与平台签署了合作意向协议。

6 月 1 日，《跨境担保外汇管理规定》正式实施。《规定》简化了融资租赁公司对外债权的外汇管理，极大地缩小了监管范围，削减了各种审批、登记和备案程序。接受记者采访的有关人士表示，《规定》重新梳理了我国以往对跨境担保方面的管理规章，对融资租赁境外融资具有积极的作用。

6 月 4 日，国家发改委印发《关于飞机租赁企业订购国外飞机报备的通知》。《通知》明确要求，我国飞机租赁企业向外国制造商订购飞机由其自行报备，中方控股（含相对控股）的境外飞机租赁企业向国外制造商订购飞机由其控股的中方股东负责报备。报备内容包括拟订购飞机的国外制造商、机型、架数、计划交付时间等。

6 月 5 日，银监会正式批复广州珠江金融租赁进行筹备。珠江金融租赁前期注册资金为 10 亿元人民币。

6 月 5 日，中国航空器材进出口有限责任公司与美国威利斯融资租赁公司在京就共同成立中航材威利斯发动机租赁合资公司正式签署合资合同。双方决定将各出资 50% 在上海自贸区组建一家中外合资的发动机租赁公司。

6 月 7 日，中国国际租赁峰会暨 2014 租赁年会在天津梅江会展中心如期召开，天津市副市长崔津渡、天津市人民政府副秘书长陈宗盛、中国租赁联盟召集人杨海田等出席年会并发言，来自美国、法国、日本、韩国和国内近 100 家租赁企业的代表到会，连同北京、上海等地行业管理部门，以及银行、证券、保理等相关行业代表共约 300 人。与会嘉宾就租赁业前沿政策、租赁业务运作模式、租赁人才短缺及未来发展前景等问题进行了探讨。年会向 "2014 年度中国融资租赁业十强企业" 授牌。

6 月 11 日，一架全新的波音飞机平稳降落在厦门机场，正式加盟厦航机队。这架飞机的引进，标志着厦门市象屿保税区首单飞机保税租赁业务顺利完成。

6 月 11 日，为贯彻落实《国务院办公厅关于支持外贸稳定增长的若干意见》（国办发〔2014〕19 号），支持外贸稳定增长，央行提出了 11 条措施，其中包括继续完善人民币汇率市场化形成机制，加大市场决定汇率的力度，促进国际收支平衡。

6 月 11 日，宜信惠琼国际融资租赁有限公司非公开发行私募债券在天津股权交易所挂牌交易。本次发行的债券产品期限为 1 年，发行总额 3000 万元，25 万元、50 万元、100 万元的预期收益率分别为 8.5%、8.8%、9.0%，以一次性到期还本付息的方式进行收益分配。该债券被认为是国内首只融资租赁企业发行的私募债，标志着融资租赁行业的融资渠道多元化更进一步。

6 月 12 日，中交建融租赁有限公司在上海揭牌成立。中交建融租赁有限公司注册资本为 50 亿元，中国交建占股 45%、振华重工占 30%、中和物产占 15%、中交国际占 10%。

6 月 18 日，由中国租赁联盟、中国国际商会租赁委员会、都赛（上海）企业咨询有限公司联合主办的 "2014 中国国际租赁峰会" 在北京悠唐皇冠假日酒店召开。中国租赁联盟召集人杨海田，北京市租赁行业协会会长张巨光，中国租赁峰会荣誉主席姜仲勤，Key Equipment 副总裁 Jonathan L. Fales，IAA – Advisory 总监陈奕智，中国道路运输协会高级工程师张一兵等出席了此次峰会。

6 月 19 日，由中国外商投资企业协会租赁业委员会、深圳市投资商会、深圳市龙岗区产业投资服务集团有限公司主办，前海海运控股、国银金融租赁有限公司等承办的 "前海国际融资租赁金融创新论坛" 在深圳蛇口希尔顿酒店开幕。

6 月 19 日，工银租赁总裁丛林与希腊利博瑞集团主席乔治洛戈塞蒂斯签署了价值 4.6 亿美元的散货船和集装箱船项目协议及合作框架协议。

6 月 24 日，四川海特航空融资租赁有限公司获得成都市工商行政管理局颁发的营业执照，作为西部首家外商投资航空融资租赁公司正式落户综合保税区。

6 月 26~28 日，天津市长黄兴国率代表团在爱尔兰首都都柏林进行友好访问，广泛接洽爱尔兰政界、金融界人士，重点考察爱尔兰融资租赁产业发展情况，就加强务实合作进行深入交流，推动在谈项目加快进展。

6 月 28 日，中集融资租赁公司、丰顺船舶重工有限公司、浙江华祥海运有限公司，三方在广东举行国内首只 14000m3LNG 运输船舶融资租赁项目签约仪式，项目融资租赁总额约 4.5 亿元。

7 月 8 日，恒信金融租赁在上海签署 33 亿元人民币中期流动资金银团贷款协议。此次融资的银团由作为牵头行的交通银行上海市分行、作为联合牵头行的中国银行上海市分行和建设银行上海浦东分行以及招商银行上海曹杨支行共同组成。

7 月 17 日，巴西航空工业公司与海航集团子公司天津航空有限责任公司以及工银金融租赁有限公司共同签署了购买 60 架飞机的销售协议。这是巴航工业在我国市场的最大订单。其中，巴西航空工业公司与天津航空签署 40 架飞机的销售协议，包括 20 架 E190 系列飞机及 20 架 E190 系列二代飞机。根据当前目录价格，合同总额达 21 亿美元。

7 月 21 日，广州市政府常务会议审议通过了《广州市关于加快推进融资租赁业发展的实施意见》。《意见》明确，未来两年，广州将致力推动融资租赁业与基础设施建设有机结合、助力先进制造业转型升级、建设广州融资租赁业集聚试验区。在资金来源方面，将设立融资租赁产业发展子基金，充分利用广州市产业转型升级引导资金，以财政资金为引导，吸引社会资本共同成立融资租赁产业发展基金。

7 月 28 日，重庆渝农商金融租赁有限责任公司经过一年多筹建申请，获中国银监会筹建批复，这将是重庆市成立的第二家金融租赁公司。公司注册资本金初定为人民币 25 亿元。

7 月 28 日，由中国海事仲裁委员会上海分会主编的，以船舶融资租赁为主要内容的《航运标准合同系列（上海格式）》第二分册首发仪式在沪顺利召开。这是第一次在全国范围内规范船舶融资租赁专业合同文本，也是第一次在全国范围内提出融资租赁航运业务通过海事仲裁解决合同纠纷问题，并在规范的合同文本中进行标准化和格式化的设定。

7 月 31 日，上海一中院与上海二中院联合召开了《2009～2013 年融资租赁合同纠纷审判白皮书》发布会。《2009～2013 年融资租赁合同纠纷审判白皮书》指出，上海的融资租赁交易市场已经形成较强的聚集效应，并体现出日益强劲的辐射能力，业务总量约占全国的三成。与此同时，融资租赁合同纠纷案件数量也呈上升趋势。

8 月 4 日，海航航空技术有限公司与民生金融租赁股份有限公司在海口美兰基地举行海航技术与民生金融租赁改装飞机交付暨战略合作协议签约仪式。仪式上，海航技术就首次承接改装的民生金融租赁出租给东海航空的全新客机进行交付，并与民生金融租赁进行合作签约，海航技术与民生金融租赁的深度合作正式拉开序幕。

8 月 8 日，一架波音 737 - 800 飞机平稳降落在天津滨海国际机场，这架飞机是浦银金融租赁有限公司通过东疆保税港区平台完成的首单飞机租赁业务。飞机快速完成通关手续后，已交付给山东航空公司使用。

8 月 10 日，南开大学融资租赁方向在职研究生班专业课第二轮课程按计划如期开课。中国租赁联盟召集人杨海田就"中国租赁业发展现状与面临问题"，长江租赁有限公司总经理任卫东就"飞机租赁实物操作"分别做了讲座。

8 月 12 日，深圳前海渤海一号租赁有限公司，利用跨境人民币贷款，从香港引入两架货机，并租赁给顺丰航空有限公司。这不仅是前海首单飞机融资租赁项目，更是国内首单利用跨境人民币贷款完成的飞机租赁业务。首单业务完成，标志着前海跨境融资租赁业务渠道正式打通，形成可复制的跨境融资租赁前海模式。

8 月 12 日，申通地铁发布公告称，公司及全资子公司上海申通地铁一号线发展有限公司合计向公司全资子公司上海地铁融资租赁有限公司增资 3.6 亿元。

8 月 14 日，国务院办公厅发布的《国务院办公厅关于多措并举着力缓解企业融资成本高问题的指导意见》提出，当前我国经济形势总体向好，但仍存在不稳定因素，下行压力依然较大，结构调整处于爬坡时期，解决好企业特别是小微企业融资成本高问题具有重要意义。

8 月 15 日，宏华控股有限公司、德阳东佳港机电设备有限公司和成都天保重型装备股份有限公司三家企业齐聚成都，完成宏华融资租赁有限公司重组签约仪式。三家实体制造业携手合作，共同出资成立的宏华融资租赁有限公司落户在深圳前海深港现代服务业合作区，性质为厂商融资租赁公司。

8 月 25 日，中银航空租赁向波音公司订购 82 架飞机，按目录价格计算总价值高达 88 亿美元。这是中银航空租赁公司 20 年历史上最大的订单。

9 月 1 日，北京市国有文化资产监督管理办公室在京发起成立国内首家文化融资租赁公司。据了解，公司可为文化企业提供总额达 112 亿元的融资服务。文化融资租赁公司由北京市文资办联合中国恒天集团、联合出版集团等企业共同发起设立，首期注册资本 11.2 亿元。

9 月·9 日，中国债券信息网公布了《交融 2014 年第一期租赁资产支持证券发行公告》，标志着我国资产证券化试点期间首单金融租赁资产证券化产品成功试水，进一步丰富了我国信贷资产支持证券的种类。

9 月 10 日，在中国人民银行指导下，经银行间市场交易商协会注册，由国家开发银行担任主承销的远东国际租赁有限公司 15 亿元 5 年期中期票据在银行间市场正式发售，募集资金将用于归还银行贷款及补充运营资金。这是商务部辖下融资租赁公司首次登陆国内债务资本市场。

9 月 15 日，深圳市前海融资租赁金融交易中心有限公司正式开市。

9 月 19 日，由世界著名租赁专家阿曼波和新金融联盟联手发起的第一届全球租赁业竞争力论坛在天津空港经济区开幕。全球顶尖的 10 位租赁业专家和租赁公司 CEO 首次集体来华，对话世界租赁业未来，解读中国当前经济形势下的租赁发展。

9 月 19 日，在天津中国航空金融发展（东疆）第三届国际论坛上，国银金融租赁有限公司与浙江长龙航空有限公司举行了飞机融资战略合作及 14 架 A320 飞机租赁合作协议签约仪式，总金额近 7 亿美元。

9 月 19 日，江苏省融资租赁行业协会在南京成立。

9 月 24 日，国务院总理李克强主持召开国务院常务会议，部署完善固定资产加速折旧政策、促进企业技术改造、支持中小企业创业创新。会议指出要完善现行固定资产加速折旧政策，通过减轻税负，加快企业设备更新。根据会议内容，在固定投资折旧和税收抵扣方面确定推出新政。

9 月 25 日，一架崭新的庞巴迪 CRJ900 飞机由加拿大经天津东疆保税港区入境飞抵重庆机场，标志着两江融资租赁首笔飞机租赁项目顺利完成交付，这也是重庆融资租赁企业第一次采用国际上通行的 SPV（Special Purpose Vehicle）租赁模式，实现了重庆地区飞机保税租赁模式零的突破。

9 月 29 日，国务院总理李克强主持召开国务院常务会议，会议确定，支持金融和融资租赁企业开展进口设备融资租赁业务。

10 月 16 日，贝恩资本和狮桥融资租赁（中国）有限公司联合宣布贝恩资本成功收购狮桥 80% 的股权，成为第一大股东，其余股份由狮桥公司管理层持有。业内认为这是本年度中国融资租赁市场最大一宗并购交易。

10 月 16 日，太平石化金融租赁有限责任公司完成工商登记注册，至此，我国由中国银行业监督管理委员会批准的第 26 家金融租赁公司正式成立。

10 月 24 日，恒信金融租赁全部完成所有的更名手续，正式更名为海通恒信国际租赁。28 日上午，海通恒信与多家银行签署了其更名后的首笔规模达 33 亿元的中期流动资金银团贷款。

11 月 6 日，民生金融租赁以融资租赁方式与印尼第一大钻井承包商 Apexindo 公司合作的 400 尺自升式钻井平台"Tasha"顺利交付，并在香港与船厂、承租人完成交接，登记成为该平台船东。该项目是国内租赁业首个全国际化运作自升式钻井平台，运用国外资金、国内公司承建、国外公司承租，将国内先进海工制造业推向国际市场。

11 月 10 日，广州市政府举办融资租赁产业发展专题培训班，我国融资租赁专家杨海田、李思明、屈延凯作了专题辅导，广州市副市长骆蔚峰出席并主持。此次培训以中国融资租赁业的发展和广州融资租赁业的机遇为主题。

11 月 17 日，江苏金融租赁有限公司完成了更名的工商登记手续，整体变更设立为股份有限公司。原有限公司股东江苏交通控股有限公司、南京银行、国际金融公司、中信产业基金、法国巴黎银行租赁集团等 8 名股东作为发起人，并签署了发起人协议。变更后公司名称为"江苏金融租赁股份有限公司"。

11 月 20 日，渤海租赁股份有限公司发布公告，其 100% 控股子公司 GSC 将以 6.10 亿美元或 6.15 亿美元的价格，从 CHC 手中购买全球一流的集装箱融资租赁公司 Cronos 80% 的股权，以及 CHC 享有的对 Cronos 金额达 2588 万美元的债权。此次并购完成后，渤海租赁将成为全球最大的多元化集装箱租赁公司之一，特别是冷藏箱和特种箱的数量将处于行业首位。

11 月 21 日，人民银行公布下调金融机构人民币存贷款基准利率及进一步推进利率市场化改革的通知。

11 月 21 日，证监会发布《证券公司以及基金管理公司子公司资产证券化业务管理规定》，将租赁债权纳入资产证券化（ABS）基础资产范围，取消事前行政审批，实行事后备案和负面清单管理。

11 月 25 日，中银航空租赁（天津）有限公司成立签约仪式在天津举行，中银航空租赁私人有限公司中国公司正式落户天津东疆保税港。在签约仪式上，中国银行董事长田国立，天津市委副书记、市长黄兴国共同为中银航空租赁（天津）有限公司揭牌。

12 月 2 日，中国飞机租赁公布，向空客购入 100 架飞机，总价共约 102 亿美元（约 795.6 亿港元），购买客机包括 16 架空客 A320 - 200 CEO 型号飞机、10 架空客 A321 - 200 CEO 型号飞机及 74 架空客 A320 NEO 型号飞机。

12 月 2 日，邮储银行第一笔融资租赁保理业务在江苏苏州成功放款。该笔业务中，苏州某汽车公司作为核心企业，承担回购担保责任。融资企业为江苏某融资租赁有限公司，承租人为江苏某地市公交公司。该笔业务放款金额为 1880 万元，贷款期限 60 个月，按季度还款。

12 月 4 日，由中国银行业协会、天津市人民政府主办，国银金融租赁有限公司承办的"第五届中国金融租赁年会"在天津召开。本届年会以"转型过程中租赁业的定位与作用"为主题，来自国家相关部委、天津市人民政府、20 个地方银监局、30 家金融租赁公司、部分内外资融资租赁公司、商业银行，以及保险、法律、会计、评级等中介机构和国内外行业专家等相关人士共计 400 余人出席了会议，并围绕主题进行了深入的探讨和交流。

12 月 5 日，融信租赁股份有限公司在全国中小企业股份转让系统（俗称"新三板"市场）挂牌上市，成为中国融资租赁行业第一家挂牌新三板的企业。而融信租赁新三板的成功挂牌，也是标志着融资租赁企业拓展直接融资渠道的一次有益探索和实践。

12 月 6 日，山东省融资租赁行业协会在济南成立。

12 月 9 日，国家主席习近平在人民大会堂同爱尔兰总统希金斯举行会谈。习近平强调，爱尔兰在信息技术、制药、生命科学等领域具有独特优势，农牧业基础好，中国正在推进创新驱动发展战略，加快城镇化、农业现代化，双方可以加强合作。中方鼓励中国企业赴爱尔兰投资，参与爱尔兰飞机融资租赁业务和风电建设。

12 月 15 日，南沙金融创新"15 条"政策正式公布。这是继珠三角金融改革方案后，广东地区第二份金融专项政策正式落地。

12 月 16 日，广州农商银行珠江金融租赁公司正式挂牌。珠江金融租赁公司由广州农商银行独家发起设立，注册资本 10 亿元。

12 月 16 日，万达信息披露，公司拟出资 2 亿元参与投资设立金融租赁公司，持有标的公司 20% 股权。

12 月 16～18 日，由中国外商投资企业协会主办的中国融资租赁年会暨论坛在上海召开。本次年会进行了中国外商投资企业协会租赁业工作委员会理事会换届选举，通过竞选和差额投票，选举产生理事单位 39 家，副会长单位 13 家，会长单位 1 家。许为珉代表公司发表了竞选演讲，公司再次成功当选理事单位，许为珉总经理当选理事。泓旭国际租赁公司当选为会长单位，其董事总经理杨钢先生当选为会长。

12 月 18 日，中国飞机租赁集团斥资 20 亿美元，在哈尔滨建设中国最大的飞机拆解重组工厂。5 年后，这个工厂每年可拆解 50 架飞机。其目标是成为世界最大的飞机拆解厂。

12 月 18 日，宁波市融资租赁协会宣布成立。至 12 月中旬，宁波市已有融资租赁企业 43 家，注册资本约 60 亿元，融资租赁合同突破 500 亿元，行业规模正不断扩大。

12 月 19 日，渝农商金融租赁有限责任公司正式开业。该公司也是中西部第一家地方性银行控股、民营参股的混合所有制金融租赁公司。并且也是中西部第一家同时具有银行和厂商背景的金融租赁公司。

12 月 24 日，大众集团旗下上海大众融资租赁有限公司开业运营。上海大众融资租赁有限公司是由上海大众公用（集团）股份有限公司和大众交通（集团）股份有限公司两家上市公司共同出资设立的中外合资融资租赁公司，注册资本人民币 5 亿元，公司注册在中国（上海）自由贸易试验区。

12 月 24 日，渤海租赁发布公告称，2014 年度公司下属子公司天津渤海租赁有限公司及皖江金融租赁有限公司合计收到财政奖励及税收返还金额总计 1.29 亿元。

企业名录

全国融资租赁企业 50 强排行榜
（截至 2014 年 12 月 31 日）

（按注册资金排序）

排名	企业名称	注册时间（年）	注册地	注册资金（亿元）
1	工银金融租赁有限公司	2007	天津	110.00
2	远东国际租赁有限公司	1991	上海	84.60
3	国银金融租赁有限公司	1984	深圳	80.00
4	浦航租赁有限公司（原大新华船舶）	2009	上海	76.60
5	平安国际融资租赁有限公司	2012	上海	75.00
6	天津渤海租赁有限公司	2008	天津	62.6
7	交银金融租赁有限责任公司	2007	上海	60.00
7	招银金融租赁有限公司	2007	上海	60.00
7	昆仑金融租赁有限责任公司	2010	重庆	60.00
8	长江租赁有限公司	2004	天津	58.00
9	民生金融租赁股份有限公司	2007	天津	50.95
10	兴业金融租赁有限责任公司	2010	天津	50.00
10	太平石化金融租赁有限责任公司	2014	上海	50.00
11	建信金融租赁股份有限公司	2007	北京	45.00
12	中航国际租赁有限公司	2004	上海	37.90
13	中国外贸金融租赁有限公司	1986	北京	35.07
14	信达金融租赁有限公司	2010	兰州	35.00
15	海通恒信国际租赁有限公司	2004	上海	32.95
16	檀实融资租赁（上海）有限公司	2014	上海	31.50
17	国泰租赁有限公司	2007	济南	30.00
17	皖江金融租赁有限公司	2011	芜湖	30.00

续表

排名	企业名称	注册时间（年）	注册地	注册资金（亿元）
17	华夏金融租赁有限公司	2013	昆明	30.00
17	宏泰国际融资租赁（天津）有限公司	2013	天津	30.00
18	浦银金融租赁股份有限公司	2011	上海	29.50
19	广州越秀融资租赁有限公司	2012	广州	26.46
20	华融金融租赁股份有限公司	1984	杭州	25.00
20	庞大乐业租赁有限公司	2009	唐山	25.00
20	渝农商金融租赁有限公司	2014	重庆	25.00
21	长城国兴金融租赁有限公司	2008	乌鲁木齐	24.00
22	江苏金融租赁有限公司	1985	南京	23.50
23	利星行融资租赁（中国）有限公司	2008	苏州	23.31
24	南车投资租赁有限公司	2008	北京	23.00
25	汇通信诚租赁有限公司	2012	乌鲁木齐	21.60
26	扬子江国际租赁有限公司	1992	上海	21.56
27	中建投租赁有限责任公司	2011	北京	20.00
27	农银金融租赁有限公司	2010	上海	20.00
27	大唐融资租赁有限公司	2012	天津	20.00
27	中国金融租赁有限公司	2013	天津	20.00
27	北银金融租赁有限公司	2014	北京	20.00
27	哈银金融租赁有限责任公司	2014	哈尔滨	20.00
28	北京市文化科技融资租赁股份有限公司	2014	北京	19.60
29	仲利国际租赁有限公司	2005	上海	19.53
30	中飞租融资租赁有限公司	2010	天津	18.90
30	基石融资租赁（天津）有限公司	2012	天津	18.90
31	金宝鼎国际融资租赁有限公司	2012	天津	18.84
31	安徽钰诚融资租赁有限公司	2012	蚌埠	18.84
31	上海永盛融资租赁有限公司	2014	上海	18.84
31	上海璞能融资租赁有限公司	2014	上海	18.84
32	量通租赁有限公司	2006	广州	18.00
32	广东盛通融资租赁有限公司	2011	广州	18.00
32	广东中金大通融资租赁有限公司	2013	广州	18.00
32	广东中金高盛融资租赁有限公司	2013	广州	18.00
32	广东中金摩根融资租赁有限公司	2013	广州	18.00
32	广东中金美林融资租赁有限公司	2013	广州	18.00

排名	企业名称	注册时间（年）	注册地	注册资金（亿元）
32	中海油国际融资租赁有限公司	2014	天津	18.00
32	平安国际融资租赁（深圳）有限公司	2014	深圳	18.00
33	中联重科融资租赁（中国）有限公司	2009	天津	17.64
34	鑫源融资租赁（天津）股份有限公司	2014	天津	16.70
35	小松（中国）融资租赁有限公司	2007	上海	16.30
36	海科融资租赁（天津）有限公司	2014	天津	16.00
37	中联重科融资租赁（北京）有限公司	2006	北京	15.02
38	河北省金融租赁有限公司	1995	石家庄	15.00
38	广东中野融资租赁有限公司	2014	广州	15.00
38	国电融资租赁有限公司	2014	天津	15.00
39	深港国际石油融资租赁（深圳）有限公司	2013	深圳	14.89
40	英大汇通融资租赁有限公司	2011	天津	12.88
41	东方信远融资租赁有限公司	2010	天津	12.60
41	国投融资租赁有限公司	2013	上海	12.60
41	中宏国际融资租赁有限公司	2013	深圳	12.60
41	国信锦城融资租赁有限公司	2014	上海	12.60
41	融汇融资租赁（上海）有限公司	2014	上海	12.60
41	东方融资租赁（上海）有限公司	2014	上海	12.60
42	海科融资租赁（北京）有限公司	2012	北京	12.54
43	重庆银海融资租赁有限公司	2006	重庆	12.00
44	康正（北京）融资租赁有限责任公司	2012	北京	10.58
44	广州市康信融资租赁有限公司	2012	广州	10.58
44	山东华恒融资租赁有限公司	2014	烟台	10.58
45	广东融通融资租赁有限公司	2012	深圳	10.40
46	日立建机租赁（中国）有限公司	2007	上海	10.14
47	上海康信融资租赁有限公司	2012	上海	10.08
47	渤海钢铁集团（天津）融资租赁有限公司	2013	天津	10.08
47	太钢（天津）融资租赁有限公司	2014	天津	10.08
47	中电投融和融资租赁有限公司	2014	上海	10.08
47	贵州汇融典石融资租赁有限公司	2014	贵阳	10.08
48	吉运集团股份有限公司	1995	北京	10.00

排名	企业名称	注册时间（年）	注册地	注册资金（亿元）
48	北车投资租赁有限公司	2008	北京	10.00
48	重庆市交通设备融资租赁有限公司	2009	重庆	10.00
48	丰汇租赁有限公司	2009	北京	10.00
48	北部湾金融租赁有限公司	2011	南宁	10.00
48	天津天保租赁有限公司	2011	天津	10.00
48	天津佳永租赁有限公司	2012	天津	10.00
48	广东明阳融资租赁有限公司	2012	广州	10.00
48	广州蓝岛融资租赁有限公司	2012	广州	10.00
48	邦银金融租赁股份有限公司	2013	天津	10.00
48	辽宁融川融资租赁股份有限公司	2013	沈阳	10.00
48	德海租赁有限公司	2013	北京	10.00
48	安徽华通租赁有限公司	2013	淮南	10.00
48	银通国际融资租赁有限公司	2013	上海	10.00
48	海华国际融资租赁有限公司	2013	天津	10.00
48	华电融资租赁有限公司	2013	天津	10.00
48	远东宏信（天津）融资租赁有限公司	2013	天津	10.00
48	中建投租赁（上海）有限公司	2014	上海	10.00
48	珠江金融租赁有限公司	2014	广州	10.00
48	国汇融资租赁有限公司	2014	北京	10.00
48	华能天成融资租赁有限公司	2014	天津	10.00
48	金信兴业融资租赁有限公司	2014	天津	10.00
48	东航国际融资租赁有限公司	2014	上海	10.00
48	中国葛洲坝集团融资租赁有限公司	2014	上海	10.00
48	思福融资租赁有限公司	2014	上海	10.00
48	茅台建银（上海）融资租赁有限公司	2014	上海	10.00
48	丰植融资租赁有限公司	2014	宿迁	10.00
48	山东晨鸣融资租赁有限公司	2014	济南	10.00
48	深圳金通融资租赁有限公司	2014	深圳	10.00
49	狮桥融资租赁（中国）有限公司	2012	天津	9.93
50	天津凯富融资租赁有限公司	2014	天津	9.80

注：外资租赁企业注册资金按1:6.3的汇率折算成人民币。

资料来源：中国租赁联盟、天津滨海融资租赁研究院。

金融租赁企业名录

（以注册时间为序）

企业	注册时间（年）	注册地	注册资金（亿元）
国银金融租赁有限公司	1984	深圳	80
华融金融租赁股份有限公司	1984	杭州	25
江苏金融租赁有限公司	1985	南京	23.5
中国外贸金融租赁有限公司	1986	北京	35.07
山西金融租赁有限公司	1993	太原	5
河北省金融租赁有限公司	1995	石家庄	15
工银金融租赁有限公司	2007	天津	110
建信金融租赁股份有限公司	2007	北京	45
交银金融租赁有限责任公司	2007	上海	60
民生金融租赁股份有限公司	2007	天津	50.95
招银金融租赁有限公司	2007	上海	60
长城国兴金融租赁有限公司	2008	乌鲁木齐	24
光大金融租赁股份有限公司	2010	武汉	8
兴业金融租赁有限责任公司	2010	天津	50
信达金融租赁有限公司	2010	兰州	35
农银金融租赁有限公司	2010	上海	20
昆仑金融租赁有限责任公司	2010	重庆	60
皖江金融租赁有限公司	2011	芜湖	30
北部湾金融租赁有限公司	2011	南宁	10
浦银金融租赁股份有限公司	2011	上海	29.5
华夏金融租赁有限公司	2013	昆明	30
中国金融租赁有限公司	2013	天津	20

续表

企业	注册时间（年）	注册地	注册资金（亿元）
邦银金融租赁股份有限公司	2013	天津	10
北银金融租赁有限公司	2014	北京	20
哈银金融租赁有限责任公司	2014	哈尔滨	20
渝农商金融租赁有限公司	2014	重庆	25
洛银金融租赁股份有限公司	2014	洛阳	6
珠江金融租赁有限公司	2014	广州	10
太平石化金融租赁有限责任公司	2014	上海	50
交银航空航运金融租赁有限责任公司	2014	上海	5

注：①名录上的企业系截至 2014 年 12 月底在册运营中的企业；

②注册资金指截至 2014 年 12 月底的本金；

③注册资金单位为亿元人民币；

④注册时间指企业正式获得批准设立的时间；

⑤注册地指企业本部的注册地址。

资料来源：中国租赁联盟、天津滨海融资租赁研究院。

内资租赁企业名录

（以注册时间为序）

企业	注册时间	注册地	注册资金（亿元）
万向租赁有限公司	2004	杭州	3.0
天津津投租赁有限公司	2004	天津	0.82
西北租赁有限公司	2004	西安	2.0
青海昆仑租赁有限责任公司	2004	西宁	3.0
中航国际租赁有限公司	2004	上海	37.9
长江租赁有限公司	2004	天津	58.0
联通租赁集团有限公司	2004	北京	7.6
中国电建集团租赁有限公司	2004	北京	9.6
长行汽车租赁有限公司	2004	杭州	1.7
上海融联租赁股份有限公司	2004	上海	1.0
远中租赁有限公司	2006	沈阳	2.0
中联重科融资租赁（北京）有限公司	2006	北京	15.02
北京华泰融资租赁有限公司	2006	北京	2.0
上海电气租赁有限公司	2006	上海	5.0
安吉租赁有限公司	2006	上海	3.2
安徽兴泰融资租赁有限责任公司	2006	合肥	6.0
福建宏顺租赁有限公司	2006	福州	2.3
江西省海济租赁有限责任公司	2006	南昌	2.0
浪潮租赁有限公司	2006	济南	2.0
长城融资租赁有限责任公司	2006	济南	3.7

企业	注册时间（年）	注册地	注册资金（亿元）
重庆银海融资租赁有限公司	2006	重庆	12.0
华远租赁有限公司	2007	北京	2.0
浙江中大元通融资租赁有限公司	2007	杭州	7.6
山东融世华租赁有限公司	2007	济南	0.8
新纪元租赁有限公司	2007	北京	0.5
国泰租赁有限公司	2007	济南	30.0
南车投资租赁有限公司	2008	北京	23.0
北车投资租赁有限公司	2008	北京	10.0
首汽租赁有限责任公司	2008	北京	1.1
新疆亚中融资租赁股份有限公司	2008	乌鲁木齐	1.7
新疆新能租赁有限公司	2008	乌鲁木齐	2.5
恒华融资租赁有限公司（浙江裕华）	2008	嘉兴	1.0
厦门海翼融资租赁有限公司	2008	厦门	7.0
江苏徐工工程机械租赁有限公司	2008	徐州	8.0
天津渤海租赁有限公司	2008	天津	62.6
尚邦租赁有限公司	2008	天津	3.0
山重融资租赁有限公司	2009	北京	9.2
融信租赁股份有限公司（福建融信设备租赁）	2009	福州	2.0
浦航租赁有限公司（原大新华船舶）	2009	上海	76.6
成都工投融资租赁有限公司	2009	成都	3.0
庞大乐业租赁有限公司	2009	唐山	25.0
重庆市交通设备融资租赁有限公司	2009	重庆	10.0
丰汇租赁有限公司	2009	北京	10.0
中原租赁有限公司	2009	郑州	1.7
山东山工租赁有限公司	2011	济南	2.7
汇银融资租赁有限公司	2011	潍坊	5.0
中建投租赁有限责任公司	2011	北京	20.0
吉运集团股份有限公司	2011	北京	10.0

企业	注册时间（年）	注册地	注册资金（亿元）
上海金易达融资租赁有限公司	2011	上海	2.0
上海中兴融资租赁有限公司	2011	上海	2.0
福建海峡融资租赁有限责任公司	2011	福州	3.0
成都汇银融资租赁有限公司	2011	成都	1.7
天津天保租赁有限公司	2011	天津	10.0
天津泰达租赁有限公司	2011	天津	2.0
融鑫汇（天津）租赁有限公司	2011	天津	2.0
云投旺世融资租赁有限公司	2011	北京	2.0
银丰租赁有限公司	2011	北京	2.0
北京京能源深融资租赁有限公司	2011	北京	5.0
金鼎租赁有限公司	2011	北京	5.0
上海益流融资租赁有限公司	2011	上海	2.5
江苏烟草金丝利租赁有限公司	2011	南京	2.0
中能融资租赁有限公司	2011	天津	0.5
江西省鄱阳湖融资租赁有限公司	2011	南昌	2.8
德银融资租赁有限公司	2011	上海	7.0
新疆鼎源设备租赁有限公司	2011	乌鲁木齐	2.24
北京中车信融汽车租赁有限公司	2012	北京	2.0
东森海润租赁有限公司	2012	北京	2.0
荣达租赁有限公司	2012	北京	2.0
联通物产租赁有限公司	2012	北京	1.7
天津佳永租赁有限公司	2012	天津	10.0
河北融投租赁有限公司	2012	石家庄	9.0
上海国金租赁有限公司	2012	上海	6.0
浙江物产融资租赁有限公司	2012	杭州	1.7
浙江省铁投融资租赁有限公司	2012	杭州	2.0
浙江康安融资租赁有限公司（海宁康安）	2012	嘉兴	1.7
融兴融资租赁有限公司（原福州广江苑）	2012	福州	1.7

续表

企业	注册时间（年）	注册地	注册资金（亿元）
青岛中投融资租赁有限公司	2012	青岛	4.5
武汉光谷融资租赁有限公司	2012	武汉	3.5
汇通信诚租赁有限公司	2012	乌鲁木齐	21.6
中关村科技租赁（北京）有限公司	2013	北京	5.0
英利小溪租赁有限公司	2013	天津	1.7
晋盛融资租赁有限公司	2013	太原	1.7
嘉丰租赁有限公司	2013	济南	1.7
庆汇租赁有限公司	2013	沈阳	3.0
沈阳恒信租赁有限公司	2013	沈阳	2.74
辽宁融川融资租赁股份有限公司	2013	沈阳	10.0
江苏宝涵租赁有限公司	2013	苏州	2.0
苏州融华租赁有限公司	2013	苏州	2.0
南京隆安租赁有限公司	2013	南京	1.7
南京天元租赁有限公司	2013	南京	1.7
浙江香溢租赁有限责任公司	2013	宁波	2.0
安徽正奇融资租赁有限公司	2013	合肥	4.0
国农租赁有限公司	2013	济南	5.1
河南国控租赁有限公司	2013	郑州	2.0
郑州广通汽车租赁有限公司	2013	郑州	1.7
海航思福汽车租赁有限公司	2013	海口	1.82
四川孚临融资租赁有限公司	2013	成都	2.0
贵州黔贵交通设备融资租赁有限公司	2013	贵阳	1.7
北京农投融资租赁有限公司	2013	北京	3.0
德海租赁有限公司	2013	北京	10.0
通和租赁股份有限公司	2013	北京	2.0
河北卓邦华琦机械设备租赁有限公司	2013	邯郸	1.7
融丰租赁有限公司	2013	沈阳	1.7
中弘租赁有限公司	2013	沈阳	1.7

企业	注册时间（年）	注册地	注册资金（亿元）
中程租赁有限公司	2013	天津	3.0
上海摩恩融资租赁股份有限公司	2013	上海	2.0
上海万方船舶租赁有限公司	2013	上海	3.0
南京民生租赁股份有限公司	2013	南京	2.0
张家港华晟租赁有限公司	2013	苏州	2.0
浙江浙能融资租赁有限公司	2013	杭州	2.0
杭州城投租赁有限公司	2013	杭州	1.7
浙江万融融资租赁有限公司	2013	金华	2.0
安徽合泰融资租赁有限公司	2013	合肥	3.0
安徽众信租赁有限公司	2013	亳州	2.0
芜湖亚夏融资租赁有限公司	2013	芜湖	2.0
安徽华通租赁有限公司	2013	淮南	10.0
安徽德润融资租赁股份有限公司	2013	合肥	5.0
福建万宇租赁有限公司	2013	宁德	2.06
赣州发展融资租赁有限责任公司	2013	赣州	3.0
青岛青建租赁有限公司	2013	青岛	2.05
湖北永盛融资租赁有限公司	2013	咸宁	1.7
广州广汽租赁有限公司	2013	广州	1.7
珠海恒源融资租赁有限公司	2013	珠海	4.38
世欣合汇租赁有限公司	2014	北京	5.0
北京鼎泰机械设备租赁有限公司	2014	北京	2.03
天津天士力租赁有限公司	2014	天津	2.0
天津融鑫融资租赁有限公司	2014	天津	2.0
中水电融通租赁有限公司	2014	天津	1.7
天津市良好投资发展有限公司	2014	天津	1.7
邯郸市美食林租赁有限公司	2014	邯郸	1.7
中盛租赁有限公司	2014	沈阳	1.7
黑龙江省鼎信租赁股份有限公司	2014	哈尔滨	2.0

企业	注册时间（年）	注册地	注册资金（亿元）
中海集团租赁有限公司	2014	上海	5.0
上海地铁租赁有限公司	2014	上海	2.0
中建投租赁（上海）有限公司	2014	上海	10.0
常熟市德盛租赁有限公司	2014	苏州	2.0
南通国润融资租赁有限公司	2014	南通	3.0
江苏淮海融资租赁有限公司	2014	宿迁	2.0
浙江大盛融资租赁有限公司	2014	金华	1.7
浙江宝利德汽车租赁有限公司	2014	杭州	1.8
宁波东银融资租赁有限责任公司	2014	宁波	1.7
安徽中财租赁有限责任公司	2014	亳州	2.0
安徽皖新租赁有限公司	2014	合肥	3.0
福建润创租赁有限公司	2014	福州	1.7
昌乐英轩设备租赁有限公司	2014	潍坊	1.7
湖北华康远达融资租赁有限公司	2014	襄阳	1.7
四川金石租赁有限责任公司	2014	成都	5.0
四川海特租赁有限公司	2014	成都	1.7
四川盘古设备租赁有限公司	2014	成都	2.0
四川御丰泰机械设备租赁有限公司	2014	成都	1.7
经开租赁有限公司	2014	深圳	2.0
华宝千祺租赁（深圳）有限公司	2014	深圳	3.0

注：①名录上的企业系商务部和国家税务总局批准的所有开展融资租赁试点的企业；

②注册资金指截至 2014 年 12 月底的企业注册资金，单位为亿元人民币；

③注册时间指商务部和国家税务总局下文批准的时间；

④注册地指企业本部注册地址。

资料来源：中国租赁联盟、天津滨海融资租赁研究院。

外资租赁企业名录

（以注册时间为序）

企业	注册时间（年）	注册地	注册资金（万美元）
中国环球租赁有限公司	1984	北京	13500
华和国际租赁有限公司	1984	青岛	515
中国国际包装租赁有限公司	1985	北京	300
华中国际租赁有限公司	1985	深圳	1560
国际集装箱租赁有限公司	1986	北京	1000
中国融资租赁有限公司	1986	大连	13267
光大国际租赁有限公司	1987	成都	600
中国康富国际租赁有限公司	1988	北京	4000
华通国际租赁有限公司	1988	深圳	3175
南京国际租赁有限公司	1989	南京	2600
南方国际租赁有限公司	1989	深圳	2400
实华国际租赁有限公司	1990	北京	1000
远东国际租赁有限公司	1991	上海	134271
扬子江国际租赁有限公司	1992	上海	34220
大业国际租赁有限公司	1993	北京	1000
新世纪国际租赁有限公司	1994	北京	1500
新华闻国际租赁有限公司	1995	北京	1000
三井住友融资租赁（中国）有限公司	1996	广州	15000
环宇邮电国际租赁有限公司	1996	北京	1500
美联信金融租赁有限公司	1998	上海	5500
上海金海岸融资租赁有限公司	2001	上海	4762
上海新利恒融资租赁有限公司	2002	上海	1000

续表

企业	注册时间（年）	注册地	注册资金（万美元）
医学之星（上海）租赁有限公司	2003	上海	13000
卡特彼勒（中国）融资租赁有限公司	2004	北京	8500
西门子财务租赁有限公司	2004	北京	6000
海通恒信国际租赁有限公司	2004	上海	52300
日立租赁（中国）有限公司	2005	北京	10000
广友租赁（上海）有限公司	2005	上海	1000
德益齐租赁（中国）有限公司	2005	上海	3605
信德电信国际合作有限责任公司	2005	北京	2000
仲利国际租赁有限公司	2005	上海	31000
富士施乐租赁（中国）有限公司	2005	上海	2000
方正国际租赁有限公司	2005	北京	6000
欧力士融资租赁（中国）有限公司	2005	上海	3200
法兴（上海）融资租赁有限公司	2005	上海	4000
拉赫兰顿融资租赁（中国）有限公司	2005	上海	9000
马尼托瓦克（中国）租赁有限公司	2006	上海	1000
卓越国际租赁有限公司	2006	北京	3000
华润租赁有限公司	2006	上海	2500
东瑞盛世利融资租赁有限公司	2006	上海	4750
通用电气（中国）融资租赁有限责任公司	2006	上海	2000
荷银租赁（中国）有限公司	2006	北京	1000
福建中船融资租赁有限责任公司	2006	福州	1000
厦门星原融资租赁有限公司	2006	厦门	3590
苏皇租赁（中国）有限公司	2006	北京	7775
麦格理租赁（中国）有限公司	2006	北京	1000
奇龙航空租赁有限公司	2006	北京	1000
东联融资租赁有限公司	2006	东莞	3000
量通租赁有限公司	2006	广州	28571
上海同岳租赁有限公司	2006	上海	4286
中铁租赁有限公司	2006	上海	4000
上海达丰机械租赁有限公司	2006	上海	2600
大洋国际租赁（上海）有限公司	2007	上海	1000

企业	注册时间（年）	注册地	注册资金（万美元）
斗山（中国）融资租赁有限公司	2007	北京	12600
德众国际融资租赁有限公司	2007	天津	3500
中集融资租赁有限公司	2007	深圳	7000
斯赛租赁（深圳）有限公司	2007	深圳	420
浙江锦盈融资租赁有限公司	2007	杭州	3175
法巴安诺融资租赁（中国）有限公司	2007	北京	2815
思科系统（中国）融资租赁有限公司	2007	北京	10990
鑫桥联合融资租赁有限公司	2007	北京	6000
浙江汇金租赁股份有限公司	2007	杭州	3900
龙工（上海）融资租赁有限公司	2007	上海	2300
太山融资租赁有限公司	2007	上海	3000
小松（中国）融资租赁有限公司	2007	上海	25873
科誉高瞻融资租赁（中国）有限公司	2007	上海	2000
浙江成晟融资租赁有限公司	2007	杭州	1000
和运国际租赁有限公司	2007	上海	3000
盛世利（中国）租赁有限公司	2007	上海	1000
现代融资租赁有限公司	2007	上海	13000
日立建机租赁（中国）有限公司	2007	上海	16100
嘉实（厦门）融资租赁有限公司	2008	厦门	2000
汉德思邦克（上海）融资租赁有限公司	2008	上海	1000
华融（厦门）融资租赁有限公司	2008	厦门	1250
永正（厦门）融资租赁有限公司	2008	厦门	1000
融众国际融资租赁有限公司	2008	武汉	4100
湖北长江国际融资租赁有限公司	2008	武汉	1587
广东资雨泰融资租赁有限公司	2008	广州	10000
亿多世（中国）融资租赁有限公司	2008	广州	3333
中核建银融资租赁股份有限公司	2008	广州	7937
深圳福元租赁有限公司	2008	深圳	1587
华彬国际租赁有限公司	2008	北京	5000
翔龙融资租赁有限公司	2008	北京	2778
利星行融资租赁（中国）有限公司	2008	苏州	37000

续表

企业	注册时间（年）	注册地	注册资金（万美元）
苏州富邑融资租赁有限公司	2008	苏州	1000
格上租赁有限公司	2008	苏州	1000
南京南华融资租赁有限公司	2008	南京	1587
中恒国际租赁有限公司（原柳工租赁）	2008	北京	13408
兴银融资租赁（中国）有限公司	2008	上海	3000
三菱日联融资租赁（中国）有限公司	2008	上海	5500
成都神钢建机融资租赁有限公司	2008	成都	6570
国际商业机器租赁有限公司	2008	上海	2698
河北创联融资租赁有限公司	2008	石家庄	7460
上海腾飞融资租赁有限公司	2009	上海	1450
厦门弘信博格融资租赁有限公司	2008	厦门	2130
忠泰（厦门）融资租赁有限公司	2009	厦门	1000
中联重科融资租赁（中国）有限公司	2009	天津	28000
先锋国际融资租赁有限公司	2009	天津	10000
广东信成融资租赁有限公司	2009	佛山	2700
广东汇赢融资租赁有限公司	2009	佛山	1000
广东富邦融资租赁有限公司	2009	广州	7937
博策国际租赁（天津）有限公司	2009	天津	2000
国地融资租赁有限公司	2009	天津	1000
晋商国际融资租赁有限公司	2009	北京	3000
聚信国际租赁有限公司	2009	上海	5442
国骅融资租赁有限公司	2009	宁波	3000
莱茵达国际融资租赁有限公司	2009	上海	3000
湖南中宏融资租赁有限公司	2009	长沙	3000
沃得国际融资租赁有限公司	2009	镇江	6000
烟台国裕融资租赁有限公司	2009	烟台	2165
仲津国际租赁有限公司	2010	天津	4000
亿达国际租赁（天津）有限公司	2010	天津	4999
成都金控融资租赁有限公司	2010	成都	7937
东方信远融资租赁有限公司	2010	天津	20000
大丰港融资租赁（北京）有限责任公司	2010	北京	1000

企业	注册时间（年）	注册地	注册资金（万美元）
朗业（天津）国际租赁有限公司	2010	天津	3000
金美融资租赁有限公司	2010	北京	5000
天津银德融资租赁有限公司	2010	天津	1000
易汇资本（中国）融资租赁有限公司	2010	天津	5500
约翰迪尔融资租赁有限公司	2010	天津	4200
天津三友融资租赁有限公司	2010	天津	1000
广东合众创盈融资租赁有限公司	2010	广州	4762
广东民盈融资租赁有限公司	2010	广州	1120
广州银达融资租赁有限公司	2010	广州	3175
中飞租融资租赁有限公司	2010	天津	30000
佛罗伦（天津）融资租赁有限公司	2010	天津	5000
中信富通融资租赁有限公司	2010	北京	7936
北京京城国际融资租赁有限公司	2010	北京	3333
江苏省再保融资租赁有限公司	2010	南京	6794
汉唐融资租赁（江苏）股份有限公司	2010	南京	1587
上海三营融资租赁有限公司	2010	上海	4060
上海翔森融资租赁股份有限公司	2010	上海	1000
钧益（上海）融资租赁有限公司	2010	上海	4360
融鑫融资租赁（上海）有限公司	2010	上海	2800
中润融资租赁（上海）有限公司	2010	上海	7937
创富融资租赁（上海）有限公司	2010	上海	4950
盛通融资租赁（上海）有限公司	2010	上海	1500
信都国际租赁有限公司	2010	上海	5000
上海华建融资租赁有限公司	2010	上海	1000
上海金舜租赁有限公司	2010	上海	4762
中煤环能国际融资租赁有限公司	2010	北京	3000
英顺国际租赁有限公司	2010	北京	3000
北京兆真国际租赁有限公司	2010	北京	1000
特雷克斯融资租赁（中国）有限公司	2010	北京	1000
北京中远大昌汽车服务有限公司	2010	北京	1905
北京恒嘉国际融资租赁有限公司	2010	北京	3000

企业	注册时间（年）	注册地	注册资金（万美元）
展硕融资租赁有限公司	2010	北京	3400
乾和融资租赁有限公司	2010	北京	3000
美旗融资租赁有限公司	2010	北京	10000
诚通融资租赁有限公司	2010	北京	4000
美旗亚太融资租赁有限公司	2010	北京	3300
国融（国际）融资租赁有限责任公司	2010	济南	6349
中和融资租赁有限公司	2010	济南	3000
山东普惠融资租赁股份有限公司	2010	济南	2698
山东华泰融资租赁有限公司	2010	济南	1100
港联融资租赁有限公司	2010	邢台	8875
河南安和融资租赁有限公司	2010	郑州	2680
裕融租赁有限公司	2010	苏州	3000
浙江中金租赁股份有限公司	2010	杭州	2018
江苏波地融资租赁有限公司	2010	苏州	1587
炎煌融资租赁（大丰）有限公司	2010	盐城	3606
江苏恒兴茂融资租赁有限公司	2010	常州	1000
江苏银业融资租赁有限公司	2010	南通	10166
厦门市百应融资租赁有限公司	2010	厦门	1250
辽宁开元融资租赁有限公司	2010	沈阳	1000
大连华汇融资租赁有限公司	2010	大连	5000
四川宜邦融资租赁有限公司	2011	成都	3175
一银租赁（苏州）有限公司	2011	苏州	2000
台骏国际租赁有限公司	2011	苏州	3000
维信融资租赁（苏州）有限公司	2011	苏州	1000
苏州中国东方丝绸市场融资租赁有限公司	2011	苏州	4762
中泰融资租赁（苏州）有限公司	2011	苏州	2698
苏州市睿所思融资租赁有限公司	2011	苏州	2698
苏州春知秋融资租赁有限公司	2011	苏州	3000
大连瑞昌融资租赁有限公司	2011	大连	4000
重庆谈石融资租赁有限公司	2011	重庆	1062
云顶融资租赁有限公司	2011	潍坊	2000

续表

企业	注册时间（年）	注册地	注册资金（万美元）
山东三和融资租赁有限公司	2011	潍坊	2013
擎天融资租赁（天津）有限公司	2011	天津	8000
江苏德仁融资租赁有限公司	2011	吴江	4762
德泰（天津）融资租赁有限公司	2011	天津	10000
嘉年亚太融资租赁有限公司	2011	天津	1890
中际船舶融资租赁（天津）有限公司	2011	天津	1518
永丰金国际租赁有限公司	2011	南京	3046
台新融资租赁（中国）有限公司	2011	南京	3000
江苏永高融资租赁有限公司	2011	南京	4000
源峰融资租赁有限公司	2011	南京	1000
中金高盛（天津）融资租赁有限公司	2011	天津	3000
华胜天成（中国）融资租赁有限公司	2011	天津	3000
宁波富博融资租赁有限公司	2011	宁波	3000
宁波南海融资租赁有限公司	2011	宁波	3000
新民信国际租赁有限公司	2011	天津	3000
万宝行（中国）融资租赁有限公司	2011	天津	1000
青岛国融融资租赁有限公司	2011	青岛	2900
英大汇通融资租赁有限公司	2011	天津	20444
新世纪运通融资租赁有限公司	2011	天津	3900
东银融资租赁（天津）有限公司	2011	天津	2757
汇信融资租赁（天津）有限公司	2011	天津	1000
江苏银河汇租赁有限公司	2011	徐州	1111
宝力融资租赁有限公司	2011	天津	3175
索罗门国际租赁（天津）有限公司	2011	天津	3000
天津鑫海融资租赁有限公司	2011	天津	3000
西尔融资租赁（天津）有限公司	2011	天津	5000
中华开发国际租赁有限公司	2011	苏州	3000
天津天成融资租赁有限公司	2011	天津	1000
中基宝通（天津）融资租赁有限责任公司	2011	天津	7937
鼎泰融资租赁有限公司	2011	天津	3000
天津锦联融资租赁有限公司	2011	天津	2800

企业	注册时间（年）	注册地	注册资金（万美元）
吉龙融资租赁（天津）有限公司	2011	天津	1600
亚皇融资租赁（天津）有限公司	2011	天津	1600
昊盈融资租赁有限公司	2011	天津	7937
德尔国际租赁有限责任公司	2011	天津	10000
融瀚时代国际租赁有限公司	2011	天津	1000
康正（天津）融资租赁有限责任公司	2011	天津	8000
恒运国际租赁有限公司	2011	天津	3333
银恒（上海）融资租赁有限公司	2011	上海	3175
盛达融资租赁（上海）有限公司	2011	上海	1587
上海德天融资租赁有限公司	2011	上海	1587
环宇融资租赁（上海）有限公司	2011	上海	1587
中瑞融资租赁（上海）有限公司	2011	上海	1587
亚桥融资租赁有限公司	2011	上海	3000
上海融星租赁股份有限公司	2011	上海	1587
乐天融资租赁（中国）有限公司	2011	上海	3900
帝增（上海）融资租赁有限公司	2011	上海	4702
汉资融资租赁（上海）有限公司	2011	上海	2600
中鼎融资租赁（上海）有限公司	2011	上海	1587
奔涌金控融资租赁（上海）有限公司	2011	上海	3175
龙惠融资租赁有限公司	2011	上海	5079
上海崇和船舶融资租赁有限公司	2011	上海	3000
博凯（上海）融资租赁有限公司	2011	上海	3870
恒宇（上海）融资租赁有限公司	2011	上海	5000
上海明方融资租赁有限公司	2011	上海	1587
上海挚信融资租赁有限公司	2011	上海	3000
久阳融资租赁（上海）有限公司	2011	上海	2800
中沃融资租赁（上海）有限公司	2011	上海	1683
中嘉融资租赁（上海）有限公司	2011	上海	1667
融通融资租赁（上海）有限公司	2011	上海	2655
上海鸿泰融资租赁有限公司	2011	上海	1587
芙蓉综合融资租赁（中国）有限公司	2011	上海	2710

企业	注册时间（年）	注册地	注册资金（万美元）
威立斯租赁（中国）有限公司	2011	上海	1000
同鑫融资租赁有限公司	2011	上海	1800
赞华（中国）设备租赁有限公司	2011	北京	1000
北京红旗融资租赁有限公司	2011	北京	1000
国宏融资租赁有限公司	2011	北京	3460
域创（中国）融资租赁有限公司	2011	北京	1200
宝信国际融资租赁有限公司	2011	西安	7937
德信融资租赁有限公司	2011	济南	3000
山东巴特利融资租赁股份有限公司	2011	济南	1079
盈华融资租赁有限公司	2011	深圳	3396
深圳市永泰融资租赁有限公司	2011	深圳	3175
深圳市华康信融资租赁有限公司	2011	深圳	4762
广东宏泰融资租赁有限公司	2011	佛山	3000
广东佛照融资租赁有限公司	2011	佛山	3175
恒泰国际融资租赁有限公司	2011	珠海	2900
珠海富明融资租赁有限公司	2011	珠海	9500
广东融捷融资租赁有限公司	2011	广州	1000
广东蓝海融资租赁有限公司	2011	广州	1600
广东中泰融资租赁有限公司	2011	广州	4762
广东同孚融资租赁有限公司	2011	广州	1587
致杰国际融资租赁有限公司	2011	广州	1587
启迪融资租赁有限公司	2011	广州	2000
广东盛通融资租赁有限公司	2011	广州	28571
广东粤海融资租赁有限公司	2011	广州	9900
广东兆邦融资租赁有限公司	2011	广州	2857
广东中瑞融资租赁有限公司	2011	广州	1746
弘高融资租赁有限公司	2011	长沙	4127
湖南信和融资租赁有限公司	2011	长沙	1000
海南国际旅游产业融资租赁股份有限公司	2011	海口	2800
子西融资租赁有限公司	2011	福州	2698
厦门市汇玖融资租赁有限公司	2011	厦门	1495

企业	注册时间（年）	注册地	注册资金（万美元）
海峡融资租赁有限公司	2011	厦门	1587
陆地港（福建）融资租赁有限公司	2011	泉州	1500
正信融资租赁有限公司	2011	乌鲁木齐	1000
广聚融资租赁有限公司	2011	杭州	1000
汇轩融资租赁（杭州）有限公司	2011	杭州	4980
盈信融资租赁（杭州）有限公司	2011	杭州	1000
荣年融资租赁（中国）有限公司	2011	海宁	2800
湖北鼎中融资租赁有限公司	2011	武汉	3000
湖北宏广国际融资租赁有限公司	2011	武汉	2698
湖北国中融资租赁有限公司	2012	武汉	7000
湖北昊华融资租赁有限公司	2012	武汉	5000
中信逸百年融资租赁有限公司	2012	武汉	1587
大摩融资租赁（中国）有限公司	2012	武汉	10000
湖北华康远达融资租赁有限公司	2012	襄阳	2698
中融瑞银融资租赁有限公司	2012	天津	7937
智信（中国）融资租赁有限公司	2012	天津	1000
利城国际融资租赁（中国）有限公司	2012	天津	3000
景翔国际融资租赁（中国）有限公司	2012	天津	3000
中侨融资租赁有限公司	2012	天津	3300
蓝辰融资租赁有限公司	2012	天津	10000
东方英丰租赁有限公司	2012	天津	6500
中融汇金融资租赁有限公司	2012	天津	3175
中合盟达融资租赁有限公司	2012	天津	2698
中融昌盛融资租赁有限公司	2012	天津	3175
中杰国际融资租赁有限公司	2012	天津	3000
中康国际融资租赁有限公司	2012	天津	5000
永利国际融资租赁有限公司	2012	天津	3000
耕企国际租赁有限公司	2012	天津	1000
凤仪（中国）融资租赁有限公司	2012	天津	3175
鑫泰国际融资租赁（中国）有限公司	2012	天津	1000
金宝鼎国际融资租赁有限公司	2012	天津	29900

企业	注册时间（年）	注册地	注册资金（万美元）
宜信惠琮国际融资租赁有限公司	2012	天津	2857
狮桥融资租赁（中国）有限公司	2012	天津	15760
康信（天津）融资租赁有限责任公司	2012	天津	1000
中融国金国际租赁有限公司	2012	天津	1000
首信融资租赁有限公司	2012	天津	4762
宏坤国际融资租赁有限公司	2012	天津	2000
汇鑫国际融资租赁有限公司	2012	天津	5000
锦绣前程（天津）融资租赁有限公司	2012	天津	5000
康楠（天津）融资租赁有限公司	2012	天津	1000
康盛（天津）融资租赁有限责任公司	2012	天津	4000
康兴（天津）融资租赁有限公司	2012	天津	4000
联创（天津）融资租赁有限公司	2012	天津	2000
美加（天津）融资租赁有限公司	2012	天津	1587
圣华元国际融资租赁有限公司	2012	天津	3175
台新融资租赁（天津）有限公司	2012	天津	3000
天津汇银国际融资租赁有限公司	2012	天津	1000
天津聚鑫融资租赁有限公司	2012	天津	2000
天津泰融融资租赁有限公司	2012	天津	3500
天津永翔融资租赁有限公司	2012	天津	1000
祥龙融资租赁（天津）有限公司	2012	天津	1200
粤融国际租赁有限公司	2012	天津	5000
佳谊国际租赁有限公司	2012	天津	1000
中盛（天津）融资租赁有限责任公司	2012	天津	1600
大摩融资租赁（天津）有限公司	2012	天津	3000
大通国际融资租赁（天津）有限公司	2012	天津	1000
大唐融资租赁有限公司	2012	天津	31746
恒汇国际融资租赁（天津）有限公司	2012	天津	2000
基石融资租赁（天津）有限公司	2012	天津	29999
中煤国际租赁有限公司	2012	天津	7000
海纳天成（天津）融资租赁有限公司	2012	天津	3000
博然（天津）融资租赁有限公司	2012	天津	3000

企业	注册时间（年）	注册地	注册资金（万美元）
百川锦泰（天津）融资租赁有限公司	2012	天津	3000
瑞泽国际融资租赁有限公司	2012	天津	4900
泓旭国际融资租赁有限公司	2012	天津	1600
天津昌威国际融资租赁有限公司	2012	天津	8000
美联信融资租赁（天津）有限公司	2012	天津	1000
瀚鸿融资租赁（天津）有限公司	2012	天津	10000
德润融资租赁股份有限公司	2012	天津	6349
美锦融资租赁有限公司	2012	天津	3175
鼎恒（天津）融资租赁有限公司	2012	天津	1000
益尔国际租赁有限公司	2012	天津	1000
上银融资租赁（中国）有限责任公司	2012	上海	3000
银洲（上海）融资租赁有限公司	2012	上海	2857
久保田（中国）融资租赁有限公司	2012	上海	8500
坤谷国际融资租赁有限公司	2012	上海	3175
仲信国际租赁有限公司	2012	上海	4975
汇亚国际融资租赁股份有限公司	2012	上海	3175
富成融资租赁有限公司	2012	上海	3000
平安国际融资租赁有限公司	2012	上海	119048
国弘（上海）融资租赁有限公司	2012	上海	3000
千惠融资租赁（上海）有限公司	2012	上海	1000
中皓融资租赁（上海）股份有限公司	2012	上海	4762
利信融资租赁（上海）有限公司	2012	上海	3000
财和融资租赁（上海）有限公司	2012	上海	1667
君明融资租赁（上海）有限公司	2012	上海	2850
恒河融资租赁（上海）有限公司	2012	上海	2698
上海和誉融资租赁有限公司	2012	上海	2000
乾元融资租赁有限公司	2012	上海	5000
上海港发融资租赁有限公司	2012	上海	1700
上海力池融资租赁有限公司	2012	上海	3300
上海海晟融资租赁有限公司	2012	上海	2000
上海永汇融资租赁有限公司	2012	上海	2698

企业	注册时间（年）	注册地	注册资金（万美元）
上海华星融资租赁有限公司	2012	上海	1587
上海金江融资租赁有限公司	2012	上海	3000
上海宏泰融资租赁有限公司	2012	上海	5000
上海坤达汇融资租赁有限公司	2012	上海	2000
上海南朗融资租赁有限公司	2012	上海	2698
上海真辰融资租赁有限公司	2012	上海	1587
上海徽融资租赁有限公司	2012	上海	4126
上海康信融资租赁有限公司	2012	上海	16000
上海典昂融资租赁有限公司	2012	上海	1587
上海业勤融资租赁有限公司	2012	上海	2698
上海帝龙融资租赁有限公司	2012	上海	1000
上海英晖融资租赁有限公司	2012	上海	3175
上海力合融资租赁有限公司	2012	上海	3000
上海凯琳圣融资租赁有限公司	2012	上海	1587
上海聚隆融资租赁有限公司	2012	上海	3333
华信融资租赁（上海）有限公司	2012	上海	3175
上海齐盛融资租赁有限公司	2012	上海	3000
万丰融资租赁有限公司	2012	上海	2698
上海诚达融资租赁有限责任公司	2012	上海	4762
龙仕达融资租赁（上海）有限公司	2012	上海	1717
华富融资租赁（上海）股份有限公司	2012	上海	3175
华港（上海）融资租赁有限公司	2012	上海	1800
住友重机械工业（中国）融资租赁有限公司	2012	上海	2000
金盛融资租赁（上海）有限公司	2012	上海	1587
泰利融资租赁有限公司	2012	上海	3000
万邦嘉泰融资租赁（上海）有限公司	2012	上海	1587
澳绰融资租赁（上海）有限公司	2012	上海	2698
宏菱融资租赁（上海）有限公司	2012	上海	2698
中保国际融资租赁有限公司	2012	上海	1587
德成融资租赁（上海）有限公司	2012	上海	1587
上实融资租赁有限公司	2012	上海	6349

企业	注册时间（年）	注册地	注册资金（万美元）
荣银融资租赁（上海）有限公司	2012	上海	1587
丰和（上海）融资租赁有限公司	2012	上海	2000
八达通融资租赁有限公司	2012	上海	1600
纵横国际融资租赁有限公司	2012	上海	4762
浩科融资租赁（上海）有限公司	2012	上海	4900
信泰融资租赁（上海）有限公司	2012	上海	4762
上海元天融资租赁有限公司	2012	上海	2698
上海宝通融资租赁有限公司	2012	上海	1587
上海三秀融资租赁有限公司	2012	上海	1000
三林融资租赁有限公司	2012	上海	3000
天信融资租赁（上海）有限公司	2012	上海	1619
丰田汽车租赁（中国）有限公司	2012	上海	1000
银汇信融资租赁（上海）有限公司	2012	上海	1587
上海富邦融资租赁有限公司	2012	上海	3175
汇京融资租赁有限公司	2012	北京	2698
道生国际融资租赁股份有限公司	2012	北京	7937
汇泰融资租赁有限公司	2012	北京	1587
中鑫融资租赁有限公司	2012	北京	1000
北京开元融资租赁有限公司	2012	北京	2698
北京美科动力融资租赁有限公司	2012	北京	1016
康正（北京）融资租赁有限责任公司	2012	北京	16800
梅赛德斯—奔驰租赁有限公司	2012	北京	4762
腾飞国际融资租赁有限公司	2012	北京	1000
北京中创融资租赁有限公司	2012	北京	4762
北京中汇丰源融资租赁有限公司	2012	北京	1000
海科融资租赁（北京）有限公司	2012	北京	19900
银德丰融资租赁有限公司	2012	北京	10000
宜信惠琮融资租赁（北京）有限公司	2012	北京	1000
亚皇融资租赁（北京）有限公司	2012	北京	1000
佳泰融资租赁有限公司	2012	深圳	2000

企业	注册时间（年）	注册地	注册资金（万美元）
深圳诺德融资租赁有限公司	2012	深圳	1587
深圳翔龙融资租赁有限公司	2012	深圳	2830
赢时通融资租赁有限公司	2012	深圳	1111
深圳市宇商融资租赁有限责任公司	2012	深圳	3000
富银融资租赁（深圳）有限公司	2012	深圳	3175
泛华融资租赁（深圳）有限公司	2012	深圳	1000
康正（深圳）融资租赁有限责任公司	2012	深圳	1000
宝利天泽（深圳）融资租赁有限公司	2012	深圳	2698
华南国际租赁有限公司	2012	深圳	2970
前租融资租赁有限公司	2012	深圳	4000
广东融通融资租赁有限公司	2012	深圳	16500
大摩融资租赁（深圳）有限公司	2012	深圳	10000
富道（中国）融资租赁有限公司	2012	深圳	3175
广东合创融资租赁有限公司	2012	广州	1587
康正（广州）融资租赁有限公司	2012	广州	1000
广东博纳融资租赁有限公司	2012	广州	3175
广东粤合融资租赁有限公司	2012	广州	3175
广东合生创富融资租赁有限公司	2012	广州	1587
广东谷丰融资租赁有限公司	2012	广州	4762
广东嘉银融资租赁有限公司	2012	广州	4762
广东汇银华浦融资租赁有限公司	2012	广州	4762
广东明阳融资租赁有限公司	2012	广州	15873
广州市康信融资租赁有限公司	2012	广州	16800
力中国际融资租赁有限公司	2012	广州	4762
广东奕拓融资租赁有限公司	2012	广州	1000
东租融资租赁有限责任公司	2012	广州	10000
广州越秀融资租赁有限公司	2012	广州	42000
广东国金融资租赁有限公司	2012	广州	3175
广东生和融资租赁有限公司	2012	广州	1587
广东益通融资租赁有限公司	2012	广州	7937
广东盈通融资租赁有限公司	2012	广州	7937

企业	注册时间（年）	注册地	注册资金（万美元）
广州开泰融资租赁有限公司	2012	广州	1000
广州东荣世纪融资租赁有限公司	2012	广州	1905
广东国信融资租赁有限公司	2012	广州	1587
广东汇通融资租赁有限公司	2012	广州	1587
广州蓝岛融资租赁有限公司	2012	广州	15873
广东银绩融资租赁有限公司	2012	佛山	1587
广东骏辉融资租赁有限公司	2012	佛山	1587
广东关鑫融资租赁有限公司	2012	韶关	1000
广东开泰融资租赁有限公司	2012	肇庆	1000
第一金租赁（成都）有限公司	2012	成都	3000
诚联融资租赁有限责任公司	2012	青岛	4762
青岛融通融资租赁有限公司	2012	青岛	1000
云峰融资租赁（山东）有限公司	2012	泰安	1000
南光蓝琴国际融资租赁有限公司	2012	珠海	1680
国领融资租赁（珠海）有限公司	2012	珠海	3000
广东易得融资租赁有限公司	2012	珠海	3000
珠海莱茵能源装备融资租赁有限公司	2012	珠海	3000
广泰空港国际融资租赁有限公司	2012	威海	1000
山东巨丰融资租赁有限公司	2012	潍坊	3000
山东恒丰融资租赁有限公司	2012	东营	4000
山东东海石油装备租赁有限公司	2012	东营	7937
山东兆邦融资租赁有限公司	2012	临沂	2936
顶信融资租赁有限公司	2012	济南	1000
山东创盛融资租赁有限公司	2012	济南	1000
山东恒远融资租赁有限公司	2012	东营	3000
山东高速环球融资租赁有限公司	2012	济南	9500
信和融资租赁有限公司	2012	济南	1000
国旺国际融资租赁有限公司	2012	南京	3000
兆邦融资租赁（江苏）有限公司	2012	南京	1032
禾阜融资租赁有限公司	2012	南京	1000
太亿融资租赁（江苏）股份有限公司	2012	南京	1587

企业	注册时间（年）	注册地	注册资金（万美元）
南京华信融资租赁有限公司	2012	南京	1587
利隆融资租赁（江苏）有限公司	2012	南京	2698
悦达融资租赁有限公司	2012	盐城	10524
浙江国金融资租赁股份有限公司	2012	杭州	2696
浙江建设融资租赁有限公司	2012	杭州	3200
杭州中装融资租赁有限公司	2012	杭州	2000
浙江海洋租赁股份有限公司	2012	舟山	3000
安科融资租赁（中国）有限公司	2012	宁波	4000
中创国际融资租赁有限公司	2012	宁波	10000
宁波汇金融资租赁有限公司	2012	宁波	1000
宁波金通融资租赁有限公司	2012	宁波	3000
宁波东海融资租赁有限公司	2012	宁波	5000
宁波广信融资租赁有限公司	2012	宁波	1984
三易融资租赁有限公司	2012	宁波	4900
天信国际租赁有限公司	2012	宁波	3000
浙江通商融资租赁有限公司	2012	宁波	5000
浙江中新力合融资租赁有限公司	2012	宁波	3175
湖南伯旺融资租赁有限公司	2012	长沙	1587
两江融资租赁有限公司	2012	重庆	5079
广西盛和万顺融资租赁有限公司	2012	柳州	1000
海南中胜融资租赁有限公司	2012	海口	1000
安徽宏大国际融资租赁有限公司	2012	合肥	3000
安徽汇弘融资租赁有限公司	2012	合肥	3500
德通（安徽）融资租赁有限公司	2012	合肥	3500
合肥华元融资租赁有限公司	2012	合肥	6600
安徽钰诚融资租赁有限公司	2012	蚌埠	29900
信隆融资租赁有限公司	2012	蚌埠	3000
顺泰融资租赁（常州）有限公司	2012	常州	4999
常州逸恒融资租赁有限公司	2012	常州	4998
苏州凯晟融资租赁有限公司	2012	苏州	1650
苏州苏信融资租赁有限公司	2012	苏州	1032

企业	注册时间（年）	注册地	注册资金（万美元）
江苏东吴融资租赁有限公司	2012	苏州	7000
苏州福冠融资租赁有限公司	2012	苏州	2000
苏州江融融资租赁有限公司	2012	苏州	2698
江苏融德鑫融资租赁有限公司	2012	苏州	2698
苏州正大融资租赁有限公司	2012	苏州	4000
信联融资租赁（江苏）有限公司	2012	苏州	2698
苏州锦帆融资租赁有限公司	2012	苏州	3000
苏州华龙融资租赁有限公司	2012	苏州	3000
苏州福华融资租赁有限公司	2012	苏州	3000
苏州汇金融资租赁有限公司	2012	苏州	4762
苏州鸿泰基融资租赁有限公司	2012	苏州	1587
江苏中润融资租赁有限公司	2012	苏州	2698
江苏金茂融资租赁有限公司	2012	苏州	5503
昆山中宏信融资租赁有限公司	2012	苏州	2000
博耳（无锡）融资租赁有限公司	2012	无锡	2000
嘉银融资租赁（江苏）有限公司	2012	泰州	9000
大连装备融资租赁有限公司	2012	大连	9206
云南万裕融资租赁有限公司	2012	昆明	2000
云南源通融资租赁有限公司	2012	昆明	1000
云南金韵融资租赁有限公司	2012	昆明	2000
云南物流产业高合融资租赁有限公司	2012	昆明	1000
和中融资租赁有限公司	2012	昆明	4921
福能（平潭）融资租赁有限公司	2012	福州	4815
海科融资租赁（福建）有限公司	2012	福州	4900
福建万信达融资租赁有限公司	2012	福州	3000
福建运通星融资租赁有限公司	2012	福州	1000
冠融融资租赁股份有限公司	2012	福州	1587
汇兴融资租赁有限公司	2012	泉州	2698
福建丰华融资租赁有限责任公司	2012	泉州	1111
东方国银（厦门）融资租赁有限公司	2012	厦门	1587
厦门市鼎丰融资租赁有限公司	2012	厦门	2440

续表

企业	注册时间（年）	注册地	注册资金（万美元）
本益（厦门）融资租赁有限公司	2012	厦门	1500
润土（厦门）融资租赁有限公司	2012	厦门	1000
中海油融资租赁（厦门）有限公司	2012	厦门	1000
福建省万邦融资租赁有限公司	2012	厦门	2000
西藏龙租融资租赁有限公司	2012	拉萨	1000
万容国际融资租赁有限公司	2013	北京	1000
北京中盛国际融资租赁有限公司	2013	北京	4762
华一融资租赁有限公司	2013	北京	3000
国金融资租赁有限公司	2013	北京	2200
恩和融资租赁（北京）有限公司	2013	北京	2900
北京飞龙融资租赁有限公司	2013	北京	2460
北京中汇融资租赁有限公司	2013	北京	3000
中银鼎盛融资租赁有限责任公司	2013	北京	7937
银盛（北京）融资租赁有限公司	2013	北京	2990
炎煌融资租赁（北京）有限公司	2013	北京	1000
英泰格瑞融资租赁有限责任公司	2013	北京	3175
北京华夏信诺融资租赁有限公司	2013	北京	3175
北京亦庄国际融资租赁有限公司	2013	北京	4000
北京瑞丰惠昌融资租赁有限公司	2013	北京	1000
北京中港锦源融资租赁有限公司	2013	北京	5000
北京联银融资租赁有限公司	2013	北京	1500
北京正方融资租赁有限公司	2013	北京	5000
丰源融资租赁股份有限公司	2013	北京	3968
誉高融资租赁有限公司	2013	北京	7937
东方隆昌融资租赁有限公司	2013	北京	1000
嘉元融资租赁有限公司	2013	北京	1000
当代亚太国际融资租赁有限公司	2013	北京	1587
基石国际融资租赁有限公司	2013	北京	5500
北京汇金泰康融资租赁有限公司	2013	北京	3000
国融联合融资租赁有限公司	2013	北京	4762
北京云盈融资租赁有限公司	2013	北京	1000

企业	注册时间（年）	注册地	注册资金（万美元）
北京信睦融资租赁有限公司	2013	北京	3000
华旭国际融资租赁有限公司	2013	北京	1000
明信（北京）融资租赁有限公司	2013	北京	2698
北京新能融资租赁有限公司	2013	北京	1587
北京青瑞融资租赁有限公司	2013	北京	1000
国信银泰融资租赁有限公司	2013	北京	1000
北京融泰展恒融资租赁有限公司	2013	北京	1000
国药集团融资租赁有限公司	2013	北京	3000
东方浩瑞融资租赁有限公司	2013	北京	1000
上海裕丰融资租赁有限公司	2013	上海	3000
添一融资租赁（中国）有限公司	2013	上海	1587
鑫宇国际融资租赁有限公司	2013	上海	3175
上海富汇融资租赁有限公司	2013	上海	5000
上海永达融资租赁有限公司	2013	上海	2698
上海中星富达融资租赁有限公司	2013	上海	2000
上海同丰洲际融资租赁有限公司	2013	上海	5000
旭森国际融资租赁有限公司	2013	上海	1587
奥克斯融资租赁（上海）有限公司	2013	上海	4762
上海爱建融资租赁有限公司	2013	上海	4762
阳信融资租赁（中国）有限公司	2013	上海	3000
上海越兴融资租赁有限公司	2013	上海	3000
上海博鼎融资租赁有限公司	2013	上海	1700
上海华音融资租赁有限公司	2013	上海	3175
上海中一融资租赁有限公司	2013	上海	3175
上海誉镕融资租赁有限公司	2013	上海	2698
上海昱升融资租赁有限公司	2013	上海	1904
融天融资租赁（上海）有限公司	2013	上海	3175
远胜融资租赁（上海）有限公司	2013	上海	7937
银通国际融资租赁有限公司	2013	上海	15873
汇通融资租赁（上海）有限公司	2013	上海	2698
融盛（上海）融资租赁有限公司	2013	上海	2722
创世（上海）融资租赁有限公司	2013	上海	3258
瑞沣（上海）融资租赁有限公司	2013	上海	1000
启航融资租赁（上海）有限公司	2013	上海	3000
绿明珠融资租赁（中国）有限公司	2013	上海	1587

企业	注册时间（年）	注册地	注册资金（万美元）
上海鼎益融资租赁有限公司	2013	上海	4762
上海如银融资租赁有限公司	2013	上海	3175
上海瑞隆融资租赁有限公司	2013	上海	4762
上海金誉融资租赁有限公司	2013	上海	3175
上海泰润融资租赁有限公司	2013	上海	3000
上海海马融资租赁有限公司	2013	上海	2000
上海兴中融资租赁有限公司	2013	上海	3302
上海稻畑融资租赁有限公司	2013	上海	1000
上海博量融资租赁有限公司	2013	上海	2000
上海鼎信融资租赁有限公司	2013	上海	3000
昇瑞隆汇融资租赁股份有限公司	2013	上海	2380
中铭融资租赁（上海）有限公司	2013	上海	5000
中强融资租赁（上海）有限公司	2013	上海	1587
唐盛融资租赁（上海）有限公司	2013	上海	3000
石花融资租赁（上海）有限公司	2013	上海	4762
泓博融资租赁（上海）有限公司	2013	上海	10400
融泰融资租赁（上海）有限公司	2013	上海	9523
金诚通融资租赁（上海）有限公司	2013	上海	1587
海银盛盟（上海）融资租赁有限公司	2013	上海	3000
中永顺融资租赁（上海）有限公司	2013	上海	7000
时利和融资租赁（上海）有限公司	2013	上海	3459
国投融资租赁有限公司	2013	上海	20000
中达融资租赁有限公司	2013	上海	3000
同辉融资租赁（上海）有限公司	2013	上海	3000
七星融资租赁（上海）有限公司	2013	上海	2200
融海融资租赁（上海）有限公司	2013	上海	3175
九洲融资租赁（上海）有限公司	2013	上海	2698
嘉盈融资租赁（上海）有限公司	2013	上海	3000
汉邦融资租赁（上海）有限公司	2013	上海	2750
友成融资租赁有限公司	2013	上海	2698
中浦融资租赁有限公司	2013	上海	3200
嘉行融资租赁（上海）有限公司	2013	上海	1680
国昊融资租赁（上海）有限公司	2013	上海	1600
汇中融资租赁（上海）有限公司	2013	上海	2300
荣邦融资租赁（上海）有限公司	2013	上海	2300

企业	注册时间（年）	注册地	注册资金（万美元）
高航融资租赁（上海）有限公司	2013	上海	5000
恒润融资租赁（上海）有限公司	2013	上海	2900
惠恒融资租赁（上海）有限公司	2013	上海	2300
盛辉融资租赁（上海）有限公司	2013	上海	3200
明信（上海）融资租赁有限公司	2013	上海	3000
炎煌融资租赁有限公司	2013	上海	1800
军融融资租赁有限公司	2013	上海	3700
国银富汇融资租赁有限公司	2013	上海	2857
上海容大融资租赁有限责任公司	2013	上海	3175
康正（上海）融资租赁有限责任公司	2013	上海	4000
海尔融资租赁（中国）有限公司	2013	上海	5000
上海天恒融资租赁有限公司	2013	上海	2857
上海电气融创融资租赁有限公司	2013	上海	1587
凯洛斯融资租赁（上海）有限公司	2013	上海	3175
中新能融资租赁有限公司	2013	上海	10000
沛泓融资租赁（上海）有限公司	2013	上海	3000
中晟融资租赁有限公司	2013	上海	3000
润东汇誉（上海）融资租赁有限责任公司	2013	上海	1000
君信融资租赁（上海）有限公司	2013	上海	3175
宏华融资租赁（上海）有限公司	2013	上海	2698
银领融资租赁（上海）有限公司	2013	上海	3175
当然融资租赁（上海）有限公司	2013	上海	5800
上海惠华融资租赁有限公司	2013	上海	1000
朗润（上海）融资租赁有限公司	2013	上海	10000
上海中腾融资租赁有限公司	2013	上海	3100
利星行融资租赁（上海）有限公司	2013	上海	5800
仁久国际租赁有限公司	2013	天津	1000
中智信融资租赁有限公司	2013	天津	5000
台骏津国际租赁有限公司	2013	天津	2000
融创融资租赁有限公司	2013	天津	3000
天津兆邦融资租赁有限公司	2013	天津	1746
中安联合国际融资租赁有限公司	2013	天津	3175
中商鼎信国际融资租赁有限公司	2013	天津	3000
正天国际融资租赁（天津）有限公司	2013	天津	1000
天津恒汇通融资租赁有限公司	2013	天津	1000

企业	注册时间（年）	注册地	注册资金（万美元）
正光国际租赁有限公司	2013	天津	1000
中闽国际融资租赁有限公司	2013	天津	1033
鑫银国际融资租赁有限公司	2013	天津	1000
瑞丰（天津）融资租赁有限公司	2013	天津	3320
前海融资租赁（天津）有限公司	2013	天津	1000
永丰润达（天津）融资租赁有限公司	2013	天津	1000
中工（天津）融资租赁有限公司	2013	天津	5000
智融（天津）融资租赁有限公司	2013	天津	3000
国融（天津）融资租赁有限公司	2013	天津	3175
京金国际融资租赁有限公司	2013	天津	5000
恒丰融资租赁（天津）有限公司	2013	天津	3000
华昌融资租赁（中国）有限公司	2013	天津	1000
中汇翔利融资租赁有限公司	2013	天津	2000
卡玛租赁（中国）有限公司	2013	天津	2000
基业长盛融资租赁有限公司	2013	天津	1000
中银联合国际融资租赁有限公司	2013	天津	4800
天津神州数码融资租赁有限公司	2013	天津	3000
赛金融资租赁有限公司	2013	天津	1600
中轩国际融资租赁有限公司	2013	天津	3175
中联信融资租赁有限公司	2013	天津	1115
嘉德国际融资租赁有限公司	2013	天津	3175
锦宏（天津）融资租赁有限公司	2013	天津	1000
鑫瑞国际融资租赁（天津）有限公司	2013	天津	1000
欧博锐国际融资租赁有限公司	2013	天津	1000
泰瑞国际融资租赁有限公司	2013	天津	3174
澳华（天津）融资租赁有限公司	2013	天津	1000
海华国际融资租赁有限公司	2013	天津	15873
纬通国际融资租赁有限公司	2013	天津	10000
华惠融资租赁有限公司	2013	天津	5000
三弦互强国际融资租赁股份有限公司	2013	天津	1587
金汇融资租赁（天津）有限公司	2013	天津	1000
华电融资租赁有限公司	2013	天津	15873
华阳国际融资租赁（天津）有限公司	2013	天津	1587
中融信（天津）融资租赁有限公司	2013	天津	1500
君越（天津）融资租赁有限公司	2013	天津	2000

企业	注册时间（年）	注册地	注册资金（万美元）
上赢（天津）融资租赁有限公司	2013	天津	1000
金胜国际融资租赁有限公司	2013	天津	1000
瑞和（天津）融资租赁有限公司	2013	天津	5000
宏泰国际融资租赁（天津）有限公司	2013	天津	47619
甲子国际融资租赁有限公司	2013	天津	1000
富邦国际（天津）融资租赁有限公司	2013	天津	3000
汇众（天津）融资租赁有限公司	2013	天津	1000
亿信国际融资租赁有限公司	2013	天津	1000
骏翔（天津）融资租赁有限公司	2013	天津	3000
永鑫融资租赁有限公司	2013	天津	5000
荣联国际融资租赁有限公司	2013	天津	5000
山海融资租赁有限公司	2013	天津	1000
亚太汇金融资租赁有限公司	2013	天津	10000
中融盛国际融资租赁（天津）有限公司	2013	天津	4762
开元国际融资租赁有限公司	2013	天津	5000
天津汇通融资租赁有限公司	2013	天津	1914
天津瑞茂通融资租赁有限公司	2013	天津	1587
银投融资租赁有限公司	2013	天津	1000
轻舟（天津）融资租赁有限公司	2013	天津	2816
赛象信诚国际融资租赁有限公司	2013	天津	1000
欣亿达国际融资租赁有限公司	2013	天津	3000
远东宏信（天津）融资租赁有限公司	2013	天津	15873
永丰金融资租赁（天津）有限公司	2013	天津	2984
天津金陵融资租赁有限公司	2013	天津	1000
中恒信业融资租赁有限公司	2013	天津	1000
鑫瑞增益（天津）国际融资租赁有限公司	2013	天津	1000
天津市传载精通融资租赁有限公司	2013	天津	2980
东源融资租赁（天津）有限公司	2013	天津	1000
光耀汉富（天津）国际融资租赁有限公司	2013	天津	1587
国元融资租赁有限公司	2013	天津	1000
天津哈兰融资租赁有限公司	2013	天津	3000
天津国银新源国际租赁有限公司	2013	天津	4762
益投融资租赁有限公司	2013	天津	1000
百利融资租赁有限公司	2013	天津	7936
渤海钢铁集团（天津）融资租赁有限公司	2013	天津	16000

企业	注册时间（年）	注册地	注册资金（万美元）
南山融资租赁（天津）有限公司	2013	天津	10000
弘海（天津）国际融资租赁有限公司	2013	天津	10000
海高国际融资租赁有限责任公司	2013	重庆	5000
华科融资租赁有限公司	2013	重庆	4762
重庆凯鑫融资租赁有限公司	2013	重庆	1000
重庆雅实融资租赁有限公司	2013	重庆	3300
重庆元亨融资租赁有限公司	2013	重庆	1000
重庆华本融资租赁有限公司	2013	重庆	3000
长融国际融资租赁有限责任公司	2013	重庆	3000
重庆金控融资租赁有限公司	2013	重庆	2698
浙江富藤融资租赁有限公司	2013	杭州	4762
浙江兆银融资租赁有限公司	2013	杭州	3000
浙江杭钢融资租赁有限公司	2013	杭州	5000
杭州金投融资租赁有限公司	2013	杭州	9900
杭州热联融资租赁有限公司	2013	杭州	2698
浙江国瑞融资租赁有限公司	2013	杭州	2000
浙江海亮融资租赁有限公司	2013	杭州	4990
凯枫融资租赁（杭州）有限公司	2013	杭州	1611
极天融资租赁（杭州）有限公司	2013	杭州	4980
方鼎融资租赁（杭州）有限公司	2013	杭州	1000
盈信融资租赁（杭州）有限公司	2013	杭州	1000
浙江嘉富融资租赁有限公司	2013	杭州	2900
创佳融资租赁（浙江）有限公司	2013	嘉兴	2800
浙江中诚融资租赁有限公司	2013	嘉兴	2746
浙江嘉隆融资租赁有限公司	2013	嘉兴	1587
浙江百盛融资租赁有限公司	2013	嘉兴	2857
泛达融资租赁有限责任公司	2013	嘉兴	2698
汇智融资租赁（嘉兴）有限公司	2013	嘉兴	1000
中油国际融资租赁有限公司	2013	宁波	10000
宁波汇轩融资租赁有限公司	2013	宁波	2000
彬彬恒盛融资租赁有限责任公司	2013	宁波	5000
宁波泰源融资租赁有限公司	2013	宁波	1000
国懿融资租赁有限公司	2013	宁波	3000
浙江智慧普华融资租赁有限公司	2013	宁波	2000
金尚海国际融资租赁有限公司	2013	宁波	3000

企业	注册时间（年）	注册地	注册资金（万美元）
汇融国际融资租赁有限公司	2013	宁波	5000
宁波侨汇融资租赁有限公司	2013	宁波	1000
宁波华航融资租赁有限责任公司	2013	宁波	1000
多盛融资租赁（中国）有限公司	2013	宁波	3000
杉杉恒盛融资租赁有限责任公司	2013	宁波	5000
安徽双赢融资租赁有限公司	2013	合肥	1000
安徽先锋融资租赁有限公司	2013	合肥	7500
安徽众信融资租赁有限公司	2013	亳州	3175
安徽新安融资租赁有限公司	2013	芜湖	4762
上瑞融资租赁有限公司	2013	芜湖	3000
铜陵华元融资租赁有限公司	2013	铜陵	1587
贵州省融资租赁有限责任公司	2013	贵阳	2698
江西大疆融资租赁有限公司	2013	南昌	1750
江西海高融资租赁有限公司	2013	南昌	1000
鸿嘉国际融资租赁有限公司	2013	济南	1000
融侨租赁有限公司	2013	济南	1000
山东嘉会新天融资租赁有限公司	2013	济南	5000
华鲁国际融资租赁有限公司	2013	济南	5000
山东明华融资租赁有限公司	2013	济南	1000
山东乾汇融资租赁有限公司	2013	济南	3000
泰山融资租赁有限公司	2013	泰安	1587
环渤海融资租赁有限公司	2013	东营	3000
山东金盛融资租赁有限公司	2013	东营	4762
山东黄河三角洲融资租赁有限公司	2013	东营	4762
山东科瑞融资租赁有限公司	2013	东营	5000
山东泰然融资租赁有限公司	2013	东营	5000
山东华元融资租赁有限公司	2013	东营	3175
山东汇锦融资租赁有限公司	2013	淄博	1000
山东汇智融资租赁有限公司	2013	淄博	1000
山东国辉融资租赁有限责任公司	2013	威海	1000
山东汇鑫融资租赁有限公司	2013	威海	2000
光大控股（青岛）融资租赁有限公司	2013	青岛	5000
青岛渤海融资租赁有限公司	2013	青岛	1587
青岛华通东卫融资租赁有限责任公司	2013	青岛	2800
青岛海泰雷曼融资租赁有限公司	2013	青岛	1250

企业	注册时间（年）	注册地	注册资金（万美元）
青岛北大荒海睿融资租赁有限公司	2013	青岛	3255
青岛泛海融资租赁有限公司	2013	青岛	1000
青岛振城融资租赁有限公司	2013	青岛	1000
南洋融资租赁（山东）有限公司	2013	青岛	5000
青岛华通东卫融资租赁有限责任公司	2013	青岛	2800
青岛国金融资租赁有限公司	2013	青岛	3000
青岛中金融资租赁有限公司	2013	青岛	4700
朗拓（青岛）融资租赁有限公司	2013	青岛	1000
巨丰融资租赁（青岛）有限公司	2013	青岛	1000
华商汇通融资租赁有限公司	2013	青岛	2857
山东新发展融资租赁有限公司	2013	淄博	1000
山东宏程邦德融资租赁有限公司	2013	淄博	3175
中润鸿基（大连）融资租赁有限公司	2013	大连	5000
鼎晖宝玉融资租赁（大连）有限公司	2013	大连	5000
永晟（大连）融资租赁有限公司	2013	大连	1000
西藏华租融资租赁有限公司	2013	拉萨	10000
圣通国际融资租赁有限公司	2013	拉萨	5000
西藏乐业融资租赁有限公司	2013	拉萨	1000
江苏德和融资租赁有限公司	2013	常州	3000
常州丰盛融资租赁有限公司	2013	苏州	9000
常州市永鑫融资租赁有限公司	2013	常州	3175
常州信辉融资租赁有限公司	2013	常州	3000
江苏国润融资租赁有限公司	2013	常州	4762
常州宝通融资租赁有限公司	2013	常州	2000
江苏盈梓融资租赁有限公司	2013	常州	3300
江苏福海融资租赁有限公司	2013	泰州	1500
苏州江汇融资租赁有限公司	2013	苏州	5000
苏州涌智江南融资租赁有限公司	2013	苏州	1000
苏州冯氏融资租赁有限公司	2013	苏州	3000
苏州园恒融资租赁有限公司	2013	苏州	2698
江苏千里融资租赁有限公司	2013	苏州	3175
江苏金腾融资租赁有限公司	2013	苏州	1000
苏州海峰融资租赁有限公司	2013	苏州	2000
台中银融资租赁（苏州）有限公司	2013	苏州	3000
江苏万盈融资租赁有限公司	2013	苏州	5000

企业	注册时间（年）	注册地	注册资金（万美元）
合库金国际租赁有限公司	2013	苏州	3000
苏州市农发融资租赁有限公司	2013	苏州	3175
苏州宇泰融资租赁有限公司	2013	苏州	2000
苏州长治融资租赁有限公司	2013	苏州	2000
苏州恒沁融资租赁有限公司	2013	苏州	1587
永联融资租赁（苏州）有限公司	2013	苏州	1587
苏州恒盛融资租赁有限公司	2013	苏州	1587
聚源融资租赁（太仓）有限公司	2013	苏州	3175
江苏蓝海融资租赁有限公司	2013	苏州	1587
海润融资租赁有限公司	2013	连云港	1000
江苏华盛融资租赁有限公司	2013	苏州	3175
苏州国信融资租赁有限公司	2013	苏州	1000
南京安租融资租赁有限公司	2013	南京	2000
江苏汇鑫融资租赁有限公司	2013	南京	2000
江苏天润融资租赁有限公司	2013	无锡	3000
江苏华中融资租赁有限公司	2013	无锡	15405
镇江新区金港融资租赁有限公司	2013	镇江	1000
江苏润兴融资租赁有限公司	2013	镇江	10000
南通江海融资租赁有限公司	2013	南通	3175
南通贝斯融资租赁有限公司	2013	南通	8000
江苏永安融资租赁有限公司	2013	南通	3175
云南中金融资租赁有限公司	2013	昆明	1000
广西通盛融资租赁有限公司	2013	柳州	2800
成都合盈融资租赁有限公司	2013	成都	3000
山西海云融资租赁有限公司	2013	太原	2381
广东融昇融资租赁有限公司	2013	广州	1587
广东中控融资租赁有限公司	2013	广州	1587
广东瑞杉融资租赁有限公司	2013	广州	1587
广东瑞银融资租赁有限公司	2013	广州	4762
广东中顺融资租赁有限公司	2013	广州	1587
广州鲁银融资租赁有限公司	2013	广州	1000
广东中科融资租赁有限公司	2013	广州	3175
中楷融资租赁有限公司	2013	广州	3175
广东高和融资租赁有限公司	2013	广州	5000
广东中汇融资租赁有限公司	2013	广州	2850

续表

企业	注册时间（年）	注册地	注册资金（万美元）
广东禧成融资租赁有限公司	2013	广州	1587
立根融资租赁有限公司	2013	广州	12698
广东钰通融资租赁有限公司	2013	广州	12698
广东禧华融资租赁有限公司	2013	广州	2698
广东安富融资租赁有限公司	2013	广州	1000
广东聚谦融资租赁有限公司	2013	广州	2000
广东中金大通融资租赁有限公司	2013	广州	28571
广东中金高盛融资租赁有限公司	2013	广州	28571
广东中金摩根融资租赁有限公司	2013	广州	28571
广东中金美林融资租赁有限公司	2013	广州	28571
海纳融资租赁有限公司	2013	广州	3300
广州粤信融资租赁有限公司	2013	广州	2838
广州弘晖泰融资租赁有限公司	2013	广州	7937
广东创丰盛融资租赁有限公司	2013	广州	1000
广东中穗融资租赁有限公司	2013	中山	3175
珠海新海融资租赁有限公司	2013	珠海	3000
横琴国际融资租赁有限公司	2013	珠海	1000
珠海横琴新区信汇融资租赁有限公司	2013	珠海	1000
深圳中恒泰富融资租赁有限公司	2013	深圳	4762
深圳银盛融资租赁有限公司	2013	深圳	2990
中宏国际融资租赁有限公司	2013	深圳	20000
高盛（深圳）融资租赁有限公司	2013	深圳	3175
金沃国际融资租赁有限公司	2013	深圳	1016
深圳前海百利纳得融资租赁有限公司	2013	深圳	1032
前海惠盈国际融资租赁有限公司	2013	深圳	2698
迈石资本融资租赁有限公司	2013	深圳	10000
深圳达实融资租赁有限公司	2013	深圳	3175
华源锐达（深圳）融资租赁有限公司	2013	深圳	3175
深圳市商贸通融资租赁有限公司	2013	深圳	1000
深圳翱迈融资租赁有限公司	2013	深圳	1000
深圳宝盛融资租赁有限公司	2013	深圳	1000
深圳施普瑞斯融资租赁有限公司	2013	深圳	1000
深圳南海国际融资租赁有限公司	2013	深圳	3259
广东百银融资租赁有限公司	2013	深圳	3000
深圳市恒鑫源融资租赁有限公司	2013	深圳	1000

续表

企业	注册时间（年）	注册地	注册资金（万美元）
深圳锦城祥融资租赁有限公司	2013	深圳	5000
中乾融资租赁有限公司	2013	深圳	1587
汇智（深圳）融资租赁有限责任公司	2013	深圳	1000
深圳市前海兆恒融资租赁有限公司	2013	深圳	3174
前海宝润（深圳）融资租赁有限公司	2013	深圳	5000
前海百城融资租赁（深圳）有限公司	2013	深圳	4762
前海华融达国际融资租赁（深圳）有限公司	2013	深圳	3000
凯源融资租赁（深圳）有限公司	2013	深圳	2381
锦辰融资租赁（深圳）有限公司	2013	深圳	1290
深圳软银国际融资租赁有限公司	2013	深圳	1000
国金融资租赁（深圳）有限公司	2013	深圳	2900
深圳前海保发融资租赁有限公司	2013	深圳	3000
深圳福瑞融资租赁有限公司	2013	深圳	1000
深圳前海中投华盛融资租赁有限公司	2013	深圳	3000
财富共赢融资租赁（深圳）有限公司	2013	深圳	1000
深圳市金信融资租赁有限公司	2013	深圳	1100
泰邦国际融资租赁有限公司	2013	深圳	1000
中广核国际融资租赁有限公司	2013	深圳	5000
深圳市南航地勤融资租赁有限公司	2013	深圳	5000
深圳市东方信投国际融资租赁有限公司	2013	深圳	1000
深圳市英吉斯融资租赁有限公司	2013	深圳	6000
华泰富盈融资租赁（深圳）有限公司	2013	深圳	2800
深港国际石油融资租赁（深圳）有限公司	2013	深圳	23600
海晟国际融资租赁有限公司	2013	深圳	3413
深圳华汇融资租赁有限公司	2013	深圳	3500
深圳汇硕融资租赁有限公司	2013	深圳	2765
深圳前海广大国际融资租赁有限公司	2013	深圳	1000
深圳前海华强兴和融资租赁发展有限公司	2013	深圳	3000
富昌融资租赁（深圳）有限公司	2013	深圳	1000
深圳汇融融资租赁有限公司	2013	深圳	1587
鑫德金融资租赁（深圳）有限公司	2013	深圳	2500
华银融资租赁（深圳）有限公司	2013	深圳	1000
深圳保佳融资租赁有限公司	2013	深圳	1000
卓越资本融资租赁有限公司	2013	深圳	1587
深圳市前海光焰融资租赁有限公司	2013	深圳	1000

企业	注册时间（年）	注册地	注册资金（万美元）
深圳市前海益华多宝融资租赁有限公司	2013	深圳	5000
深圳胜海融资租赁有限公司	2013	深圳	1000
深圳前海安基宏融资租赁有限公司	2013	深圳	1000
深圳市前海摩尔租赁有限公司	2013	深圳	2698
融江国际融资租赁（深圳）有限公司	2013	深圳	1000
深圳市深银租赁有限公司	2013	深圳	2698
福建海高融资租赁有限公司	2013	福州	5000
福建省禹舜融资租赁有限公司	2013	泉州	2698
百业中兴（泉州）融资租赁有限公司	2013	泉州	3492
金钥匙（中国）融资租赁有限公司	2013	泉州	1500
斯兰（福建）融资租赁有限责任公司	2013	泉州	3000
福建振华融资租赁有限责任公司	2013	福州	1905
盛世东方（中国）融资租赁有限公司	2013	福州	1000
万量（厦门）融资租赁有限公司	2013	厦门	3000
万源恒（厦门）融资租赁有限公司	2013	厦门	1000
厦门兆阳创富融资租赁有限公司	2013	厦门	3000
厦门市奔途融资租赁有限公司	2013	厦门	1587
厦门市康利融资租赁有限公司	2013	厦门	1000
创信（厦门）融资租赁有限公司	2013	厦门	3000
昱利（厦门）融资租赁有限公司	2013	厦门	1587
厦门融迅融资租赁有限公司	2013	厦门	1000
厦门闵辉融资租赁有限责任公司	2013	厦门	1000
关天国际融资租赁有限公司	2013	西安	5000
和谐国际融资租赁有限公司	2013	西安	3175
正隆国际融资租赁有限公司	2013	洛阳	3000
河南恒立信融资租赁有限公司	2013	郑州	3000
河南中原融资租赁有限公司	2013	郑州	1016
湖北鲁银融资租赁有限公司	2013	武汉	5000
湖北圆融融资租赁有限公司	2013	武汉	2698
武汉佳乡融资租赁有限公司	2013	武汉	2778
湖南鲁银融资租赁有限公司	2013	长沙	5000
湖南华富源融资租赁有限公司	2013	长沙	5800
汇智（湖南）融资租赁有限责任公司	2013	长沙	1000
河北微银融资租赁有限公司	2013	石家庄	3175
亿博高科（河北）融资租赁有限公司	2013	石家庄	3175

企业	注册时间（年）	注册地	注册资金（万美元）
中鼎信融资租赁股份有限公司	2013	哈尔滨	3175
汇智（内蒙古）融资租赁有限责任公司	2013	包头	1000
国汇融资租赁有限公司	2014	北京	15873
中鑫企融国际融资租赁有限公司	2014	北京	1587
桉楹融资租赁有限公司	2014	北京	4000
裕丰融资租赁有限公司	2014	北京	3000
北京国资融资租赁股份有限公司	2014	北京	14286
北京锦鸿融资租赁有限责任公司	2014	北京	1000
北京市文化科技融资租赁股份有限公司	2014	北京	31111
中天恒盛融资租赁有限公司	2014	北京	10000
北京万佳融资租赁有限公司	2014	北京	2698
嘉汇融资租赁有限公司	2014	北京	3000
国裕融资租赁有限公司	2014	北京	3000
嘉瑞融资租赁有限公司	2014	北京	3000
国文融资租赁有限公司	2014	北京	3000
蓝曼融资租赁有限公司	2014	北京	3000
中通融信（北京）融资租赁有限公司	2014	北京	1000
盛宝融资租赁有限公司	2014	北京	1000
北京隆源融资租赁有限责任公司	2014	北京	1000
北京嘉尚融资租赁有限责任公司	2014	北京	1000
北京浩恒融资租赁有限责任公司	2014	北京	1000
中水开元国际融资租赁有限公司	2014	北京	1000
卓银（北京）融资租赁有限公司	2014	北京	1000
鼎立（北京）融资租赁有限公司	2014	北京	1000
中经华澳融资租赁有限公司	2014	北京	1587
巨安融资租赁有限公司	2014	北京	3000
富源融资租赁（北京）有限公司	2014	北京	3000
中托融资租赁（北京）有限公司	2014	北京	3000
盛世鑫源融资租赁有限公司	2014	北京	3000
北京中智金安融资租赁有限公司	2014	北京	2000
北京翔迈融资租赁有限公司	2014	北京	1000
元能国际融资租赁有限公司	2014	北京	1000
中煜国际融资租赁有限公司	2014	北京	1000
北京港湾融资租赁有限公司	2014	北京	7937
中能达融资租赁有限公司	2014	北京	7937

企业	注册时间（年）	注册地	注册资金（万美元）
铂恒融资租赁有限公司	2014	北京	3000
中浩国际融资租赁有限公司	2014	北京	7937
环球泰达融资租赁有限公司	2014	北京	9000
中坤国际融资租赁有限公司	2014	北京	5000
善信融资租赁有限公司	2014	北京	5000
鑫源河融资租赁有限公司	2014	北京	3000
北京玖祥融资租赁有限公司	2014	北京	3000
博科融资租赁有限公司	2014	北京	3000
北京鑫融伟业融资租赁有限公司	2014	北京	1587
中汇融通（北京）融资租赁有限公司	2014	北京	1000
北京复昌融资租赁有限公司	2014	北京	3000
恒昌众鼎融资租赁有限公司	2014	北京	1000
汇鼎（北京）融资租赁有限公司	2014	北京	1000
百灵（天津）融资租赁有限公司	2014	天津	2000
国电融资租赁有限公司	2014	天津	23809
亿通融资租赁有限公司	2014	天津	7937
军投融资租赁有限公司	2014	天津	1000
诚投融资租赁有限公司	2014	天津	1000
中海油国际融资租赁有限公司	2014	天津	28571
太钢（天津）融资租赁有限公司	2014	天津	16000
嘉屹融资租赁有限公司	2014	天津	3175
汇联国际融资租赁有限公司	2014	天津	2000
富信达（天津）融资租赁有限公司	2014	天津	1000
华富国际融资租赁有限公司	2014	天津	1000
天津易隆融资租赁有限公司	2014	天津	3175
天津市广明融资租赁有限公司	2014	天津	3000
思创国际融资租赁有限公司	2014	天津	3000
中轨融资租赁有限公司	2014	天津	10000
天津利德旺融资租赁有限责任公司	2014	天津	5000
中节能（天津）融资租赁有限公司	2014	天津	3242
中海汇金（天津）融资租赁有限公司	2014	天津	3242
中新能融资租赁（天津）有限公司	2014	天津	3000
达盛融资租赁（天津）有限公司	2014	天津	3000
国润融资租赁有限公司	2014	天津	5000
嘉创融资租赁有限公司	2014	天津	5000

续表

企业	注册时间（年）	注册地	注册资金（万美元）
东方华信国际融资租赁有限公司	2014	天津	3248
垚福鑫国际融资租赁有限公司	2014	天津	3000
嘉尚融资租赁（天津）有限公司	2014	天津	3000
中鼎（天津）融资租赁有限公司	2014	天津	1000
天津盛业融资租赁有限公司	2014	天津	5000
舜创（天津）融资租赁有限公司	2014	天津	3000
中睿融资租赁有限公司	2014	天津	3000
桐邦融资租赁有限公司	2014	天津	3000
天津拜尔融资租赁有限责任公司	2014	天津	5000
富汇融资租赁有限公司	2014	天津	3000
银信国际融资租赁有限公司	2014	天津	5000
中致信国际融资租赁有限公司	2014	天津	3000
国瑞汇通融资租赁（天津）有限公司	2014	天津	2698
华能天成融资租赁有限公司	2014	天津	15873
中银信（天津）融资租赁有限公司	2014	天津	3000
中融联合融资租赁（天津）有限公司	2014	天津	1000
中世融资租赁有限公司	2014	天津	1000
正行融资租赁有限公司	2014	天津	2800
天津凯富融资租赁有限公司	2014	天津	15556
国誉融资租赁有限公司	2014	天津	10000
津联（天津）融资租赁有限公司	2014	天津	7937
中铁中基国际融资租赁有限公司	2014	天津	7937
中银（天津）融资租赁有限公司	2014	天津	3000
亿润联融资租赁有限公司	2014	天津	3000
中机国能融资租赁有限公司	2014	天津	3175
均和融资租赁（天津）有限公司	2014	天津	3175
天融国际融资租赁有限公司	2014	天津	3000
万银国际融资租赁（天津）有限公司	2014	天津	1000
建融信融资租赁（天津）有限公司	2014	天津	9524
融元融资租赁（天津）有限公司	2014	天津	3000
中成融资租赁（天津）有限公司	2014	天津	3000
迈石汇金融资租赁有限公司	2014	天津	5000
中融投融资租赁有限公司	2014	天津	3000
悦恒国际融资租赁（天津）有限公司	2014	天津	5000
恒信达国际融资租赁有限公司	2014	天津	3000

企业	注册时间（年）	注册地	注册资金（万美元）
天津嘉仑融资租赁有限公司	2014	天津	3000
鑫华能国际融资租赁有限公司	2014	天津	3000
瑞通融金（天津）融资租赁有限公司	2014	天津	5000
中津栎俊（天津）融资租赁有限公司	2014	天津	3000
天津易辉融资租赁有限公司	2014	天津	2698
万瑞联合国际融资租赁有限公司	2014	天津	10000
汇辰融资租赁有限公司	2014	天津	1000
崇德嘉业国际融资租赁有限公司	2014	天津	3000
华耀国际融资租赁有限公司	2014	天津	3000
新兴际华融资租赁有限公司	2014	天津	6349
天津奥申威融资租赁有限责任公司	2014	天津	1000
天津中环融资租赁有限公司	2014	天津	7937
中航纽威（天津）融资租赁有限公司	2014	天津	1000
天津谨行国际融资租赁有限公司	2014	天津	3000
中联国际融资租赁（天津）有限公司	2014	天津	3000
鲁地（天津）国际融资租赁有限公司	2014	天津	2698
格林东方融资租赁（天津）有限公司	2014	天津	3000
锐添国际融资租赁有限公司	2014	天津	3000
新河（天津）融资租赁有限公司	2014	天津	3000
瑞泰（天津）融资租赁有限公司	2014	天津	1000
狮诚融资租赁（天津）有限公司	2014	天津	3000
瑞成（天津）融资租赁有限公司	2014	天津	3000
隆泰银信融资租赁有限公司	2014	天津	4000
俊安（天津）融资租赁有限公司	2014	天津	1587
新皓国际融资租赁有限公司	2014	天津	3000
海科融资租赁（天津）有限公司	2014	天津	25397
国开银信融资租赁（天津）有限公司	2014	天津	3175
天津天骏融资租赁有限公司	2014	天津	3000
祺和国际融资租赁有限公司	2014	天津	3000
中兴财富融资租赁有限公司	2014	天津	1000
红马国际融资租赁（天津）有限公司	2014	天津	3000
鼎华融资租赁有限公司	2014	天津	3175
纽卡罗国际融资租赁有限公司	2014	天津	3000
健顺国际融资租赁有限公司	2014	天津	3175
卡素（中国）融资租赁有限公司	2014	天津	10000

续表

企业	注册时间（年）	注册地	注册资金（万美元）
鑫源融资租赁（天津）股份有限公司	2014	天津	26508
九州（天津）融资租赁有限公司	2014	天津	1000
港成国际融资租赁有限公司	2014	天津	3000
嘉实融资租赁有限公司	2014	天津	2000
中成国恒融资租赁有限公司	2014	天津	2857
中船融资租赁有限公司	2014	天津	7937
高益国际融资租赁有限公司	2014	天津	3000
中通汇金融资租赁有限公司	2014	天津	2698
海天汇金融资租赁有限公司	2014	天津	11000
时代盛华融资租赁（天津）有限公司	2014	天津	3175
京奥港融资租赁有限公司	2014	天津	3175
璨通融资租赁（天津）有限公司	2014	天津	3016
鑫铭融资租赁有限公司	2014	天津	3000
天津聚通融资租赁有限公司	2014	天津	5000
金弘国际融资租赁（中国）有限公司	2014	天津	5000
金信兴业融资租赁有限公司	2014	天津	15873
金树融资租赁（天津）有限公司	2014	天津	9524
翼博（天津）融资租赁有限公司	2014	天津	3000
国悦融资租赁（天津）有限公司	2014	天津	2857
航大汇通（天津）融资租赁有限公司	2014	天津	3000
金钰融资租赁有限公司	2014	天津	3000
中聚发国际融资租赁有限公司	2014	天津	3000
峻禹和融资租赁有限公司	2014	天津	3000
索高国际融资租赁有限公司	2014	天津	3000
厚川融资租赁有限公司	2014	天津	4762
和诚国际融资租赁（天津）有限公司	2014	天津	3175
环球国际融资租赁（天津）有限公司	2014	天津	5000
天津南车融资租赁有限公司	2014	天津	7937
天津恒泰汇金融资租赁有限公司	2014	天津	3000
核金融资租赁（天津）有限公司	2014	天津	3175
道生国际融资租赁（天津）有限公司	2014	天津	3175
丰德（天津）融资租赁有限公司	2014	天津	2857
华银易通融资租赁有限公司	2014	天津	5000
德融国际融资租赁有限公司	2014	上海	2000
上海太浩融资租赁有限公司	2014	上海	4762

企业	注册时间（年）	注册地	注册资金（万美元）
天地融资租赁有限公司	2014	上海	4762
恒盈融资租赁（上海）有限公司	2014	上海	2800
中熙融资租赁（上海）有限公司	2014	上海	1587
和信国际融资租赁有限公司	2014	上海	3000
云能融资租赁（上海）有限公司	2014	上海	4761
普洛斯融资租赁（上海）有限公司	2014	上海	2857
上海致远融资租赁有限公司	2014	上海	2698
金林源融资租赁（上海）有限公司	2014	上海	5000
中电投融和融资租赁有限公司	2014	上海	16000
锦霖（上海）融资租赁有限公司	2014	上海	1587
上海冀中鑫宝融资租赁有限公司	2014	上海	4762
通航融资租赁有限公司	2014	上海	3000
上海瑞茂通融资租赁有限公司	2014	上海	2698
中电通商融资租赁有限公司	2014	上海	8000
台企银国际融资租赁有限公司	2014	上海	2698
上海卧龙融资租赁有限公司	2014	上海	1587
新通达融资租赁有限公司	2014	上海	3000
上海丹茂融资租赁有限公司	2014	上海	2800
上海鲁盈融资租赁有限公司	2014	上海	1587
上海曜新融资租赁有限公司	2014	上海	3175
上海金帛融资租赁有限公司	2014	上海	2857
融华融资租赁有限公司	2014	上海	3000
上海纬翰融资租赁有限公司	2014	上海	3000
上海新工联融资租赁有限公司	2014	上海	1587
汇卓融资租赁（上海）有限公司	2014	上海	3000
中今（上海）融资租赁有限公司	2014	上海	2698
上海永盛融资租赁有限公司	2014	上海	29900
中垠融资租赁有限公司	2014	上海	7937
嘉银融资租赁（上海）有限公司	2014	上海	3000
迈森融资租赁（上海）有限公司	2014	上海	2698
上海云峰融资租赁有限公司	2014	上海	2698
新华联融资租赁有限公司	2014	上海	10000
银鼎融资租赁（上海）有限公司	2014	上海	4000
国富融资租赁（上海）有限公司	2014	上海	3500
正瓴融资租赁（上海）有限公司	2014	上海	3000

企业	注册时间（年）	注册地	注册资金（万美元）
华晋融资租赁（上海）有限公司	2014	上海	2300
融腾融资租赁（上海）有限公司	2014	上海	3000
友博融资租赁（上海）有限公司	2014	上海	2698
中航纽赫融资租赁（上海）有限公司	2014	上海	3968
中船融资租赁（上海）有限公司	2014	上海	1587
上海和鹰融资租赁有限公司	2014	上海	3175
之江融资租赁（上海）有限公司	2014	上海	3300
宏润（上海）融资租赁有限公司	2014	上海	8730
海工融资租赁有限公司	2014	上海	3000
上海道发融资租赁有限公司	2014	上海	4500
上海昌通融资租赁有限公司	2014	上海	2698
世邦融资租赁（上海）有限公司	2014	上海	3175
依思融资租赁（上海）有限公司	2014	上海	2063
上海骏远融资租赁有限公司	2014	上海	2698
盛哲融资租赁（上海）有限公司	2014	上海	8300
康维廉融资租赁（上海）有限公司	2014	上海	2400
上海慧祥融资租赁有限公司	2014	上海	4500
信仁融资租赁（上海）有限公司	2014	上海	3000
富利融资租赁有限公司	2014	上海	2857
汇驿融资租赁（上海）有限公司	2014	上海	3000
凯捷融资租赁有限公司	2014	上海	2698
上海金源融资租赁有限公司	2014	上海	2698
上海翔龙融资租赁有限公司	2014	上海	3500
上海华仪融资租赁有限公司	2014	上海	5000
华航融资租赁有限公司	2014	上海	3000
紫金融资租赁（上海）有限公司	2014	上海	3175
上海景元融资租赁有限公司	2014	上海	5000
光大融资租赁（上海）有限公司	2014	上海	5000
上海金聚融资租赁有限公司	2014	上海	3236
国昊同盛融资租赁有限公司	2014	上海	3000
鑫洋融资租赁有限公司	2014	上海	1587
上海嘉展融资租赁有限公司	2014	上海	3175
上海太德融资租赁有限公司	2014	上海	3000
浩凯融资租赁（上海）有限公司	2014	上海	2800
力帆融资租赁（上海）有限公司	2014	上海	7936

企业	注册时间（年）	注册地	注册资金（万美元）
上海鑫诺融资租赁有限公司	2014	上海	2000
融信嘉策（上海）融资租赁有限公司	2014	上海	3175
融信众策（上海）融资租赁有限公司	2014	上海	3175
爱牧杰融资租赁（上海）有限公司	2014	上海	2698
上海鑫通融资租赁有限公司	2014	上海	7937
盛泽融资租赁有限公司	2014	上海	5000
上海保泰融资租赁有限公司	2014	上海	1800
银和融资租赁（上海）有限公司	2014	上海	3175
上海冠天融资租赁有限公司	2014	上海	2539
立中融资租赁（上海）有限公司	2014	上海	3000
上海宝澄融资租赁有限公司	2014	上海	3175
安和融资租赁（上海）有限公司	2014	上海	3200
盛丰辉业融资租赁（上海）有限公司	2014	上海	3000
上海川港邦达融资租赁有限公司	2014	上海	2000
海通恒信融资租赁（上海）有限公司	2014	上海	9524
宇恒融资租赁（上海）有限公司	2014	上海	2698
上海正通鼎泽融资租赁有限公司	2014	上海	10000
上海安平融资租赁有限公司	2014	上海	3175
丰聚融资租赁（上海）有限公司	2014	上海	2794
华豚国际融资租赁有限公司	2014	上海	1587
檀实融资租赁（上海）有限公司	2014	上海	50000
禹昌融资租赁（上海）有限公司	2014	上海	3175
上海神雾融资租赁有限公司	2014	上海	3175
和厚融资租赁（上海）有限公司	2014	上海	2698
上海龙铭融资租赁有限公司	2014	上海	3175
宏银融资租赁（上海）有限公司	2014	上海	3333
大势融资租赁（上海）有限公司	2014	上海	10000
上海宏恩融资租赁有限公司	2014	上海	3000
上海华瑞融资租赁有限公司	2014	上海	2698
平煤神马融资租赁有限公司	2014	上海	3175
上海融恒融资租赁有限公司	2014	上海	5000
伊思融资租赁（上海）有限公司	2014	上海	3175
银龙（上海）融资租赁有限公司	2014	上海	2800
金商融资租赁有限公司	2014	上海	3000
金投融资租赁有限公司	2014	上海	3000

续表

企业	注册时间（年）	注册地	注册资金（万美元）
上海易鑫融资租赁有限公司	2014	上海	3000
泉盈融资租赁（上海）有限公司	2014	上海	1587
上海融钰融资租赁有限公司	2014	上海	3333
上海飞宏融资租赁有限公司	2014	上海	3810
上源融资租赁有限公司	2014	上海	3000
盈银融资租赁（上海）有限公司	2014	上海	3175
上海卓昂融资租赁有限公司	2014	上海	5000
上海黔电阳光融资租赁有限公司	2014	上海	3175
旭银融资租赁（上海）有限公司	2014	上海	2698
东葵融资租赁（上海）有限公司	2014	上海	2800
银融国际融资租赁有限公司	2014	上海	7937
上海昌贸融资租赁有限公司	2014	上海	3230
亚信财富融资租赁有限公司	2014	上海	2778
滨杰（上海）融资租赁有限公司	2014	上海	3000
上海佳克融资租赁有限公司	2014	上海	1587
上海瑞驰融资租赁有限公司	2014	上海	7937
金玉融资租赁（上海）有限公司	2014	上海	2200
商禾融资租赁（上海）有限公司	2014	上海	3968
鸿升融资租赁（上海）有限公司	2014	上海	3175
上海大众融资租赁有限公司	2014	上海	7937
威俐达国际融资租赁有限公司	2014	上海	2857
中盐（上海）融资租赁有限公司	2014	上海	3175
上海鼎融融资租赁有限公司	2014	上海	10000
聚泰国际融资租赁有限公司	2014	上海	2698
上海资岚融资租赁有限公司	2014	上海	3175
鑫联国际融资租赁有限公司	2014	上海	3175
上海璞能融资租赁有限公司	2014	上海	29900
上海越秀融资租赁有限公司	2014	上海	7937
东航国际融资租赁有限公司	2014	上海	15873
中国葛洲坝集团融资租赁有限公司	2014	上海	15873
聚贤融资租赁（上海）有限公司	2014	上海	3400
上海辰茂融资租赁有限公司	2014	上海	3175
禹隍融资租赁（上海）有限公司	2014	上海	3000
上海子午融资租赁有限公司	2014	上海	2698
上海富升融资租赁有限公司	2014	上海	4762

续表

企业	注册时间（年）	注册地	注册资金（万美元）
中和鼎元融资租赁（上海）有限公司	2014	上海	3968
建元鼎铭国际融资租赁有限公司	2014	上海	4762
上海理盛融资租赁有限公司	2014	上海	3175
融易融资租赁（上海）有限公司	2014	上海	3175
上海安颐融资租赁有限公司	2014	上海	4762
浩瀚（上海）融资租赁有限公司	2014	上海	4000
鑫牛融资租赁（上海）有限公司	2014	上海	3000
上海瑞途融资租赁有限公司	2014	上海	3000
上海百盈融资租赁有限公司	2014	上海	2698
锐利融资租赁（上海）有限公司	2014	上海	2698
正邦融资租赁（上海）有限公司	2014	上海	1000
上海信意融资租赁有限责任公司	2014	上海	10000
金丝猴融资租赁（上海）有限公司	2014	上海	2698
天皓融资租赁有限公司	2014	上海	3175
融邦融资租赁（上海）有限公司	2014	上海	3175
华思利融资租赁（上海）有限公司	2014	上海	3000
乾熙融资租赁（上海）有限公司	2014	上海	3175
泽虹融资租赁（上海）有限公司	2014	上海	3175
远信融资租赁有限公司	2014	上海	4762
美西国际融资租赁有限公司	2014	上海	6000
上海衍宏融资租赁有限公司	2014	上海	3810
上海广润融资租赁有限公司	2014	上海	1111
宝利达融资租赁（上海）有限公司	2014	上海	3000
汇金融资租赁有限公司	2014	上海	1000
泽通融资租赁（上海）有限公司	2014	上海	2698
淮鑫融资租赁有限公司	2014	上海	5000
粟厚番（上海）融资租赁有限公司	2014	上海	4800
能投融资租赁有限公司	2014	上海	3000
盛荣融资租赁（上海）有限公司	2014	上海	3175
东盛（上海）融资租赁有限公司	2014	上海	1000
央银融资租赁有限公司	2014	上海	3000
鼎泰融资租赁（上海）有限公司	2014	上海	3175
华昱融资租赁（上海）有限公司	2014	上海	2222
中青融资租赁有限公司	2014	上海	1587
天鼎融资租赁有限公司	2014	上海	7937

企业	注册时间（年）	注册地	注册资金（万美元）
汇洋（上海）融资租赁有限公司	2014	上海	3175
国信锦城融资租赁有限公司	2014	上海	20000
孚保融资租赁（上海）有限公司	2014	上海	3000
上海均和融资租赁有限公司	2014	上海	5000
鸿儒融资租赁（上海）有限公司	2014	上海	8400
春秋融资租赁（上海）有限公司	2014	上海	7937
广博汇通融资租赁有限公司	2014	上海	2762
锦琛融资租赁有限公司	2014	上海	3000
上海优拓融资租赁有限公司	2014	上海	4800
华景融资租赁有限公司	2014	上海	3000
上海汉舍融资租赁有限公司	2014	上海	1000
上海海晴融资租赁有限公司	2014	上海	5000
中盛弘国际融资租赁有限公司	2014	上海	3368
坤厚融资租赁（上海）有限公司	2014	上海	3651
通融悦业融资租赁（上海）有限公司	2014	上海	2698
千熹融资租赁（上海）有限公司	2014	上海	3000
上海敖国融资租赁有限公司	2014	上海	2000
汉大融资租赁有限公司	2014	上海	1587
上海加敬融资租赁有限公司	2014	上海	9841
上海鼎鸿融资租赁有限公司	2014	上海	3000
铁城融资租赁有限公司	2014	上海	7937
景程文旅融资租赁有限公司	2014	上海	5000
华夏国信融资租赁有限公司	2014	上海	3000
上海秀信融资租赁有限公司	2014	上海	3000
誉纶融资租赁有限公司	2014	上海	3000
上海巨晟融资租赁有限公司	2014	上海	5000
中城建（上海）融资租赁有限公司	2014	上海	9523
上海中基融资租赁有限公司	2014	上海	3000
欧银创实融资租赁（上海）有限公司	2014	上海	3175
绿地融资租赁有限公司	2014	上海	10000
思福融资租赁有限公司	2014	上海	15873
帝力融资租赁（上海）有限公司	2014	上海	11111
融物宝国际融资租赁有限公司	2014	上海	2778
铁联融资租赁有限公司	2014	上海	3175
华夏恒业融资租赁有限公司	2014	上海	3651

企业	注册时间（年）	注册地	注册资金（万美元）
中慈（上海）融资租赁有限公司	2014	上海	3000
华誉丰融资租赁（上海）有限公司	2014	上海	3000
联航融资租赁有限公司	2014	上海	3000
宝晟融资租赁（上海）有限公司	2014	上海	3000
吉融通合融资租赁有限公司	2014	上海	5000
中海外融资租赁有限公司	2014	上海	3000
淮矿上信融资租赁有限公司	2014	上海	4762
诺斯（上海）融资租赁有限公司	2014	上海	2000
锐传（上海）融资租赁有限公司	2014	上海	3000
上海新景融资租赁有限公司	2014	上海	4762
翰利国际融资租赁有限公司	2014	上海	2698
昕高融资租赁（上海）有限公司	2014	上海	3651
晋易融资租赁（上海）有限公司	2014	上海	2698
融汇融资租赁（上海）有限公司	2014	上海	20000
美沪融资租赁（上海）有限公司	2014	上海	3000
融盈融资租赁（上海）有限公司	2014	上海	3000
国泰君安融资租赁（上海）有限公司	2014	上海	2857
银仁（上海）融资租赁有限公司	2014	上海	10000
毅华融资租赁有限公司	2014	上海	3175
上海汉府融资租赁有限公司	2014	上海	1700
德汇融资租赁有限公司	2014	上海	7937
兆邦（上海）融资租赁有限公司	2014	上海	3651
海越融资租赁（上海）有限公司	2014	上海	3175
上海信源融资租赁有限公司	2014	上海	1000
尚禾融资租赁有限公司	2014	上海	3175
瑞辰绿能（上海）融资租赁有限公司	2014	上海	7937
瞬禹融资租赁（上海）有限公司	2014	上海	3175
汇联融资租赁（上海）有限公司	2014	上海	3175
中辉瑞盈融资租赁有限公司	2014	上海	7937
贸郎融资租赁（上海）有限公司	2014	上海	3175
爱康（上海）融资租赁有限公司	2014	上海	3000
上海歆华融资租赁有限公司	2014	上海	3000
世基融资租赁（上海）有限公司	2014	上海	7937
八佾融资租赁（上海）有限公司	2014	上海	2698
上海祥达融资租赁有限公司	2014	上海	3175

企业	注册时间（年）	注册地	注册资金（万美元）
弘道融资租赁有限公司	2014	上海	3175
上海鑫鑫亦文融资租赁有限公司	2014	上海	1000
金石融资租赁有限公司	2014	上海	3000
上海三井住友融资租赁有限公司	2014	上海	2698
上海宝凯道融资租赁有限公司	2014	上海	1587
上海瑞讯融资租赁有限公司	2014	上海	4762
上海融开融资租赁有限公司	2014	上海	5000
方鸿融资租赁有限公司	2014	上海	1000
上海马太融资租赁有限公司	2014	上海	3175
大刚融资租赁（上海）有限公司	2014	上海	1587
诺亚（上海）融资租赁有限公司	2014	上海	1000
上海上合融资租赁有限公司	2014	上海	2698
锦玉融资租赁有限公司	2014	上海	2698
上海宏易融资租赁有限公司	2014	上海	4762
麒钰融资租赁（上海）有限公司	2014	上海	2698
上海相辉融资租赁有限公司	2014	上海	2698
上海银升融资租赁有限公司	2014	上海	2000
瑞奥融资租赁（上海）有限公司	2014	上海	3800
华商财富融资租赁有限公司	2014	上海	3175
统威融资租赁（上海）有限公司	2014	上海	7937
上海永信融资租赁有限公司	2014	上海	5000
中翎（上海）融资租赁有限公司	2014	上海	10000
可易融资租赁（上海）有限公司	2014	上海	2698
上海诚济融资租赁有限公司	2014	上海	3175
上海建滔融资租赁有限公司	2014	上海	4762
颖祥（上海）融资租赁有限公司	2014	上海	3175
天下财富融资租赁（上海）有限公司	2014	上海	3000
大业融资租赁有限公司	2014	上海	1200
上海富业融资租赁有限公司	2014	上海	4762
上海华盛融资租赁有限公司	2014	上海	1587
华夏通银融资租赁有限公司	2014	上海	3175
上海联利融资租赁有限公司	2014	上海	3175
中骏国际融资租赁有限公司	2014	上海	2698
茅台建银（上海）融资租赁有限公司	2014	上海	15873
上海览海融资租赁有限公司	2014	上海	2698

续表

企业	注册时间（年）	注册地	注册资金（万美元）
上海日升融资租赁有限公司	2014	上海	1000
上海信迪融资租赁有限公司	2014	上海	2698
上海瑞辛融资租赁有限公司	2014	上海	2698
量子华银融资租赁有限公司	2014	上海	3000
诚开融资租赁有限公司	2014	上海	9524
永大融资租赁有限公司	2014	上海	3175
融乐融资租赁（上海）有限公司	2014	上海	3651
上海安仕德融资租赁有限公司	2014	上海	3175
东方融资租赁（上海）有限公司	2014	上海	20000
卓郎融资租赁有限公司	2014	上海	5000
北亚融资租赁（上海）有限公司	2014	上海	3000
安徽中安融资租赁股份有限公司	2014	合肥	4762
安徽中贸融资租赁有限公司	2014	合肥	1000
安徽高速融资租赁有限公司	2014	合肥	4762
安徽万润德融资租赁有限公司	2014	合肥	3000
德坤（安徽）融资租赁有限公司	2014	合肥	3000
安徽信和融资租赁有限公司	2014	芜湖	1500
安徽钰霖融资租赁有限公司	2014	蚌埠	3000
安徽津安融资租赁有限公司	2014	阜阳	2698
安徽国元融资租赁有限公司	2014	铜陵	3175
江苏倍石融资租赁有限公司	2014	淮安	1000
江苏大东融资租赁有限公司	2014	淮安	1000
金信融资租赁（江苏）有限公司	2014	南京	1000
南京通汇融资租赁有限公司	2014	南京	3175
金光（南京）融资租赁有限公司	2014	南京	2698
江苏苏豪融资租赁有限公司	2014	南京	3175
江苏华驰融资租赁有限公司	2014	南京	3000
江苏鑫润融资租赁有限公司	2014	南京	5000
江苏汇金融资租赁有限公司	2014	南京	3175
恒辉融资租赁（苏州）有限公司	2014	苏州	1587
苏州华成融资租赁有限公司	2014	苏州	1000
保威融资租赁（中国）有限公司	2014	苏州	1000
统盛融资租赁有限公司	2014	苏州	1000
苏州嘉阖融资租赁有限公司	2014	苏州	1000
江苏绿能宝融资租赁有限公司	2014	苏州	10000

企业	注册时间（年）	注册地	注册资金（万美元）
常融融资租赁有限公司	2014	苏州	3000
常熟市德盛融资租赁有限公司	2014	苏州	3175
江苏三汇融资租赁有限公司	2014	苏州	1905
中际融资租赁（苏州）有限公司	2014	苏州	3175
江苏金投融资租赁有限公司	2014	扬州	3175
无锡新区通商科技融资租赁有限公司	2014	无锡	3175
无锡金控融资租赁有限公司	2014	无锡	4925
江苏宏顺融资租赁有限公司	2014	无锡	3000
坤盛国际融资租赁有限公司	2014	无锡	10000
江苏三海融资租赁有限公司	2014	无锡	4900
天奇融资租赁（江苏）有限公司	2014	无锡	1587
连云港泰润融资租赁有限公司	2014	连云港	4998
山海融资租赁（连云港）有限公司	2014	连云港	3500
华金银融资租赁有限公司	2014	常州	1000
中融宏翔（常州）融资租赁有限公司	2014	常州	10000
南通铠斯融资租赁有限公司	2014	南通	4500
江苏爱投融资租赁有限公司	2014	南通	1000
车王（中国）融资租赁有限公司	2014	南通	3000
江苏淮海融资租赁有限公司	2014	宿迁	3175
丰植融资租赁有限公司	2014	宿迁	15873
江苏国鑫融资租赁有限公司	2014	盐城	3175
山东凯丰融资租赁有限公司	2014	德州	1000
山东宏桥融资租赁有限公司	2014	滨州	10000
山东大成融资租赁有限公司	2014	东营	1000
山东华恒融资租赁有限公司	2014	烟台	16800
中翔国际（烟台）融资租赁有限公司	2014	烟台	1650
山东融大融资租赁有限公司	2014	济南	2000
山东晨鸣融资租赁有限公司	2014	济南	15873
山东泉泰融资租赁有限公司	2014	济南	5000
济钢国际融资租赁有限公司	2014	济南	3000
兰亭融资租赁有限公司	2014	济南	5000
齐鲁国际融资租赁有限公司	2014	济南	4762
山东山水融资租赁有限公司	2014	济南	3651
佳兆国际融资租赁有限公司	2014	济南	3000
世云伟业国际融资租赁有限公司	2014	济南	3000

企业	注册时间（年）	注册地	注册资金（万美元）
广银（山东）融资租赁有限公司	2014	济南	10000
宜通领航融资租赁（青岛）有限公司	2014	青岛	1000
青岛城乡建设融资租赁有限公司	2014	青岛	5000
双盛万隆（青岛）融资租赁有限公司	2014	青岛	4900
青岛国誉融资租赁有限公司	2014	青岛	5000
青岛思达瑞通融资租赁有限公司	2014	青岛	4900
山东鲁西融资租赁有限公司	2014	聊城	3175
山东威高融资租赁有限公司	2014	威海	4762
山东中和永道融资租赁有限公司	2014	济宁	4762
信而富融资租赁有限公司	2014	西宁	1500
青海高和融资租赁有限公司	2014	西宁	5000
青海汉能融资租赁有限公司	2014	西宁	3000
广东中野融资租赁有限公司	2014	广州	23810
和泰国际融资租赁有限公司	2014	广州	3000
广州香江融资租赁有限公司	2014	广州	4762
广东昊银融资租赁有限公司	2014	广州	3175
广东屯兴融资租赁有限公司	2014	广州	8000
广东中广融资租赁有限公司	2014	广州	2698
融鼎融资租赁有限公司	2014	广州	3175
广东恒正融资租赁有限公司	2014	广州	1587
广东侨商利富融资租赁有限公司	2014	广州	3175
力道融资租赁有限公司	2014	广州	3175
鼎盛国际融资租赁有限公司	2014	广州	4762
广州金海峡融资租赁有限公司	2014	广州	1587
广东东裕融资租赁有限公司	2014	广州	2698
广东穗通融资租赁有限公司	2014	广州	3000
广东和信融资租赁有限公司	2014	广州	5000
广东中信融资租赁有限公司	2014	广州	1587
广州祥佳融资租赁有限公司	2014	广州	3000
广州正銮融资租赁有限公司	2014	广州	7937
广东恒晟融资租赁有限公司	2014	广州	4762
广州市森拓融资租赁有限公司	2014	广州	4762
广东大象融资租赁有限公司	2014	广州	7937
广东灏成融资租赁有限公司	2014	广州	4762
广东腾信融资租赁有限公司	2014	广州	5000

续表

企业	注册时间（年）	注册地	注册资金（万美元）
广东正佳融资租赁有限公司	2014	广州	1587
深圳通利融资租赁有限公司	2014	深圳	1000
深圳前海万通融资租赁有限公司	2014	深圳	12698
耀臣融资租赁（深圳）有限公司	2014	深圳	3000
国合源融资租赁有限公司	2014	深圳	5000
锦祥融资租赁（深圳）有限公司	2014	深圳	1000
联大亚太（深圳）融资租赁有限公司	2014	深圳	2857
深圳鼎隆融资租赁有限公司	2014	深圳	1000
深圳富伟融资租赁有限公司	2014	深圳	1000
深圳鸿昌达融资租赁有限公司	2014	深圳	1000
深圳前海泰丰融资租赁有限公司	2014	深圳	1000
深圳市前海合盈融资租赁有限公司	2014	深圳	2857
永信诚（深圳）融资租赁有限公司	2014	深圳	3175
臻海融资租赁（深圳）有限公司	2014	深圳	1000
中集前海融资租赁（深圳）有限公司	2014	深圳	8000
深圳市前海融资租赁金融交易中心有限公司	2014	深圳	4762
瑞盈信融（深圳）融资租赁有限公司	2014	深圳	3175
深圳市前海中金融资租赁有限公司	2014	深圳	2787
前海美林融资租赁（深圳）有限公司	2014	深圳	1000
和成融资租赁（深圳）有限公司	2014	深圳	1000
深圳市前海鼎润融资租赁有限公司	2014	深圳	1700
惠创成融资租赁（深圳）有限公司	2014	深圳	3000
大乘天弘（深圳）融资租赁有限公司	2014	深圳	2698
前海佰典融资租赁（深圳）有限公司	2014	深圳	1587
前海鼎恒融资租赁（深圳）有限公司	2014	深圳	1000
深圳金通融资租赁有限公司	2014	深圳	15873
深圳门萨融资租赁有限公司	2014	深圳	3400
深圳前海恒逸融资租赁有限公司	2014	深圳	2800
深圳市成瑞融资租赁有限公司	2014	深圳	2714
深圳市前海梧桐融资租赁有限公司	2014	深圳	1587
安成国际融资租赁有限公司	2014	深圳	10000
福鑫融资租赁（深圳）有限公司	2014	深圳	1000
恒天融资租赁（深圳）有限公司	2014	深圳	1000
宏华融资租赁（深圳）有限公司	2014	深圳	3175
蓝裤融资租赁（深圳）有限公司	2014	深圳	1000

企业	注册时间（年）	注册地	注册资金（万美元）
深圳市财富融资租赁有限公司	2014	深圳	1587
鼎亿宝银（深圳）融资租赁有限公司	2014	深圳	12698
紫元元（深圳）国际融资租赁有限公司	2014	深圳	3000
前海银泽国际融资租赁（深圳）有限公司	2014	深圳	3000
深圳比亚迪国际融资租赁有限公司	2014	深圳	3175
方正中鸿（深圳）融资租赁有限公司	2014	深圳	2905
深圳市前海大于融资租赁有限公司	2014	深圳	5000
深圳京能融资租赁有限公司	2014	深圳	5000
深圳华悦柠檬融资租赁有限公司	2014	深圳	1587
中东融资租赁有限公司	2014	深圳	5000
深圳前海鸿兴融资租赁有限公司	2014	深圳	2857
前海金杰（深圳）融资租赁有限公司	2014	深圳	9980
深圳前海辉旺融资租赁有限公司	2014	深圳	2698
深圳市中亚国际融资租赁有限公司	2014	深圳	3000
深圳希润融资租赁有限公司	2014	深圳	2698
汇信融资租赁（深圳）有限公司	2014	深圳	2063
万兴融资租赁（深圳）有限公司	2014	深圳	1960
安鹏国际融资租赁（深圳）有限公司	2014	深圳	5000
车行天下融资租赁（深圳）有限公司	2014	深圳	3175
大众鑫融资租赁（深圳）有限公司	2014	深圳	1000
德润融资租赁（深圳）有限公司	2014	深圳	4762
东瑞国际融资租赁有限公司	2014	深圳	5000
国海融资租赁有限公司	2014	深圳	2000
前海和汇国际融资租赁（深圳）有限公司	2014	深圳	2000
前海金海川融资租赁（深圳）有限公司	2014	深圳	1000
前海新田国际融资租赁（深圳）有限公司	2014	深圳	1000
深圳市前海鸿金瑞创融资租赁有限公司	2014	深圳	1010
深圳隆耀融资租赁有限公司	2014	深圳	1000
深圳惠科融资租赁有限公司	2014	深圳	1032
深圳前海佳裕融资租赁有限公司	2014	深圳	3333
深圳市中资融资租赁有限公司	2014	深圳	1000
深圳市达顺融资租赁有限公司	2014	深圳	3000
前海银晋星元融资租赁（深圳）有限公司	2014	深圳	3000
深圳市汇金融资租赁有限公司	2014	深圳	1000
深圳前海华银融资租赁有限公司	2014	深圳	2698

企业	注册时间（年）	注册地	注册资金（万美元）
深圳前海和兆融资租赁有限公司	2014	深圳	10000
深圳市融博融资租赁邮箱公司	2014	深圳	5000
深圳前海港深融资租赁有限公司	2014	深圳	1000
全通融资租赁（深圳）有限公司	2014	深圳	5000
深圳宝琪融资租赁有限公司	2014	深圳	1000
深圳国威通达融资租赁有限公司	2014	深圳	2857
平安国际融资租赁（深圳）有限公司	2014	深圳	28571
深圳前海腾信融资租赁有限公司	2014	深圳	1000
深圳前海海胜融资租赁有限公司	2014	深圳	3175
深圳市朗华融资租赁有限公司	2014	深圳	3000
永昇融资租赁有限公司	2014	深圳	2698
深圳市前海正佳融资租赁有限公司	2014	深圳	1587
天泰千业（深圳）融资租赁有限公司	2014	深圳	3000
深圳大洋电机融资租赁有限公司	2014	深圳	7937
中翰易州国际融资租赁有限公司	2014	深圳	3000
开尔财富国际融资租赁有限公司	2014	深圳	2857
中永国际融资租赁有限公司	2014	深圳	3000
明润恒通融资租赁有限公司	2014	深圳	10000
中汇融通融资租赁有限公司	2014	深圳	1000
盛业融资租赁有限公司	2014	深圳	10000
瑞茂通国际融资租赁有限公司	2014	深圳	3175
深圳市众森融资租赁有限公司	2014	深圳	1000
深圳前海泰新源融资租赁有限公司	2014	深圳	1000
前海国金国银融资租赁（深圳）有限公司	2014	深圳	3000
中海船舶（深圳）融资租赁有限公司	2014	深圳	3175
万瑞兴融资租赁（深圳）有限公司	2014	深圳	3000
深圳前海腾源融资租赁有限公司	2014	深圳	3000
宏恩融资租赁有限公司	2014	深圳	1000
深圳前海丰盈融资租赁有限公司	2014	深圳	2000
深圳市中恒信融资租赁有限公司	2014	深圳	3000
深圳市瀚海融资租赁有限公司	2014	深圳	1000
深圳市永隆兴融资租赁有限公司	2014	深圳	1000
深圳亚非融资租赁有限公司	2014	深圳	2698
广博汇通融资租赁（深圳）有限公司	2014	深圳	2698
深圳市富通融资租赁有限公司	2014	深圳	3000

企业	注册时间（年）	注册地	注册资金（万美元）
深圳蓝坤融资租赁有限公司	2014	深圳	2698
深圳华金融资租赁有限公司	2014	深圳	1000
深圳前海普莱融资租赁有限公司	2014	深圳	1000
深圳皓天融资租赁有限公司	2014	深圳	3000
深圳佳茂融资租赁有限公司	2014	深圳	1000
深圳国皓融资租赁有限公司	2014	深圳	1079
深圳市集成融资租赁有限公司	2014	深圳	2800
深圳前海众安融资租赁有限公司	2014	深圳	1200
深圳信安融资租赁有限公司	2014	深圳	1000
亚洲德科融资租赁有限公司	2014	深圳	1000
深圳前海中天融资租赁有限公司	2014	深圳	1000
深圳鑫荣发融资租赁有限公司	2014	深圳	2000
深圳中金融资租赁有限公司	2014	深圳	10000
深圳乐裕融资租赁有限公司	2014	深圳	2540
深圳恒瑞达融资租赁有限公司	2014	深圳	1000
深圳前海爱投融资租赁有限公司	2014	深圳	1000
中联汇成（深圳）融资租赁有限公司	2014	深圳	3175
深圳鑫诚富通国际融资租赁有限公司	2014	深圳	1000
深圳中创投融资租赁有限公司	2014	深圳	1000
深圳广银投融资租赁有限公司	2014	深圳	3000
亿顺融资租赁（深圳）有限公司	2014	深圳	2698
广盛源融资租赁（深圳）有限公司	2014	深圳	3175
深圳市前海华富融资租赁有限公司	2014	深圳	5000
前海汇新通融资租赁（深圳）有限公司	2014	深圳	1000
前海汇富同泽融资租赁（深圳）有限公司	2014	深圳	3000
德润融资租赁（深圳）有限公司	2014	深圳	4762
深圳钰润融资租赁有限公司	2014	深圳	3333
深圳市融励融资租赁有限公司	2014	深圳	3000
深圳前海紫石融资租赁有限公司	2014	深圳	5000
富国（深圳）融资租赁有限公司	2014	深圳	3000
深圳市东柏融资租赁有限公司	2014	深圳	1270
深圳市光宇鑫融资租赁有限公司	2014	深圳	10000
深圳隆鑫发融资租赁有限公司	2014	深圳	3000
中睿智慧融资租赁（深圳）有限公司	2014	深圳	1000
前海盛世国际融资租赁（深圳）有限公司	2014	深圳	1000

企业	注册时间（年）	注册地	注册资金（万美元）
天时融资租赁（深圳）有限公司	2014	深圳	1000
深圳前海清蓝融资租赁有限公司	2014	深圳	1587
前海创通融资租赁（深圳）有限公司	2014	深圳	1000
深圳前海华融资租赁有限公司	2014	深圳	3000
瑞省融资租赁（深圳）有限公司	2014	深圳	1000
汉理国际融资租赁（深圳）有限公司	2014	深圳	1000
深圳信泰融资租赁有限公司	2014	深圳	1000
深圳邦耀融资租赁有限公司	2014	深圳	1000
深圳长城环亚国际融资租赁有限公司	2014	深圳	3000
皇吉马融资租赁（深圳）有限公司	2014	深圳	2698
前海中港锐信融资租赁（深圳）有限公司	2014	深圳	1000
进雅融资租赁（深圳）有限公司	2014	深圳	3000
深圳前海港联融资租赁有限公司	2014	深圳	1000
深圳市前海瑞泰融资租赁有限公司	2014	深圳	3000
中港融通融资租赁（深圳）有限公司	2014	深圳	3000
深圳前海君临融资租赁有限公司	2014	深圳	1000
前海震泰（深圳）融资租赁有限公司	2014	深圳	3175
深圳市鸿心融资租赁有限公司	2014	深圳	1000
深圳博信源融资租赁有限公司	2014	深圳	3175
深圳宝泰融资租赁有限公司	2014	深圳	3000
深圳市盈可达融资租赁有限公司	2014	深圳	1000
深圳众信汇金融资租赁有限公司	2014	深圳	3000
前海兴因国际融资租赁（深圳）有限公司	2014	深圳	3000
深圳励珀融资租赁有限公司	2014	深圳	3000
吉联融资租赁有限公司	2014	深圳	1000
深圳市富桥融资租赁有限公司	2014	深圳	3000
恒德资本（深圳）融资租赁有限公司	2014	深圳	1000
深圳安邦融资租赁有限公司	2014	深圳	1000
前海吸引力融资租赁（深圳）有限公司	2014	深圳	3000
财富天下融资租赁（深圳）有限公司	2014	深圳	1000
瑞晟融资租赁（深圳）有限公司	2014	深圳	1000
广东纳新融资租赁有限公司	2014	佛山	2857
广东粤科融资租赁有限公司	2014	佛山	9841
广东安盛融资租赁有限公司	2014	佛山	2698
广东中汇泰富融资租赁有限公司	2014	佛山	3000

企业	注册时间（年）	注册地	注册资金（万美元）
广东宏利高融资租赁有限公司	2014	佛山	2778
广东晋生融资租赁有限公司	2014	佛山	4762
广东天健融资租赁有限公司	2014	佛山	3175
广东泰昇融资租赁有限公司	2014	佛山	1000
中山市德晟融资租赁有限公司	2014	中山	1000
广东志昊融资租赁有限公司	2014	惠州	3175
广东壹马创展融资租赁有限公司	2014	珠海	1587
横琴金投国际融资租赁有限公司	2014	珠海	1270
珠海横琴澳漾融资租赁有限公司	2014	珠海	1587
珠海横琴新区非凡信诚融资租赁有限公司	2014	珠海	1000
珠海横琴瑞盈融资租赁有限公司	2014	珠海	3000
重庆国金瑞元融资租赁有限公司	2014	重庆	6349
重庆万隆融资租赁有限公司	2014	重庆	4762
金恒国际融资租赁有限公司	2014	重庆	3600
重庆新汇融资租赁有限公司	2014	重庆	4762
恩普泰融资租赁（重庆）有限公司	2014	重庆	2000
重庆润金融资租赁有限公司	2014	重庆	3175
重庆鑫源融资租赁有限公司	2014	重庆	4762
丹峰融资租赁有限公司	2014	重庆	3200
鑫渝国际融资租赁有限公司	2014	重庆	3500
莱佛国际融资租赁有限公司	2014	重庆	2857
重庆扬子江和运融资租赁有限公司	2014	重庆	4762
环通含舟（重庆）融资租赁有限公司	2014	重庆	4762
重庆环江融资租赁有限公司	2014	重庆	3000
宏川国际融资租赁有限公司	2014	重庆	3000
重庆渝富融资租赁有限公司	2014	重庆	2698
重庆两江机器人融资租赁有限公司	2014	重庆	7937
重庆港宏融资租赁有限公司	2014	重庆	1000
武汉泰和融资租赁有限公司	2014	武汉	3175
湖北高投融资租赁有限公司	2014	武汉	3175
湖北万民融资租赁有限公司	2014	武汉	3175
湖北益鑫融资租赁有限公司	2014	荆州	3175
湖北丰汇融资租赁有限公司	2014	黄石	2857
厦门利施融资租赁有限公司	2014	厦门	3000
厦门港德隆融资租赁有限公司	2014	厦门	5000

企业	注册时间（年）	注册地	注册资金（万美元）
仁河（厦门）融资租赁有限公司	2014	厦门	3000
厦门恒驰汇通融资租赁有限公司	2014	厦门	1000
翊天泰（厦门）融资租赁有限公司	2014	厦门	3730
辽海港联（厦门）融资租赁有限公司	2014	厦门	2750
一银租赁（厦门）有限公司	2014	厦门	3000
中恒（福建）融资租赁有限公司	2014	福州	1000
瑞信融资租赁（福建）有限公司	2014	福州	1000
福建鑫海通融资租赁有限公司	2014	福州	3000
福建中浩联合融资租赁有限公司	2014	福州	1000
福源融资租赁（福建）有限公司	2014	福州	1000
百圣融鑫（福建）融资租赁有限公司	2014	福州	2857
福建泰吉融资租赁有限公司	2014	福州	1000
福建华兴海峡融资租赁有限公司	2014	福州	3000
福建省同丰融资租赁有限公司	2014	泉州	1079
福建省同方融资租赁有限公司	2014	泉州	1714
协兴（中国）融资租赁有限公司	2014	泉州	2857
浙江金倍利融资租赁有限公司	2014	杭州	4980
裕国融资租赁有限公司	2014	杭州	1000
广汇融资租赁有限公司	2014	杭州	4980
杭州卓铭融资租赁有限公司	2014	杭州	2698
浙江龙票融资租赁有限公司	2014	杭州	3000
广大国际融资租赁（中国）有限公司	2014	杭州	3000
天济融资租赁（杭州）有限公司	2014	杭州	4980
嘉华融资租赁（浙江）有限公司	2014	杭州	5000
万霖融资租赁（中国）有限公司	2014	杭州	3000
伯益融资租赁有限公司	2014	杭州	4762
国仁融资租赁有限公司	2014	杭州	4762
睿锦融资租赁有限公司	2014	杭州	4762
杭州澳融融资租赁有限公司	2014	杭州	1000
浙江海赢融资租赁有限公司	2014	杭州	3000
和通国际融资租赁有限公司	2014	宁波	3000
泰源国际融资租赁有限公司	2014	宁波	5000
宁波众泰融资租赁有限公司	2014	宁波	2857
金铂仕融资租赁有限公司	2014	宁波	1500
宁波希里林斯环球融资租赁有限公司	2014	宁波	6000

企业	注册时间（年）	注册地	注册资金（万美元）
宁波顺博融资租赁有限公司	2014	宁波	9841
浙江兴合融资租赁有限公司	2014	宁波	3000
晟融国际融资租赁有限公司	2014	宁波	1000
浙江方向融资租赁有限公司	2014	舟山	2857
金澜（浙江）融资租赁有限公司	2014	舟山	3500
浙江长兴中小企业融资租赁有限公司	2014	湖州	4980
浙江龙宇融资租赁有限公司	2014	嘉兴	12728
浙江晶科融资租赁有限公司	2014	嘉兴	10000
嘉兴辉腾融资租赁有限公司	2014	嘉兴	1000
新开融资租赁有限公司	2014	廊坊	3000
河北新威融资租赁有限公司	2014	石家庄	3000
骐进汇邦融资租赁有限公司	2014	石家庄	2857
金珂融资租赁有限公司	2014	石家庄	10000
中宏泰融资租赁有限公司	2014	石家庄	2698
河北国盈融资租赁有限公司	2014	石家庄	2857
河北中诚信融资租赁有限公司	2014	石家庄	4762
辽宁世投融资租赁有限公司	2014	沈阳	1000
新润通国际融资租赁有限公司	2014	沈阳	1000
东晨融资租赁（大连）有限公司	2014	大连	3000
鑫通融资租赁（大连）有限公司	2014	大连	1905
光华融资租赁（大连）有限公司	2014	大连	5000
大连融玖融资租赁有限公司	2014	大连	5000
大连骏富环球融资租赁有限公司	2014	大连	3000
中安汇银融资租赁（大连）有限公司	2014	大连	5000
中嘉通盈融资租赁（大连）有限公司	2014	大连	4762
辽宁方大融资租赁有限公司	2014	抚顺	3175
辽宁恒亿融资租赁有限公司	2014	本溪	10000
吉林省文化产业融资租赁有限公司	2014	长春	3175
哈尔滨鑫瑞融资租赁有限公司	2014	哈尔滨	3000
黑龙江华创港投融资租赁有限公司	2014	哈尔滨	5000
黑龙江金信融资租赁有限公司	2014	哈尔滨	1000
陕西长安兴业融资租赁有限公司	2014	西安	1587
天佑国际融资租赁有限公司	2014	西安	3000
陕西安永信融资租赁有限公司	2014	西安	3000
陕西恒通国际融资租赁有限公司	2014	西安	1000
江西聚融融资租赁有限公司	2014	南昌	4762
江西中通融资租赁有限公司	2014	南昌	4762

续表

企业	注册时间（年）	注册地	注册资金（万美元）
江西鲁银融资租赁有限公司	2014	南昌	5000
佰仟融资租赁有限公司	2014	贵阳	3000
贵州高和融资租赁有限公司	2014	贵阳	5000
贵州鑫铭洋融资租赁有限责任公司	2014	贵阳	5079
贵州汇融典石融资租赁有限公司	2014	贵阳	16000
山西华威融资租赁有限公司	2014	太原	3500
四川发展融资租赁有限公司	2014	成都	4762
金昌融资租赁（四川）有限公司	2014	成都	2000
四川海特航空融资租赁有限公司	2014	成都	1000
永耀国际融资租赁有限公司	2014	成都	1000
四川炫海融资租赁有限公司	2014	成都	1000
四川金信达融资租赁有限责任公司	2014	成都	1587
四川环达融资租赁有限公司	2014	成都	2698
沣腾国际融资租赁有限责任公司	2014	成都	5000
恒生（四川）融资租赁有限公司	2014	成都	2000
成都泰安达融资租赁有限公司	2014	成都	1587
四川百联安融资租赁有限公司	2014	成都	3000
成都中鼎融资租赁有限公司	2014	成都	4762
攀枝花市凯联融资租赁有限公司	2014	攀枝花	1587
财富天下（湖南）融资租赁有限公司	2014	长沙	1000
云南恒润融资租赁有限公司	2014	昆明	2698
云南泓泰融资租赁有限公司	2014	昆明	3175
云南汉能信远融资租赁有限公司	2014	昆明	5000
内蒙古金控融资租赁有限公司	2014	呼和浩特	2857
内蒙古融资租赁有限责任公司	2014	呼和浩特	9524
广西嘉雅金杰融资租赁有限公司	2014	南宁	10000
广西博通融资租赁有限公司	2014	南宁	1000
瑞沣（广西）融资租赁有限公司	2014	柳州	1000
华融（郑州）融资租赁有限公司	2014	郑州	3000
卫鼎融资租赁有限公司	2014	郑州	3175
西藏天富融资租赁有限公司	2014	拉萨	1587
宁夏启辉控股融资租赁有限公司	2014	银川	3175
宁夏国租融资租赁有限公司	2014	银川	4000

注：①注册资金单位为万美元；

②注册时间指企业正式获得批准设立的时间；

③注册地指企业本部注册地址；

④由于资料不全，部分新组建的外资租赁企业未能列入此表。

资料来源：中国租赁联盟、天津滨海融资租赁研究院。

附录：2014 年融资租赁文件名录

国家重点文件

商务部流通发展司关于请推荐第十二批内资融资租赁试点企业的通知

国家外汇管理局关于进一步改进和调整资本项目外汇管理政策的通知

国务院关于印发《注册资本登记制度改革方案》的通知

最高人民法院关于审理融资租赁合同纠纷案件适用法律问题的解释

关于飞机租赁企业有关印花税政策的通知

关于印发《企业会计准则第41号——在其他主体中权益的披露》的通知

国家税务总局关于发布增值税发票税控开票软件数据接口规范的公告

中国人民银行关于使用融资租赁登记系统进行融资租赁交易查询的通知

最高人民法院　最高人民检察院　公安部关于办理非法集资刑事案件适用法律若干问题的意见

商业银行保理业务管理暂行办法

关于规范金融机构同业业务的通知

国家外汇管理局关于发布《跨境担保外汇管理规定》的通知

关于进一步推进证券经营机构创新发展的意见

最高人民法院关于人民法院为企业兼并重组提供司法保障的指导意见

国家发展改革委关于飞机租赁企业订购国外飞机报备的通知

关于开展2014年度外商投资融资租赁公司信息报送工作的通知

关于简并增值税征收率政策的通知

中国银监会关于筹建太平石化金融租赁有限责任公司的批复

商务部　国家税务总局关于确认世欣合汇租赁有限公司等企业为第十二批内资融资租赁试点企业的通知

最高人民法院关于执行程序中计算迟延履行期间的债务利息适用法律若干问题的解释

中国银监会办公厅关于印发《金融租赁公司专业子公司管理暂行规定》的通知

国务院关于加快发展生产性服务业　促进产业结构调整升级的指导意见（节选）

医疗器械注册管理办法

国务院法制办公室关于《不动产登记暂行条例（征求意见稿）》公开征求意见的通知

中国银监会江苏监管局关于江苏金融租赁有限公司变更业务范围的批复

关于在全国开展融资租赁货物出口退税政策试点的通知

境外投资管理办法

国家税务总局关于发布《融资租赁货物出口退税管理办法》的公告

中国银监会江苏监管局关于江苏金融租赁有限公司变更名称的批复

商务部流通发展司关于请推荐第十三批内资融资租赁试点企业的通知

商务部关于利用全国融资租赁企业管理信息系统进行租赁物登记查询等有关问题的公告

商务部　银监会关于完善融资环境加强小微商贸流通企业融资服务的指导意见

地方重点文件

深圳市人民政府关于充分发挥市场决定性作用　全面深化金融改革创新的若干意见

天津市高级人民法院关于审理动产权属争议案件涉及登记公示问题的指导意见（试行）

关于印发《关于推进前海湾保税港区开展融资租赁业务的试点意见》的通知

中国（上海）自由贸易试验区商业保理业务管理暂行办法

广州市人民政府办公厅印发《关于促进广州市服务业新业态发展若干措施》的通知

浙江省商务厅《关于〈浙江省人民政府办公厅关于加快融资租赁业发展的意见〉（征求意见稿）公开征求意见的通知》

天津市食品药品监督管理局关于《医疗器械经营企业许可证》审批事项的补充通知

山东省人民政府办公厅关于贯彻国办发〔2013〕108 号文件加快我省飞机租赁业发展的意见

泉州市财政局　泉州市经济贸易委员会关于印发《泉州市技术改造专项资金管理规定》的通知

福建省人民政府关于加强企业融资服务八条措施的通知

莆田市人民政府关于加强企业融资服务措施的通知

宿迁市政府关于促进融资租赁业发展的意见

深圳市"营改增"试点实施工作指引（之九）（节选）

浙江省经济和信息化委员会关于在海宁市等 4 个县（市）开展中小企业融资租赁试点工作的通知

珠海市人民政府关于促进科技金融发展的实施意见

关于印发《武汉市中小工业企业融资租赁项目补贴暂行办法》的通知

编后语

　　《2014 年中国融资租赁业发展报告》由中国租赁联盟和天津滨海融资租赁研究院组织编写，得到了天津市政府、全国人大、商务部、中国银监会、国家税务总局、最高人民法院、中国社会科学院、南开大学经济学院、天津商业大学租赁学院、天津财经大学研究生院等许多业内专家的指导和帮助，金融租赁专业委员会、外商租赁专业委员会、中国国际商会租赁委员会，北京、上海、天津、浙江、云南、广东、山东、河南等地方租赁行业协会和众多租赁企业提供了大量宝贵资料，本报告编辑部的工作人员付出了艰辛的劳动，经济管理出版社给予了大力支持。如果说，本报告得以顺利编写和发布，没有他们的指导、帮助和卓有成效的工作是不可能的。在此，编委会特向他们表示诚挚的感谢。

　　需要指出的是，本报告的数据和资料来源于多个方面，引用时请注明出处并注意核对原始资料。

　　《2014 年中国融资租赁业发展报告》的著作权属本编委会，任何单位或个人未经同意，不得以任何形式转载，引用时请注明出处。

　　本报告的编写和发布是一项艰巨的工作，我们将力求将这一工作做好，但由于缺乏经验，问题和错误肯定存在，衷心希望业内有关专家和广大读者提出宝贵意见。

编委会

2015 年 1 月于天津

图书在版编目（CIP）数据

2014 年中国融资租赁业发展报告/中国租赁联盟，天津滨海融资租赁研究院编．—北京：经济管理出版社，2015.2
ISBN 978 - 7 - 5096 - 3630 - 5

Ⅰ．①2…　Ⅱ．①中…②天…　Ⅲ．①融资租赁—研究报告—中国—2014　Ⅳ．①F832.49

中国版本图书馆 CIP 数据核字（2015）第 031141 号

组稿编辑：谭　伟
责任编辑：张　马
责任印制：黄章平
责任校对：王纪慧

出版发行：经济管理出版社
　　　　　（北京市海淀区北蜂窝 8 号中雅大厦 A 座 11 层　100038）
网　　　址：www. E - mp. com. cn
电　　　话：(010) 51915602
印　　　刷：三河市延风印装厂
经　　　销：新华书店
开　　　本：787mm×1092mm/16
印　　　张：21.75
字　　　数：417 千字
版　　　次：2015 年 2 月第 1 版　　2015 年 2 月第 1 次印刷
书　　　号：ISBN 978 - 7 - 5096 - 3630 - 5
定　　　价：88.00 元